Norbert Lammert

Unser Staat. Unsere Geschichte. Unsere Kultur.

Verantwortung für Vergangenheit und Zukunft

HERDER

FREIBURG · BASEL · WIEN

HERDER spektrum Band 6898

MIX
Papier aus verantwortungsvollen Quellen
FSC
www.fsc.org
FSC® C083411

Taschenbuch der erweiterten Neuausgabe 2017
Erweiterte Neuausgabe 2015
Bisheriger Titel: Einigkeit. Und Recht. Und Freiheit.
20 Blicke auf unser Land

www.herder.de

Zitat S. 74
Textauszug aus: Imre Kertész, Die exilierte Sprache.
Essays und Reden, © Suhrkamp Verlag, Frankfurt a. M. 2003

Umschlaggestaltung: Chris Langohr Design
Umschlagmotiv: © Ullstein bild – Martin Lengemann
© Günter Menzl – Fotolia

Satz: Barbara Herrmann, Freiburg
Herstellung: CPI books GmbH, Leck

Printed in Germany

ISBN 978-3-451-06898-0

Inhalt

Vorbemerkung zur Taschenbuchausgabe

Diese jetzt auch als Taschenbuch herausgegebene Publikation ist die Fortschreibung einer Sammlung von Beiträgen zur deutschen Geschichte und Politik, die ich ursprünglich anlässlich des 20. Jahrestages der Deutschen Einheit unter dem Titel »Einigkeit. Und Recht. Und Freiheit« veröffentlicht habe. Zum 25. Jahrestag der Wiedervereinigung ist dieses Buch als überarbeitete und erweiterte Neuauflage mit einigen zusätzlichen Kapiteln erschienen, die Deutschlands Rolle in Europa im Kontext gemeinsamer historischer Erfahrungen reflektieren: 25 Blicke auf unser Land.

Ich widme auch diese Ausgabe, die im Umfeld von Wahlen zum neuen Deutschen Bundestag erscheint, vor allem der jungen Generation in unserem Land, die nie andere Verhältnisse erlebt hat als diejenigen, die wir heute in Europa haben, und diesen glücklichen und friedlichen Ausnahmezustand unserer Geschichte weder für normal noch für selbstverständlich halten sollte.

25 Jahre, 25 Blicke auf unser Land

»Die Mauer ist weg!« Ein einfacher Satz. Zu einfach. Die Unfassbarkeit dieses Satzes spiegelte sich 1989 in den Gesichtern der Menschen, die tatsächlich »unverzüglich« der Ankündigung des neuen Parteisekretärs für Informationswesen folgten und die Grenzübergänge in Berlin buchstäblich stürmten. Diese Bilder gingen um die Welt, und sie gingen unter die Haut: konsternierte Grenzer, tränenüberströmte Gesichter der Menschen, die das Glück dieser Stunden nicht fassen konnten, Trabi-Kolonnen, elektrisierte Reporter und Jubel, Jubel, Jubel.

Damals hat zweifellos ein neues Kapitel der deutschen wie der europäischen Geschichte begonnen. Die neue Architektur Europas kommt uns heute, ein Vierteljahrhundert nach der großen Zeitwende, fast selbstverständlich vor, nachdem wir diese Veränderung jahrzehntelang für völlig ausgeschlossen gehalten hatten.

Als die Berliner Mauer gebaut wurde, 28 Jahre zuvor, ging ich zur Schule. Ich gehörte zu der Nachkriegsgeneration, die das eigene Land nie anders als geteilt kennengelernt hatte: zwei deutsche Staaten, ideologisch und militärisch hochgerüstet, an der Front des sogenannten Kalten Krieges.

Wenn im Oktober dieses Jahres das wiedervereinte Deutschland seinen fünfundzwanzigsten Geburtstag feiert, ist die erste Generation längst erwachsen geworden, die nie andere Verhältnisse als diese erlebt hat: ein freies, geeintes, demokratisches Deutschland in einer europäischen Gemeinschaft, der scheinbar selbstverständlich west-, mittel- und osteuropäische Staaten angehören, die durch vertragliche Vereinbarungen über gemeinsame Institutionen der Legislative, Exekutive und Judikative immer mehr eigene Angelegenheiten gemeinschaftlich regeln.

25 Jahre. Wie kurz und wie lang diese Zeitspanne ist, wird im Kontext von Biografien ebenso deutlich wie im Zeitmaß der Geschichte. Seit dem Fall der Mauer hat sich Europa stärker verändert als durch den Bau dieser monströsen Abriegelung zwischen Ost und West, obwohl beide Ereignisse Ausdruck politischer Entwicklungen sind, die weder nur in Deutschland stattgefunden haben noch allein auf unser Land beschränkt geblieben sind. Heute wissen wir aber auch, dass der Glaube, individuelle Freiheit, nationale Selbstbestimmung und territoriale Integrität seien in Europa nun unangefochten, sich inzwischen als eine gut gemeinte Illusion erwiesen hat.

Deutschland hatte seine Geschichte nie für sich allein. Von mehr Nachbarn als jedes andere europäische Land umgeben, war es von Veränderungen jenseits der eigenen Grenzen in ähnlicher Weise betroffen wie diese von wichtigen Entwicklungen in Deutschland. Diese Erfahrung ist keineswegs neu, sie markiert seit Jahrhunderten die europäische Geschichte.

Dieses Buch reflektiert die politische Bedeutung herausragender Ereignisse der jüngeren Geschichte. Seine Beiträge sind überwiegend aus Anlass von Jahrestagen entstanden, die besondere Gelegenheit boten, in Reden und Aufsätzen über Kontinuitäten und Brüche der deutschen Geschichte und über die Belastbarkeit der Institutionen nachzudenken, die die heutige politische Verfassung Deutschlands in Europa prägen.

Es sind nicht nur Verfassungen, die das politische und soziale Leben eines Landes bestimmen. Historische Entwicklungen, kulturelle Bindungen, wirtschaftliche Strukturen, technische

Innovationen, aber auch Traditionen und Gewohnheiten haben erheblichen Einfluss auf die tatsächlichen Verhältnisse sowie auf mögliche Veränderungen.

Die erste gesamtdeutsche Verfassung mit demokratisch-parlamentarischem Ehrgeiz ist in der Frankfurter Paulskirche 1848/49 entstanden. Sie wurde von einer Nationalversammlung gewählter Volksvertreter aus vielen kleinen und einigen größeren, mehr oder weniger selbstständigen deutschen Teilstaaten beraten und beschlossen – mit dem Ziel, Deutschland politisch zu einen und ihm eine demokratische Ordnung zu geben. Diese Verfassung ist nie in Kraft getreten. Mit der demonstrativen Zurückweisung der Kaiserwürde durch den preußischen König, der das von Volksvertretern ihm zugedachte Amt des Staatsoberhauptes eines Deutschen Reichs als Zumutung zurückwies, da ihm »der Ludergeruch der Revolution« anhafte, war der erste ernsthafte Versuch, Deutschland nicht durch Kriege, sondern durch Verträge beziehungsweise eine demokratisch legitimierte Verfassung in einem gemeinsamen Staat zu vereinigen, gescheitert, bevor er überhaupt begonnen hatte.

Das Deutsche Reich ist zwei Jahrzehnte später dennoch entstanden, auch unter preußischer Führung mit demonstrativer Kaiserkrönung im Spiegelsaal von Versailles, aber nicht durch Verträge oder Verfassung, sondern durch Kriege. Die deutsch-französische »Erzfeindschaft« war nicht der einzige, aber ein besonders hoher Preis der deutschen Einheit, der nicht nur die Beziehungen zwischen den beiden Nachbarländern auf Jahrzehnte nachhaltig belastet hat.

Am Ende des Ersten Weltkriegs, der in der Rivalität europäischer Nationalstaaten seine wesentliche Ursache hatte, war mit der militärischen Niederlage des Deutschen Reichs und der Ausrufung der Republik die nächste historische Chance eines politischen Neuanfangs gegeben, der wiederum in einer Nationalversammlung nach demokratischen Wahlen, diesmal in Weimar – wieder nicht in Berlin – stattfand. Die dort beratene und verabschiedete Verfassung, die der ersten deutschen demokratischen Republik ihren Namen gab, hat nicht einmal vierzehn Jahre Bestand gehabt.

Die Machtübernahme durch die Nationalsozialisten war die Selbstabdankung einer Demokratie und der Anfang vom Ende eines vereinten, demokratisch verfassten deutschen Staates.

Die glücklichsten Zeiten der deutschen Geschichte begannen ausgerechnet nach einem verheerenden Zweiten Weltkrieg, der von Deutschland ausgegangen war und das eigene Land besiegt, verwüstet, gedemütigt und geteilt zurückgelassen hatte. In den westlichen Besatzungszonen entstand mit der wohlwollenden Unterstützung der Siegermächte eine neue politische Ordnung, die den beispiellosen, weltweit bewunderten Wiederaufbau des Landes ermöglicht hat.

Mit den friedlichen Revolutionen und dem Mauerfall im Jahr 1989, der durch die Symbolkraft der Bilder wie des Ortes den Zerfall der alten Welt des Kalten Krieges und des Ost-West-Konflikts beschleunigte, wurde die glückliche Verbindung von Freiheit und Einheit in unserem Land vor 25 Jahren erreicht. Im »Glanze dieses Glückes«, das Hoffmann von Fallersleben schon Mitte des 19. Jahrhunderts in seinem »Deutschlandlied« beschworen hatte, blicken wir heute auf unseren Staat, unsere Geschichte, unsere Kultur – im Bewusstsein einer besonderen Verantwortung für die Vergangenheit und die gemeinsame Zukunft in Europa.

1. Wir sind zu unserem Glück vereint

Wir sind Deutschland. Wir sind Europa

»Wir sind Europa«: Mit diesem Titel sorgte ein Manifest prominenter Persönlichkeiten im Frühjahr 2012 für Aufsehen. Das erinnert – sicher nicht zufällig – an den legendären Ruf »Wir sind das Volk«.

Aus diesem Selbstbewusstsein wuchs damals ein freies, vereintes, demokratisches Deutschland. Mutige Bürger rissen 1989 die Mauer nieder, stürzten eine Diktatur. Unterstützt und mitgetragen von Freunden und Partnern in Europa, ebneten die damals politisch Verantwortlichen entschlossen und zugleich besonnen den Weg zur deutschen Einheit. Seit dem 3. Oktober 1990 gestalten wir sie gemeinsam, Menschen in Ost und West, Frauen und Männer, hier Geborene und Zugezogene. Sicher, manches bleibt noch zu tun, aber die Erfolge und Errungenschaften der deutschen Einheit sind deutlich sichtbar. Sie werden von unseren Nachbarn und vielen Beobachtern in der ganzen Welt meist stärker wahrgenommen und gewürdigt als hierzulande.

In Europa müssen wir heute keine Mauern mehr zum Einsturz bringen, aber um Europa zu vereinigen, braucht es wiederum besonnene und weitsichtige Politik – und Bürgerinnen und Bürger, die sich für die gemeinsame Idee Europa engagieren.

»Wir sind das Volk«, schrieb Ferdinand Freiligrath in seinem Gedicht »Trotz alledem« 1848 in den Tagen der Deutschen Revolution, die weder Demokratie noch nationale Einheit herbeiführten. »Wir sind ein Volk«, heißt es seit dem

3. Oktober 1990. Dazwischen liegen anderthalb Jahrhunderte schwieriger deutscher Geschichte im Ringen um Einigkeit und Recht und Freiheit. Auch die glücklichsten Momente der deutschen Nachkriegsgeschichte, der Fall der Mauer und die deutsche Einheit, haben eine europäische Dimension. Ohne die Überwindung der Spaltung Europas wäre die deutsche Einheit nicht möglich gewesen. Die Wiederherstellung der staatlichen Einheit unseres Landes war umgekehrt Voraussetzung für das Zusammenwachsen Europas in einer Union west-, mittel- und osteuropäischer Staaten. »Wir sind zu unserem Glück vereint« – so haben die Staats- und Regierungschefs das neue Europa in der »Berliner Erklärung« aus Anlass des 50. Jahrestages der Römischen Verträge beschrieben.

Deutschland – Europa: Das sind schon lange keine Gegensätze mehr. Es sind zwei Betrachtungen des gleichen Sachverhalts. Wir sind deutsche Europäer, der Zusammenführung Europas nicht weniger verpflichtet als der Einheit unseres Landes. Das eine erscheint uns heute – gut zwei Jahrzehnte nach den umwälzenden Ereignissen – noch selbstverständlicher als das andere. Der Zusammenhang ist aber nicht nur von historischem Interesse, sondern auch von aktueller politischer Bedeutung. Die Weiterentwicklung Europas liegt im deutschen Interesse. Das ist im Allgemeinen kaum umstritten, im Alltag aber durchaus nicht immer präsent.

Wir sind Europa! Was aber ist das? Wim Wenders, ein deutscher Regisseur, der in den USA arbeitet, dessen filmische Handschrift unverkennbar europäische Züge trägt, wurde mit dem Satz zitiert: »Aus der europäischen Idee ist die Verwaltung geworden, und jetzt denken die Menschen, dass die Verwaltung die Idee ist«

Das ist klug beobachtet, die Schlussfolgerung liegt nahe. Wir dürfen die Mittel, mit denen wir die EU gestalten, nicht mit den Zielen verwechseln. Europa ist mehr als eine Verwaltung, mehr als die – im Übrigen oft zu Unrecht – viel gescholtene Bürokratie, mehr als Richtlinien und mehr als Verträge. Und es ist auch mehr als der Euro. Sicher, wer heute Meldungen über Europa verfolgt, muss den Eindruck gewinnen: Es geht meist um Geld, scheinbar nur um Geld, jedenfalls immer wieder um immer mehr Geld, um Schulden und ihre Tilgung, um Schuldenschnitte und ihren Umfang. Und es geht um immer wieder neue, endlose Verhandlungen, die – kaum beendet – mit erhöhtem Einsatz wieder aufgenommen werden müssen.

Aber wurde nicht auch die Deutsche Einheit, nachdem sie mit Freudentränen zustande gekommen war, immer wieder und viel zu oft verkürzt auf ökonomische Fragen? Im Blick auf die Solidität der Finanzen darf die Solidarität nicht unter die Räder geraten. Und umgekehrt: Die Bereitschaft zur Solidarität bleibt ohne Wirkung, wenn sie nicht mit dem Willen zur soliden Nutzung unserer Möglichkeiten verbunden ist. An beiden Einsichten führt kein Weg vorbei.

Die D-Mark war die starke Währung eines vermeintlichen Wirtschaftswunderlandes, aber sie war nicht Deutschland – und der Euro, die europäische Währung, ist nicht Europa. Sie ist ein wesentliches, unverzichtbares Mittel auf dem Weg zu einer politisch wie ökonomisch integrierten Union. Aber sie ist nicht ihr Kern – und schon gar nicht kann sie die gemeinsamen Werte und Überzeugungen, die gemeinsamen historischen Erfahrungen und den aus zwei Weltkriegen wirksam gewordenen Willen zu einer gemeinsamen Zukunft ersetzen.

»Europa eine Seele geben«, so hat Jacques Delors, der große französische Kommissionspräsident, die eigentliche Herausforderung der europäischen Staatengemeinschaft beschrieben.

Unser Verständnis Europas ist das Verständnis einer großen Idee, einer Vorstellung vom Menschen, seiner Würde, seiner Freiheit und seines Anspruchs auf Selbstbestimmung – eben von all dem, wofür vor über zwei Jahrzehnten Deutsche in einem Teil unseres Landes noch mutig aufbegehren mussten.

»Wir sind Deutschland«: Bayern und Brandenburger, Franken und Friesen, Rheinländer und Westfalen, Thüringer und Pfälzer, Hessen und Württemberger: Jede Landsmannschaft hat ihre Geschichte, ihre Identität, hat besondere Talente und beachtlichen Tatendrang. Manchmal muss man daran erinnern, was doch eigentlich alle ganz genau wissen: Zusammen sind sie stärker als jeder für sich allein, erst zusammen bilden sie Deutschland. Vierzig Jahre einer Teilung, 28 Jahre einer menschenverachtenden Mauer, die das Land, Gemeinden, Familien trennte, konnten nicht das Gefühl außer Kraft setzen zusammenzugehören. Am 3. Oktober 1990 war allen bewusst, was heute – zum Glück – als schiere Selbstverständlichkeit gilt: Gemeinsam können wir mehr aus unseren Möglichkeiten machen, frei und einig durch eine Verfassung, die das Recht garantiert, Parlamente und Regierungen zu wählen und abzuwählen und so das eigene Schicksal selbst zu bestimmen. Die vergangenen Jahre haben gezeigt, zu welch beispielloser gelebter Solidarität wir Deutschen fähig sind. Diese Erfolgsgeschichte des Zusammenwachsens ist auch eine Botschaft für Europa.

Bei allen Schwierigkeiten, die es zweifellos gibt, kann und sollte uns ermutigen, was wir Deutschen seit dem 3. Oktober 1990 in unserem Land gemeinsam erreicht haben – nicht nur aus eigener Kraft, auch mit großen Förderhilfen der EU. Damals lagen – bei aller Freude über die Deutsche Einheit – gewaltige Aufgaben vor uns. Es gab keinen vorgegebenen Weg, dem wir einfach hätten folgen können.

Wir mussten ihn selbst suchen und finden und dabei manche Zweifel und viele Hindernisse überwinden. Auch heute kann niemand sicher wissen, welche Lösung in Europa die richtige ist. Aber es spricht weder gegen die Regierung noch gegen das Parlament, nicht gegen die Koalition und schon gar nicht gegen die Opposition, dass die schweren, schwierigen und oft unpopulären Entscheidungen solidarischer Unterstützung von Mitgliedstaaten im Euro-Krisenmanagement, wie in der Reaktion auf den militärischen Konflikt zwischen Russland und der Ukraine, im Deutschen Bundestag regelmäßig mit großer Mehrheit über die Fraktionsgrenzen hinweg beschlossen worden sind.

Die Finanzkrise ist im Übrigen nicht wie eine Naturkatastrophe über uns hereingebrochen. Zur Wahrheit gehört, woran nicht nur Verfassungsrichter in den letzten Monaten mehrmals erinnert haben: Hätten die Mitgliedstaaten sich immer an das gemeinsame Recht gehalten, gäbe es diese europäische Krise nicht. Auch deshalb muss das Recht, die Einhaltung gesetzlicher und vertraglicher Verpflichtungen, wieder Vorrang vor ökonomischen Kalkülen haben. Es ist jedenfalls im Umgang mit den derzeitigen Herausforderungen allemal eher hinzunehmen, dass die Erwartungen der Märkte durch unsere Rechtsordnung und unsere demokratischen Verfahren enttäuscht werden, als dass umgekehrt die Erwartungen an unsere Rechtsordnung durch eine Verselbstständigung der Finanzmärkte leerlaufen. Für die Bürger muss nachvollziehbar und transparent bleiben, was und warum etwas geschieht. Auch deshalb ist es wichtig, dass die nationalen Parlamente bei der Bewältigung der Krise ihre verfassungsmäßigen Aufgaben wahrnehmen. Dass der Deutsche Bundestag in der rechtsverbindlichen Gestaltung europäischer Angelegenheiten in den vergangenen Monaten entgegen einer weitverbreiteten Vermutung nicht an Bedeutung verloren, sondern an gesetzlich fixierten Mitwirkungsrechten erheblich gewonnen hat, schwächt die Regierung nicht; es stärkt sie vielmehr in ihrer Verhandlungsposition. Vor allem fördert es die Akzeptanz in der Bevölkerung für das, was getan werden muss, und es stärkt die Zustimmung zu Europa.

Und für das Verhältnis eines in vollem Umfang politisch gleichberechtigten Europäischen Parlaments zu den anderen europäischen Institutionen gilt dies in gleicher Weise.

Da wir alle bei selbstkritischer Betrachtung gelegentlich unfreiwillig selbst zu dem Eindruck beitragen, es ginge in Europa um nichts anderes als die Lösung finanzieller Probleme, sollten wir als deutsche Europäer das Bewusstsein dafür stärken, was die Europäische Gemeinschaft in einer globalisierten Welt bedeutet: Sie ist der historisch einzigartige, beispiellose und zugleich beispielhafte Weg ihrer Mitgliedstaaten, nationale Souveränitätsrechte zu übertragen – mit dem Ziel, ihre Souveränität zu wahren, die in Zeiten der Globalisierung nur gemeinsam mit Erfolg geltend gemacht werden kann. Dieser Prozess der Abtretung nationaler Souveränitätsrechte an europäische Gremien war notwendig, und er war gewollt, im Übrigen von keinem anderen Land früher und konsequenter als von Deutschland. Und er ist getragen von der Einsicht, dass in der Welt von heute nationale Souveränität an den Realitäten scheitern muss. Mit anderen Worten: Wir tauschen zunehmend nationale Souveränität, die unter gründlich veränderten Kräfteverhältnissen politisch wie ökonomisch verloren geht, gegen den Selbstbehauptungswillen einer Staatengemeinschaft, die gemeinsam die Kraft entfalten kann und soll, zu der die Nationalstaaten allein nicht mehr – jedenfalls nicht mehr in der gewohnten und gewünschten Weise – in der Lage sind. Gemeinsam sind wir stärker!

Der Ruf »Wir sind ein Volk« leitete 1989/90 eine Entwicklung ein, die historisch gesehen scheinbar alternativlos auf das Ziel der Deutschen Einheit zusteuerte, politisch aber zur Umsetzung des mutigen Engagements der Bürger und des Weitblicks der damals politisch Verantwortlichen bedurfte. Heute gibt es keine vernünftige Alternative zu Europa, aber durchaus Alternativen zu dem Europa, wie wir es kennen: In seinen gegenwärtigen Grenzen, seinen gegenwärtigen Zuständigkeiten, seinen Institutionen, Gremien, Richtlinien und Regelungen. Wir brauchen eine breite und gründliche Diskussion darüber, in welchem Europa wir in Zukunft leben wollen. Die Europäische Union ist kein Staat, sie ist eine Gemeinschaft von Staaten, die nach den vertraglichen Vereinbarungen ihrer Mitglieder immer mehr staatliche Aufgaben wahrnimmt. Dieses Modell gab es bisher nirgendwo. Wir bauen sozusagen den Prototyp. Erstaunlich ist nicht, dass es dabei Probleme gibt. Entscheidend ist, dass wir sie lösen können.

Die Europäische Union bleibt gewiss hinter manchen Ansprüchen zurück, die uns aus der Praxis demokratisch verfasster Nationalstaaten vertraut sind. Aber wahr ist auch, dass es keine andere Staatengemeinschaft oder internationale Organisation gibt, die eine vergleichbare oder gar höhere demokratische Legitimation ihrer Organe und deren Entscheidungen aufweist als die Europäische Union. Auch deshalb ist es politisch wie juristisch gerechtfertigt und geboten, dass unser Grundgesetz die Bundesrepublik Deutschland nicht nur für den europäischen Integrationsprozess öffnet, sondern sich dem Ziel verpflichtet, »als gleichberechtigtes Glied in einem vereinten Europa dem Frieden in der Welt zu dienen«.

Dieses Bekenntnis des Grundgesetzes darf man nicht nur als Legitimation eines weiteren europäischen Integrationsprozesses werten, es muss als historisch begründete, politisch bewusste Selbstverpflichtung unseres Landes für eine gemeinsame Zukunft mit allen unseren Nachbarn und Partnern in Europa verstanden werden.

Wer nicht auf der Stelle treten will, hat zwei Alternativen: vorwärts oder rückwärts. Dies gilt für Deutschland wie für Europa. Wenn der Integrationsprozess Europas nicht weiter vorankommt, weil uns der Mut verlässt, weil uns die falsche Einschätzung der eigenen Interessen und der Notwendigkeit, diese Interessen zu bündeln, um sie überhaupt wahrnehmen zu können, daran hindert, im 21. Jahrhundert weiter nach vorn zu marschieren, statt jeweils einzeln zurück ins 19. Jahrhundert, dann hätte Europa seine Zukunft hinter sich. Und jeder einzelne Staat ganz gewiss. Es wäre die mutlose und zugleich übermütige Wiederherstellung eines Zustands, den dieser Kontinent mit dem Beginn des Baus der Gemeinschaft hinter sich lassen wollte: die Rivalität von Nationalstaaten, deren Ehrgeiz größer war als ihre Möglichkeiten. Wir brauchen aber ein Europa, dessen Möglichkeiten über den Ehrgeiz seiner Mitgliedstaaten hinausreicht: ein Europa selbstbewusster Bürger, ein Europa, das eindeutig und unerschütterlich für die eigenen Werte eintritt.

2. »Den Sozialismus in seinem Lauf hält weder Ochs noch Esel auf«

Vom 17. Juni 1953 zum 18. März 1990

»Den Sozialismus in seinem Lauf hält weder Ochs noch Esel auf!«, hatte Erich Honecker noch Anfang Oktober 1989 anlässlich der Feierlichkeiten zum 40. Jahrestag der DDR gesagt. Vier Wochen später fiel die Mauer, weniger als ein halbes Jahr danach war die kommunistische Regierung durch freie Wahlen gestürzt, ein Jahr später der Staat aufgelöst: Die DDR hatte sich durch Beitritt zum Geltungsbereich des Grundgesetzes mit der Bundesrepublik Deutschland vereinigt. Es waren nicht Ochs und Esel, es waren die Menschen, die den Sozialismus 1989 nicht nur aufhielten, sondern ihn ersetzten: durch die Freiheit. Der Kampf für Einigkeit und Recht und Freiheit war endlich vom Erfolg gekrönt, begonnen hatte er viel früher.

Um die Freiheit ging es den Menschen auch am 17. Juni 1953. Der Tag gehört deshalb zu den herausragenden Daten der jüngeren deutschen Geschichte. In der Begründung zu dem Bundesgesetz, das den 17. Juni noch im selben Jahr zum gesetzlichen Feiertag bestimmt hat, heißt es: »Am 17. Juni 1953 hat sich das deutsche Volk in der sowjetischen Besatzungszone und in Ost-Berlin gegen die kommunistische Gewaltherrschaft erhoben und unter schweren Opfern seinen Willen zur Freiheit bekundet. Der 17. Juni ist dadurch zum Symbol der deutschen Einheit in Freiheit geworden.«

Die Geschichte des 17. Juni 1953 ist, für sich betrachtet, die Geschichte einer Niederlage. An jenen Tagen Mitte Juni 1953 haben in der DDR Hunderttausende Menschen – die Schätzungen reichen von 400 000 bis zu 1,5 Millionen – erstmals den Fuß in die Tür zur Freiheit gestellt. Das Regime hat diese Tür jedoch wieder zugeschlagen – nicht nur in Berlin, sondern auch in Rostock, Schwerin, Frankfurt/Oder, Magdeburg, Cottbus, Halle, Erfurt, Dresden, Chemnitz und anderen Orten, an denen die Menschen auf die Straße gingen.

Mit welcher Gnadenlosigkeit und Menschenverachtung dies geschah, zeigt das Beispiel des Autoschlossers Alfred Diener in Jena. Der damals gerade 26-Jährige war dabei, als der SED-Kreisleitung die Forderungen der 20 000 Demonstranten auf dem Holzmarkt vorgetragen wurden. Er wurde noch am Nachmittag des 17. Juni verhaftet und am Morgen des 18. Juni durch ein sowjetisches Militärtribunal zum Tode verurteilt. Das Urteil wurde sofort vollstreckt. Alfred Diener hatte am 19. Juni 1953 heiraten wollen. Er hinterließ neben seiner Verlobten seinen sechs Monate alten Sohn. Andere Demonstranten wurden auf offener Straße erschossen, für Jahre inhaftiert oder bezahlten mit Diskriminierung für ihren Widerstand.

Der Aufstand der Menschen in der DDR war brutal niedergeschlagen worden, und doch waren die Erhebungen von 1953 in der Rückschau der Beginn eines letztlich erfolgreichen Kampfes für die Freiheit. Fritz Stern, der als Junge mit seiner deutsch-jüdischen Familie 1938 aus Breslau vertriebene amerikanische Historiker, sagte in seiner Rede zur Gedenksitzung des Deutschen Bundestags am 17. Juni 1987, also zwei Jahre vor dem Fall der Mauer: »Aus der heutigen Sicht kann man sehen, dass die damaligen Kämpfer mehr erreicht haben – sowohl Erstrebtes wie Ungeahntes –, als man nach ihrer Niederlage vor sowjetischen Panzern hätte erwarten können. Der 17. Juni wurde zu einem Vorboten von Aufständen und Reformen: Die Menschen der Nachbarländer der DDR, die Polen, die Ungarn, die Tschechen, haben auf ihre eigene großartige Weise versucht, ihre Forderungen durchzusetzen ... Der 17. Juni hat einen Prozess eingeleitet, in dem immer erneute Forderungen Reformen erzwungen haben.«

Viele Menschen in Westdeutschland werden den 17. Juni allerdings vor allem als arbeitsfreien Tag in Erinnerung haben, weniger als einen nationalen Gedenktag, vielmehr als einen Ausflugstag bei häufig schönem Wetter. Und wenn wir ehrlich sind, war das Gedenken an den 17. Juni 1953 in der alten Bundesrepublik für viele eher ein Ritual und in der früheren DDR, wie die Bundeskanzlerin es einmal knapp formulierte, ein »Untag« – vermutlich bei jedem Wetter.

Seit der Wiedervereinigung haben wir die Möglichkeit, ein gemeinsames Verständnis des 17. Juni als eines nationalen wie eines europäischen Gedenktags in Ost und West zu entwickeln, ein Verständnis, das unser Gedenken an diesen Tag als Teil des Erinnerns der europäischen Freiheits- und Einheitsgeschichte des 20. Jahrhunderts ansieht. Der Fall der Mauer 1989 war nicht der Anfang, sondern der glückliche Abschluss einer Entwicklung, die viele Jahre früher begonnen und nicht nur in Deutschland, sondern fast überall in Mittel- und Osteuropa stattgefunden hat.

An die polnischen Verdienste um Freiheit und um die Einheit Deutschlands und Europas erinnert ein Mauerstück der ehemaligen Danziger Lenin-Werft an der Ostfassade des Reichstagsgebäudes auf dem Friedrich-Ebert-Platz. Es handelt sich um einen Teil jener Mauer, über die Lech Wałęsa am 14. August 1980 sprang, um den Streik zu organisieren, der zur Gründung der Solidarność-Gewerkschaft führte. »Zur Erinnerung an den Kampf der Solidarność für Freiheit und Demokratie und an den Beitrag Polens zur deutschen Wiedervereinigung und für ein politisch geeintes Europa«, so lautet der Text der an dieser Mauer angebrachten Bronzetafel. Sie ist ein

Zeichen der Erinnerung an eine oft nicht einfache, nicht immer glückliche, aber jedenfalls gemeinsame Geschichte unserer beiden Länder, die – in der Formulierung des unvergessenen großen polnischen Papstes Johannes Paul II. – »der Wille Gottes zu Nachbarn gemacht hat«.

Schon seit geraumer Zeit erinnert eine andere Gedenktafel an die Freundschaft zwischen Deutschland und Ungarn und die souveräne Entscheidung eines damals nicht gänzlich souveränen Landes zur Öffnung der Grenze zwischen Ungarn und Österreich und die damit verbundene Entwicklung zur Wiederherstellung der Einheit Deutschlands und Europas.

Es führt kein gerader Weg vom 17. Juni 1953 zum 3. Oktober 1990. Aber der Umweg über Budapest 1956, Prag 1968, Danzig 1980 zurück nach Berlin beschreibt die innere Logik der jüngeren Geschichte Europas: der Verlust der Freiheit war verbunden mit der Teilung Deutschlands und Europas, die nur im gemeinsamen Kampf für die Wiederherstellung der Freiheit zu überwinden war.

Ein wichtiger Schritt auf diesem Weg waren die ersten und einzigen freien Wahlen zur Volkskammer der DDR am 18. März 1990. Die Sozialistische Einheitspartei Deutschlands (SED) hatte vierzig Jahre keine freie und geheime Abstimmung zugelassen, mit Einheitslisten die Bürger in Wahlen ohne Auswahl zum bloßen »Zettelfalten« degradiert. Der Wahlausgang war das Ergebnis dreister Fälschungen, die die Menschen schließlich nicht mehr hinnehmen wollten. »Wer Wahlergebnisse vorfertigt oder verfälscht, oder vorgefertigte oder verfälschte in Umlauf bringt, wird mit einer AUSREISEQUOTE nicht unter 50 000, mit einer BOTSCHAFTSBESETZUNG nicht unter 3 Monaten und einer PROTESTDEMONSTRATION […] nicht unter 10 000 Teilnehmern bestraft«, hieß es in einem Aufruf zu einer Demonstration im November 1989.

Statt der propagierten Identität von Herrschern und Beherrschten hatten bereits im Mai 1989 einzelne Bürger vor aller Augen den Bruch zwischen Partei und Volk offengelegt. Sie machten Wahlbehinderung, Wahlbeeinflussung und Wahlfälschung öffentlich. Diese heute zu Unrecht weitgehend Vergessenen nahmen Drangsalierungen in Kauf, sie riskierten, abgehört, beobachtet und unter Druck gesetzt zu werden. Der Protest gegen die letzten gefälschten DDR-Wahlen schlug einen Funken, der im Herbst des gleichen Jahres Massenproteste entzündete. Nun waren es nicht mehr wenige, auch nicht die angedrohten 10 000, sondern am Ende Hunderttausende, die sich gegen die Missachtung elementarer Bürger- und Menschenrechte in der DDR zur Wehr setzten. Sie forderten: »Freie Wahlen – wahre Zahlen!« Das mutige Engagement einer Minderheit ermöglichte am Ende der Mehrheit, ihre eigene Stimme zu finden – und am 18. März 1990 in wirklich freien, allgemeinen, gleichen, direkten und geheimen Wahlen an die Urnen zu tragen.

Die autoritäre Führung dieser deutschen, aber nicht demokratischen Republik baute auf Bevormundung und Unterdrückung, auf häufig erzwungene Teilnahme, sie gewährte aber keine echte Teilhabe, schon gar keinen ernsthaften politischen Einfluss. Das galt auch für ein Parlament, das kaum zusammentrat, und wenn doch, die Abgeordneten zu bloßen Statisten unter Regie der Einheitspartei machte. Die DDR-Zeitschrift *Staat und Recht* urteilte 1978 über die Volkskammer, dieses vermeintlich »oberste staatliche Machtorgan der DDR« sei nicht mit den Maßstäben bürgerlichen Parlamentarismus messbar und bewertbar. Das ist wohl wahr. Die selbst beanspruchten demokratischen Grundsätze machen eine Bewertung dagegen durchaus möglich: Die Verfassungstheorie versprach die zentrale Rolle der Volkskammer; die politische

Realität zeigte allein deren Ohnmacht. Das »große Sprech- und Horchinstrument«, das Bertolt Brecht 1954 vorgeschwebt hatte, ist die Volkskammer bis zu den Wahlen am 18. März 1990 sicher nie gewesen.

Was ein politisches System als Demokratie qualifiziert, ist die Existenz und gefestigte Rolle eines frei gewählten Parlamentes im Verfassungsgefüge wie in der politischen Realität. Regiert wird immer und überall auf der Welt, mal mit und auch heute noch allzu oft ohne demokratische Legitimation. Ein frei gewähltes demokratisches Parlament macht den Unterschied. Es ist das Forum der Nation zur öffentlichen Auseinandersetzung, Beratung und Entscheidung aller wichtigen Angelegenheiten. »Wir sind das Volk«: Das bedeutete 1989, sich von der Entmündigung zu befreien und die Dinge selbst in die Hand nehmen zu wollen. Allein die beachtliche Wahlbeteiligung bei den Volkskammerwahlen 1990 – mehr als 93 Prozent – war ein bemerkenswerter Beleg für das neu gewonnene demokratische Selbstbewusstsein der Bürger in der DDR.

»Der 18. März war kein Geschenk, keine himmlische Fügung, sondern ein hart errungenes Ergebnis der Friedlichen Revolution.« So hat Wolfgang Thierse in diesen Tagen die damaligen Ereignisse beschrieben und hinzugefügt: »Er war das großartige Werk jener mutigen, mutig gewordenen Menschen, die im Herbst 1989 ihre Sprache wiederfanden, sich in den Bürgerrechtsbewegungen sammelten und in jenen Tagen ihre Freiheit ... selbst erkämpft haben!«

Die FAZ kommentierte den 18. März 1990, die Welt sei an diesem Tag zum zweiten Mal Zeuge eines Aktes deutscher Selbstbefreiung geworden. Die erste habe auf der Straße gespielt, die zweite in der Wahlkabine. Die Wahlen bedeuteten den Anschluss der DDR an die Verfassungstradition westlicher

Demokratien. Lothar de Maizière hat als frei gewählter Ministerpräsident der DDR in seiner Regierungserklärung am 19. April 1990 vor den Abgeordneten der Volkskammer gesagt: »Das Volk ist sich seiner selbst bewusst geworden. Zum ersten Mal seit vielen Jahrzehnten haben sich die Menschen in der DDR als Volk konstituiert.« Die Dimension, die die Wahl für jeden Einzelnen hatte, hat de Maizière später in einer historischen Rechnung eindrücklich aufgemacht: Man musste damals weit über 70 Jahre alt gewesen sein, um bereits einmal in seinem Leben frei gewählt zu haben – 1932 bei den letzten Reichstagswahlen, die diese Bezeichnung verdienen.

Der Ausgang der Wahlen vom 18. März 1990 erfüllte nicht die Hoffnungen aller, er überraschte viele – und entsprach damit den Erwartungen an eine wirklich freie und geheime Wahl. Vertreter der Bürgerrechtsbewegung, die mit ihrem Widerstand die freien Wahlen ermöglicht hatten, fanden sich in der parlamentarischen Opposition wieder. Das war für viele eine schmerzhafte Erfahrung. Ihre Bedeutung war in dieser Rolle indes kaum weniger groß als zuvor. Denn die demokratische Reife eines politischen Systems zeigt sich vor allem am Vorhandensein einer Opposition und ihren politischen Wirkungsmöglichkeiten. Sie erst macht das Parlament zur Vertretung des ganzen Volkes.

Die freien Wahlen beendeten in der DDR das Schattendasein des jahrzehntelang dem eigenen Anspruch Hohn sprechenden Parlaments. Erst jetzt wurde es zu einer echten Kammer des Volkes – und zur politischen Herzkammer der in der friedlichen Revolution neu gewonnenen Demokratie. Der Zentrale Runde Tisch, dem das Verdienst gebührt, die DDR friedlich in ein freiheitlich demokratisches Gemeinwesen überführt zu haben, stützte sich zwar auf eine politische, jedenfalls moralische Legitimierung durch einen Großteil der

Bevölkerung. Doch erst die aus freien Wahlen hervorgegangene Volksvertretung schuf die Voraussetzung für eine demokratisch legitimierte Regierung, deren Handlungsfähigkeit dabei das Ergebnis großen Verantwortungsbewusstseins unter den damaligen politischen Akteuren war.

So überraschend der Wahlausgang gewesen ist, so eindeutig und unmissverständlich war hingegen dessen politische Botschaft: Er bedeutete das Mandat zur deutschen Einheit. Der 18. März 1990 wies den Abgeordneten der 10. Volkskammer damit über Nacht eine der Hauptrollen auf der Bühne der Weltpolitik zu. Von insgesamt 409 Abgeordneten – inklusive Nachrückern – gehörten nur drei Prozent bereits der 9. Volkskammer an. Die allermeisten traten über Nacht in eine Aufgabe, von der sie nur begrenzte Vorstellungen haben konnten. Sie gingen berufliche Risiken ein und brachten über Monate erhebliche private Opfer. Viele von ihnen, darunter viele heute vergessene Helden der Revolution, haben die politische Bühne längst wieder verlassen.

Die freie Volkskammer hat damals viele, gelegentlich gönnerhafte Attribute bekommen. Den Abgeordneten wurde ein immenses Arbeitspensum abverlangt. Während die Volkskammer in den 80er-Jahren im Schnitt nicht einmal zu drei Sitzungen im Jahr zusammentrat, wurden zwischen April und September 1990 in 38 Tagungen 164 Gesetze und 93 Beschlüsse beraten und verabschiedet. Dass die Abgeordneten dabei um Dialog und Konsens bemüht waren, erschien westlichen Beobachtern oft unkonventionell. Ungewöhnlich waren auch die Arbeitsbedingungen, die etwa die Vorbereitungen zu Koalitionsgesprächen nur auf Fluren zuließen, wie sich Richard Schröder erinnert. Als damaliger Fraktionsvorsitzender der SPD bekam er erst im August ein Telefon in seine Wohnung. Bis dahin konnte er zwar mit einem ausgeliehenen Funktelefon ohne weiteres bis Honolulu, aber nicht von Ostberlin nach Leipzig telefonieren.

Die Abgeordneten standen vor der Doppelaufgabe, erst einmal ein arbeits- und funktionsfähiges Parlament zu schaffen und zugleich unter enormen Zeitdruck gesetzgebende Entscheidungen von bislang ungekannter Tragweite zu treffen. Hinter der durchaus untypischen Arbeitsplatzbeschreibung der Abgeordneten, sich »überflüssig« zu machen, stand nicht weniger als die Aufgabe, eine jahrhundertalte deutsche Hoffnung und ein vier Jahrzehnte währendes Versprechen einzulösen: Einigkeit und Recht und Freiheit.

Der 18. März 1990 steht als Datum in einer bemerkenswerten Traditionslinie der deutschen Geschichte. Dazu gehört die Proklamation der »Mainzer Republik« am 18. März 1793 unter dem Eindruck und Einfluss der Französischen Revolution und der Aufbruch zur Freiheit in den Berliner Barrikadenkämpfen 1848, wiederum am 18. März. Der Unterschied zu damals: Mit dem 18. März 1990 gingen die Deutschen den Weg zur deutschen Einheit in Frieden und Freiheit erfolgreich zu Ende, die am 3. Oktober – nur ein halbes Jahr später – im Einvernehmen mit allen Nachbarn vollzogen wurde.

3. Was geht uns unsere Geschichte an?

Historische Lektionen zweier Weltkriege

Was geht uns der Erste Weltkrieg an? Andere Nationen wissen das für sich eindeutiger zu beantworten als wir Deutsche. Franzosen und Briten nennen ihn den »Großen Krieg«. Für andere, etwa die Polen, die Tschechen, die Slowaken oder die Ungarn, stand an dessen Ende die Gründung eigener Nationalstaaten. In der Erinnerung der Deutschen sind die Jahre 1914 bis 1918 dagegen von den späteren Schrecken der nationalsozialistischen Diktatur überlagert. Dabei hat der Erste Weltkrieg in fast jeder deutschen Familie Spuren hinterlassen.

Wir sind die Enkel und Urenkel derjenigen, die vor hundert Jahren in den Krieg zogen im naiven Glauben, ihn binnen Wochen für sich entscheiden und mit diesem einen alle anderen beenden zu können – übermütig, verblendet, verführt. Wir sind die Enkel und Urenkel derjenigen, die in diesem Krieg »für Kaiser und Vaterland« fielen, die verwundet, verstümmelt, an Leib und Seele entstellt zurückkehrten.

Was geht uns heute der Erste Weltkrieg an? In seinem Roman *Die Kapuzinergruft* schreibt Joseph Roth, man spreche zu Recht vom »Weltkrieg«, aber »nicht etwa, weil ihn die ganze Welt geführt hatte, sondern weil wir alle infolge seiner eine Welt, unsere Welt, verloren haben.«

Der Weltkrieg läutete eine Zeitenwende ein. Damals endete eine Weltordnung, in der vorrangig die europäischen Staaten den Ton angaben. Mit den USA und Japan traten neue weltpolitische Akteure auf den Plan. Nicht nur Kaiserkronen rollten, etwa in Deutschland und Russland; mit dem Habsburger und dem Osmanischen Reich gingen ganze Imperien unter. Sie hinterließen alte Krisenherde und schufen neue, uns noch immer herausfordernde Konfliktregionen: auf dem Balkan, im Nahen und Mittleren Osten, im Kaukasus. Die Vertreibung und Vernichtung der Armenier machten Deportation und Massenmord zu Mitteln der Kriegführung. Der Erste Weltkrieg wurde die Wasserscheide zu einer »Welt von gestern« und war zugleich die Büchse der Pandora für das gewalttätige 20. Jahrhundert.

Der Erste Weltkrieg forderte Millionen Opfer, Soldaten wie Zivilisten. Er setzte Menschen in beispiellosen Massen in Bewegung, im Stellungskrieg im Westen, aber auch – was häufig vergessen wird – auf den Schlachtfeldern im Osten Europas. Er war – soweit eine solche Unterscheidung überhaupt Sinn macht – der letzte konventionelle und der erste moderne Krieg, von der Pickelhaube über Maschinengewehre bis zum Giftgas. An der Front erlebten die Soldaten die industrialisierte Apokalypse. Die zerstörerische Wirkung der modernen Waffen machte neben Gefangenen, Verwundeten und Toten auch »Vermisste« zu einer neuen, für die Hinterbliebenen – im Wortsinn trostlosen Kategorie der Kriegsopfer. Soldaten, die der Einsatzbefehl in die Schützengräben von Verdun schickte, hatten, so heißt es, statistisch gesehen noch eine Lebenserwartung von zwei Wochen.

Der Erste Weltkrieg stellt uns leider noch immer aktuelle Fragen, wie es zu einer solchen Katastrophe kommen konnte. Schuldzuweisungen an Einzelne der damaligen Akteure sind so simpel wie unzureichend. Der Erste Weltkrieg hatte komplexe Ursachen und einen konkreten Anlass. Der nationalistische und militaristische Geist in den europäischen Gesellschaften, die verfehlte Allianzpolitik der rivalisierenden

Großmächte, das Wettrüsten der imperialistischen Staaten: All das bildete ein explosives Gemisch. Die Ermordung des österreichischen Thronfolgers am 28. Juni 1914 in Sarajevo legte die Zündschnur, und es gelang nicht, sie diplomatisch zu löschen. Viele Staatsoberhäupter und ihre Regierungen agierten blauäugig oder gaben sich der verhängnisvollen Eigendynamik von Forderungen, Drohungen und Reaktionen fatalistisch hin – nicht wenige handelten hochmütig und mutwillig. Dass die Verwandten auf den europäischen Thronen, der deutsche Kaiser Wilhelm II. mit seinen Vettern, dem britischen König George V. und dem russischen Zaren Nikolaus II., die Krise auf dem Balkan weder lösen konnten noch wollten, zeigt die Bedeutung stabiler supranationaler Institutionen, die wir inzwischen in Europa glücklicherweise haben – und längst lästig finden.

Die Krise, die sich im Juli 1914 zuspitzte, bleibt ein Lehrstück politisch unverantwortlichen Handelns. Statt Deeskalation anzustreben, wurde der Sprung ins Ungewisse gesucht, ebenso kalkuliert wie kopflos. Dem Kaiserreich und dem deutschen Militär fällt dafür ein hohes Maß an Verantwortung zu. Der brutale Angriff auf das neutrale Belgien war völkerrechtswidrig, die Gräueltaten gegen die Zivilbevölkerung mit willkürlichen Hinrichtungen und Massenerschießungen ein Verbrechen. Die Zerstörungen von Städten und Kulturdenkmälern, die militärisch sinnlose, barbarische Beschießung der Kathedrale von Reims oder das Niederbrennen der Universitätsbibliothek von Löwen – sie sind beschämend und unentschuldbar.

Über dem Eingangsportal des Reichstagsgebäudes prangt die Inschrift »Dem deutschen Volke«. Angebracht wurde sie 1916, mitten im Krieg. Spötter hatten damals vorgeschlagen, man solle besser »Dem deutschen Heere« schreiben – und hatten damit den in Staat und Gesellschaft verbreiteten Militarismus bloßgestellt. Wilhelm II. wiederum favorisierte »Der deutschen Einigkeit«, womit er seine Distanz zum Parlament als Ort widerstreitender Meinungen und Interessen bekundete. Gegenüber dem gesellschaftlichen Pluralismus, dieser Grundtatsache moderner Staaten, forderte er nationale Geschlossenheit, und viele aus der deutschen Geisteselite taten es ihm gleich. Wilhelm II., der »keine Parteien, sondern nur noch Deutsche« kennen wollte, schloss am 4. August 1914 im Reichstagsgebäude den sogenannten Burgfrieden mit dem Parlament. Bei nur zwei Enthaltungen stimmten die Abgeordneten für die Kriegskredite. Der Mobilisierung zum Krieg folgte der »innenpolitische Waffenstillstand«. Die Abgeordneten übertrugen gemeinsam zentrale Kompetenzen an die Exekutive für kriegsnotwendige wirtschaftliche Maßnahmen. Es war im Wortsinn ein Ermächtigungsgesetz: die verhängnisvolle Entmündigung des Parlaments, die später das Muster zur Selbstabdankung der Weimarer Demokratie sein sollte.

Krisen sind Stunden der Exekutive, Kriege Zeiten der Militärs. Und die Parlamente? Sie haben im Ausnahmezustand einen schweren Stand. Das galt 1914 sogar für die Staaten, in denen der Parlamentarismus längst etabliert war. Auch in Frankreich und in Großbritannien wurde heftig um das Primat der Politik und um die Rechte der Parlamente gerungen – am Ende übrigens erfolgreich. In Deutschland war die Ausgangslage eine andere. Das Kaiserreich kannte zwar – im Unterschied zu den meisten etablierten Demokratien – bereits das allgemeine und gleiche Wahlrecht – für Männer wohlgemerkt –, die Parteien im Reichstag waren aber weit entfernt von jeder Regierungsmacht. Erst spät, 1917, gewann das Parlament, das mit neuen Gremien seine Kontrollaufgaben auch während der häufigen Vertagungen wahrzunehmen suchte, die politische Initiative zurück, am deutlichsten in der Friedensresolution von 1917. Darin bekannte sich der Reichstag mehrheitlich zum Verständigungsfrieden ohne Annexionen – und blieb damit erfolglos.

Die durchgreifende Parlamentarisierung des Reichs gelang erst im Herbst 1918. Der amerikanische Präsident Woodrow Wilson, der bei Kriegseintritt seines Landes 1917 zum Kampf für Demokratie und Freiheit aufgerufen hatte, machte dies zur Bedingung für Friedensverhandlungen; in militärisch aussichtsloser Lage hatte Deutschland den USA zuvor ein Waffenstillstandsangebot unterbreitet. Die Regierung war fortan nicht mehr vom Willen des Kaisers abhängig, sondern der Reichstagsmehrheit verantwortlich. Das war kurz vor der Revolution vom 9. November 1918, die damit nicht mehr aufzuhalten war.

Die junge Republik von Weimar, die aus ihr hervorging, hatte nicht nur die Niederlage zu verarbeiten, das Militär wälzte zudem die eigene Verantwortung auf die Politik ab, die nun den Frieden schließen musste. Zur deutschen Tragödie wurde, dass die parlamentarische Demokratie in dem Moment in den Sattel gehoben wurde, als der Versailler Vertrag dem Land eine doppelte Last aufbürdete: die von den Siegern deklarierte besondere Verantwortung für den Ausbruch des Kriegs und hohe Reparationen zur Wiedergutmachung. Beides erwies sich als eine schwere Hypothek, die die Republik bis zu ihrem bitteren Ende nicht abtragen konnte. Das Deutsche Reich hatte freilich 1871 den Franzosen und noch 1918 den Russen im Friedensvertrag von Brest-Litowsk ähnlich gnadenlose Gebietsabtretungen und finanzielle Belastungen auferlegt.

Was geht uns das heute an? Die Bundesrepublik ist der Rechtsnachfolger dieses Staates, der 1918 geächtet aus dem

Krieg hervorging, der als deutsche Demokratie Teil des Völkerbunds sein wollte, dessen Weg aber, selbstverschuldet, in die Diktatur und in den Zweiten Weltkrieg führte. Wir haben sehr viel später daraus gelernt, dass militärische Maßnahmen grundsätzlich kein geeignetes Mittel politisch gewollter Veränderungen sind und, wenn überhaupt, nur das letzte Mittel der Konfliktbeilegung sein dürfen.

In Deutschland werden die historischen Lektionen zweier Weltkriege mit maßgeblicher deutscher Beteiligung politisch besonders deutlich durch die Verankerung unserer Armee im demokratischen Staat. Als erstes Land der Welt nahm die Bundesrepublik Kriegsdienstverweigerung als ein Grundrecht in ihre Verfassung auf. Die deutsche Öffentlichkeit debattiert seit zwanzig Jahren kontrovers über jede Beteiligung an einem internationalen Militäreinsatz, und anders als in den meisten Ländern der Welt hat über jeden bewaffneten Auslandseinsatz der Bundeswehr das Parlament das letzte Wort. Der Kernsatz des fast auf den Tag genau vor zwanzig Jahren verkündeten *Out-of-Area*-Urteils des Bundesverfassungsgerichts lautet: »Für den militärischen Einsatz von Streitkräften ist dem Grundgesetz das Prinzip eines konstitutiven Parlamentsvorbehalts zu entnehmen.«

Zu dieser besonderen Verantwortung für unsere »Parlamentsarmee« steht der Deutsche Bundestag, auch wenn sich mit der gemeinsamen europäischen Außen-, Sicherheits- und Verteidigungspolitik neue Fragen an ihn richten. Vor hundert Jahren führte die machtbesessene Forderung nach einem »Platz an der Sonne« in die Katastrophe. Heute nimmt Deutschland die von der Staatengemeinschaft eingeforderte und sichtbar gewachsene Rolle unseres Landes in der Welt aus Verantwortung für Frieden, Freiheit und Menschenrechte zögernd und mit erkennbarer Zurückhaltung wahr, eingebunden in ein Bündnis- und Sicherheitssystem befreundeter Staaten, das wir offensichtlich weiter brauchen.

Mit den Ereignissen in der Ukraine und der völkerrechtswidrigen Annexion der Krim durch Russland wird die territoriale Integrität souveräner Staaten in Europa erstmals wieder infrage gestellt und damit die durch Verträge scheinbar gesicherte europäische Friedensordnung. Nicht nur für Historiker wie Heinrich August Winkler markiert das Jahr 2014 einen schweren Einschnitt in der jüngeren Geschichte – ein Vierteljahrhundert nach den großen, friedlich vollzogenen Veränderungen in Mittel- und Osteuropa. Trotz der Entschlossenheit, mutwillige und völkerrechtswidrige Veränderungen an Europas Grenzen nicht hinzunehmen, will niemand deshalb einen Krieg. Das unterscheidet die heutige Lage grundlegend von 1914. Manche alte Lektionen müssen neu vermittelt, manche neue Erfahrungen nüchtern aufgearbeitet werden. Zwischen den jeweils kategorischen Ansprüchen von Frieden und Freiheit gibt es keine glatten Lösungen. Aber niemand in Europa hat eine größere Verpflichtung und Verantwortung als Deutschland, sich immer wieder um solche Lösungen zu bemühen, nachdem wir durch die Unterstützung unserer Nachbarn und Partner Jahrzehnte später beides endlich haben realisieren können: Frieden und Freiheit.

Die Lettern des Schriftzugs »Dem deutschen Volke« wurden 1916 aus französischen Kanonen gegossen. Sie waren während der Befreiungskriege gegen Napoleon erbeutet worden. Das ist auch deswegen von Bedeutung, weil für viele Deutsche und Franzosen der Erste Weltkrieg ein deutsch-französischer Krieg war. Seitdem hat sich die Welt grundlegend verändert: Aus Feinden wurden Freunde, enge Partner. Gemeinsam sind wir Garanten für den Frieden im Zentrum eines vereinten Europa.

Die Erinnerungen der Europäer an die Gewaltgeschichte des 20. Jahrhunderts werden immer unterschiedlich bleiben, sie werden von nationalen Siegen und Niederlagen erzählen, Verantwortung und Schuld zuweisen. Der wichtigste Sinn unseres gemeinsamen Gedenkens an zwei Weltkriege in einem Jahrhundert aber bleibt die beispielhafte europäische Erfahrung, der Gewalt ein Ende gesetzt zu haben. Vor vierzig Jahren – damals lebte noch die Generation der Kriegsteilnehmer, und der Bundestag tagte noch in Bonn – sagte Alfred Grosser in seiner Rede zum Volkstrauertag: »Wir sind die Glücklichen, weil wir die Überlebenden sind. Nicht nur, weil wir leben, sondern weil wir durch unser Wirken, Sterben und Leid verhindern können.«

Diese Worte haben Geltung bis heute, für uns Deutsche, für uns Europäer. Wir leben seit Jahrzehnten in Frieden. Wir sind die Glücklichen. Daraus erwächst unsere Verantwortung.

»Die Vergangenheit soll uns dazu verpflichten, eine gemeinsame Zukunft zu planen«

Als Johannes Paul II., der große, unvergessene polnische Papst, 1996 das wiedervereinigte Deutschland besuchte, führte ihn sein Weg natürlich auch nach Berlin. Unweit des Reichstagsgebäudes ging er durch das offene Brandenburger Tor. Seinen Begleitern soll er damals gesagt haben, der Zweite Weltkrieg habe nun endlich sein Ende gefunden.

Dieser Zweite Weltkrieg, der mit dem deutschen Überfall auf Polen vor 75 Jahren begann, dauerte sechs Jahre. Doch er wirkte Jahrzehnte nach, in denen Staaten und Gesellschaften Europas die Folgen zu tragen hatten. Er wirkte nach in Familiengeschichten und unzähligen biografischen Schicksalen weltweit.

Gerade als Pole war dem Papst die fortwährende Gegenwart der Geschichte bewusst. Als junger Mann hatte Karol Wojtyła in

Krakau unter deutscher Besatzung gelitten. Er erlebte als Student, wie die deutsche Sicherheitspolizei fast zweihundert Professoren und Mitarbeiter der berühmten Jagiellonen-Universität in die Konzentrationslager Sachsenhausen und Dachau verschleppte. Ihn selbst verpflichteten die Deutschen zu harter Zwangsarbeit. Diese Vergangenheit vor Augen hat Johannes Paul II. später einmal die Freiheit als »fortwährende Eroberung« beschrieben. Er hat gefragt: »Wo liegt die Wasserscheide zwischen Generationen, die nicht genug bezahlt haben, und Generationen, die zu viel bezahlt haben? Wir, auf welcher Seite stehen wir?«

Wir erinnern zusammen mit unseren Nachbarn immer wieder an einen von Deutschland bewusst herbeigeführten Krieg, für den Generationen viel – zu viel – bezahlen mussten. Zugleich sehen wir täglich die schockierende Gewalt und das menschliche Leid gegenwärtiger Kriege – in Syrien, im Irak, im Südsudan, im Nahen Osten, in der Ukraine. Auch heute zahlen Generationen viel für ihre Freiheit – ohne die Gewissheit, sie tatsächlich zu erreichen. Auf welcher Seite stehen wir? Diese Frage stellt sich für jede Generation neu. Und für uns Deutsche stellt sie sich ganz besonders.

Nur zwanzig Jahre nach Ende des ersten löste das nationalsozialistische Deutschland den zweiten der beiden Weltkriege aus, die den europäischen Kontinent im 20. Jahrhundert verwüsteten. Seine schreckliche Bilanz: über fünfzig Millionen Kriegstote weltweit, Abermillionen entwurzelte Menschen – Deportierte, Vertriebene, Flüchtlinge; ein zerstörtes Europa, geteilt durch einen Eisernen Vorhang in rivalisierende politisch-ideologische Blöcke, vor allem jedoch gekennzeichnet von bislang beispiellosen Verbrechen gegen die Menschlichkeit. Mit der – anders als 1918 – totalen Niederlage war Deutschland nicht nur militärisch besiegt, sondern es hatte sich auch moralisch diskreditiert.

Indem wir an diese deutsche Schuld erinnern, bekennen wir uns zu unserer Verantwortung und zu den Lehren, die wir aus unserer verhängnisvollen Geschichte gezogen haben. Wir sind dankbar für die Chance, die unserem Land zuteilwurde, in die Gemeinschaft der Nationen zurückkehren zu dürfen. Uns ist bewusst, dass es dazu der Bereitschaft zur Versöhnung all derjenigen Nationen bedurfte, die unter der deutschen Besatzung schwer gelitten und unter hohen Verlusten aufseiten der Gegner Hitler-Deutschlands gekämpft haben.

Der Besuch und die Rede des polnischen Staatspräsidenten Bronisław Komorowski im deutschen Parlament zum 75. Jahrestag des Beginns des Zweiten Weltkriegs unterstreicht die besondere Bedeutung, die dabei den Beziehungen zu unseren polnischen Nachbarn zukommt. Polen wurde das erste Opfer des Zweiten Weltkriegs; sein Volk litt länger als alle anderen unter der deutschen Besatzung. Umso mehr muss es in der Tat als Wunder gelten, »dass Polen und Deutsche heute nicht nur Nachbarn sind, die sich vertragen, sondern Freunde, die sich mögen«, wie Bundespräsident Gauck anlässlich des 70. Jahrestags des Warschauer Aufstands zu Recht hervorgehoben hat.

Als Hitler am 1. September 1939 kurz nach 10 Uhr vor das gleichgeschaltete Parlament trat – nicht mehr im ausgebrannten Reichstagsgebäude, sondern gegenüber in der Kroll-Oper –, lag Polen bereits seit Stunden unter Feuer. Kurz vor Sonnenaufgang hatte das Schulschiff »Schleswig-Holstein«, das – perfide genug – zu einem Freundschaftsbesuch in Danzig war und dort vor Anker lag, damit begonnen, die polnische Garnison auf der Westerplatte zu beschießen. Zur gleichen Zeit wurde die Stadt Wielun östlich von Breslau unter hohen zivilen Verlusten von deutschen Kampfbombern dem Erdboden gleichgemacht.

Dem deutschen Überfall war ein diplomatisches Schurkenstück vorausgegangen: Der deutsch-sowjetische Nichtangriffspakt, den Hitler am 23. August mit Stalin geschlossen hatte, war in seiner Absicht und seiner Wirkung ein Angriffspakt zweier ideologischer Antipoden, die sich in einem geheimen Zusatzprotokoll darauf verständigt hatten, Mittelosteuropa mit imperialer Brutalität in Einflusssphären untereinander aufzuteilen: von Finnland über die baltischen Staaten und Polen bis nach Rumänien. Am 17. September 1939 marschierte die Rote Armee in Ostpolen ein mit der zynischen Begründung, den Polen Ordnung und Ruhe zu bringen, vor allem aber die Ukrainer und Weißrussen schützen zu wollen. Es folgten Deportationen und massenhafte Exekutionen, darunter das Massaker an Tausenden Offizieren in Katyn im Frühjahr 1940.

Auf deutscher Seite war das, was die deutsche Propaganda als »Polenfeldzug« verharmloste, tatsächlich der Auftakt zu einem geschichtlich beispiellosen Rassenkrieg – der sich bald auch gegen die Sowjetunion richten sollte. Die deutschen Eroberungen im Osten hatten bereits im Überfall auf Polen den Charakter eines kühl kalkulierten Vernichtungskriegs. In einer Geheimkonferenz mit ranghöchsten Vertretern der Wehrmacht hatte Hitler am 22. August 1939 seine Vorstellungen des bevorstehenden Kriegs unmissverständlich klargemacht. Es gibt verschiedene Aufzeichnungen dieser Unterredung mit unterschiedlichem Wortlaut. In der Tendenz ist immer wieder das Gleiche zu lesen: Es geht um die »restlose Zertrümmerung Polens«, um Verfolgung bis zur »völligen Vernichtung«.

Zum Opfer fielen den Massenerschießungen vorrangig Angehörige der gesellschaftlichen Elite, Vertreter des Staates, Bürgermeister, Richter, Geistliche, Adelige, Gewerkschafter, Wissenschaftler und Künstler, Kaufleute, Lehrer, Anwälte und Ärzte. Die ersten Massaker geschahen bereits unmittelbar nach Kriegsbeginn in kaschubischen Wäldern. Zugleich wurde mit nie da gewesener Härte eine jahrhundertealte jüdische Tradition ausgelöscht. Als Hauptschauplatz der industriellen Vernichtung der europäischen Juden, die aus allen besetzten Gebieten deportiert wurden, wurde Polen – in den Worten seines großen Literaten Andrzej Szczypiorski – zum »größten Friedhof der Zivilisation«.

Im Gedenken an diese von Deutschen verübten Verbrechen erinnern wir auch an all diejenigen, die in schier aussichtsloser Lage in Deutschland wie in den besetzten Nachbarländern mutigen Widerstand leisteten und ihn mit ihrem Leben bezahlten, etwa im Warschauer Ghetto 1943 oder beim Warschauer Aufstand der polnischen Heimatarmee 1944. Wir erinnern an die Frauen und Männer der Weißen Rose und des 20. Juli.

Deutsche und Polen haben nicht nur eine gemeinsame Grenze, sie teilen sich vor allem eine gemeinsame Geschichte. In ihr haben Grenzen freilich eine unheilvolle Bedeutung gespielt, vor allem seit Brandenburg-Preußen zur europäischen Macht aufgestiegen war. Der große Preußenkönig Friedrich II. war kein Freund Polens. Er blickte mit demonstrativer Geringschätzung auf die aus dem 16. Jahrhundert überkommene polnische Adelsrepublik. Kaltblütig nutzte er 1772 die Gelegenheit, auf ihre Kosten sein Territorium zu vergrößern. Polen, seiner Freiheit beraubt, wurde zum Spielball Preußens, Habsburgs und Russlands, die ihre machtpolitischen Ambitionen zulasten eines Nachbarn durchsetzten.

Gedemütigt nahmen die Polen in der Folge vorweg, was später Preußen nach der eigenen Niederlage gegen Napoleon tat: Sie leiteten große Reformen ein. 1791 verabschiedeten sie die erste schriftliche Verfassung, die es in Europa überhaupt gab, auf den Tag genau vier Monate vor der französischen Nationalversammlung. Was darauf folgte, waren militärische Strafaktionen der politischen Reaktion in Berlin und Sankt

Petersburg. Mit der zweiten und dritten polnischen Teilung 1793 und 1795 war der polnische Staat nach 800 Jahren Existenz von der europäischen Landkarte getilgt. Das preußische Territorium hatte sich dafür verdoppelt.

Die Polen haben an der Idee nationaler Einheit festgehalten. Mit ihrem Durchhaltewillen wurden sie auch den Liberalen in Deutschland zum Vorbild. »Denn ohne Polens Freiheit keine deutsche Freiheit. Ohne Polens Freiheit kein dauernder Friede«, hieß es beim Hambacher Fest 1832, als man neben der schwarz-rot-goldenen auch die polnische weiß-rote Fahne hisste. Die proklamierte Verbindung aus deutschem Einheitsstreben und polnischer Unabhängigkeit hatte allerdings nur rhetorische Bedeutung. In der Revolution 1848 dominierten bereits wieder die nationalen Töne, auch in der Paulskirche, als die Frankfurter Nationalversammlung gegen die Proteste der Polen die preußische Provinz »Großherzogtum Posen« in den Deutschen Bund eingliederte. Wer heute gelegentlich in aktuellen Zusammenhängen vermeintliche »polnische Empfindlichkeiten« beklagt, hat offenbar keine Vorstellung von dem Trauma einer Nation, die über mehrere Jahrzehnte und Jahrhunderte als Staat von der Landkarte verschwunden war.

Das Ende des Ersten Weltkriegs brachte für viele Völker in Mittelosteuropa die Gründung eigener Nationalstaaten. Auch die Polen nahmen 1918/19 ihr nationales Selbstbestimmungsrecht wieder in eigenen Grenzen wahr – nach über hundertzwanzig Jahren Fremdherrschaft. Die neue Friedensordnung, die der Versailler Vertrag geschaffen hatte, sah unter anderem einen Sonderstatus für Danzig vor als völkerrechtlich selbstständiges Gebilde einer vom Völkerbund kontrollierten Freien Stadt. Ein Korridor verhalf dem neuen polnischen Staat zum Zugang zum Meer und trennte zugleich Ostpreußen vom Rest Deutschlands – ein Umstand, den Hitler als Vorwand zu nutzen wusste, um 1939 den von ihm lange angestrebten Krieg vom Zaun zu brechen.

Deutsche haben 1939 den Krieg begonnen. Sie haben ihn 1945 verloren. Aber sie haben nicht allein dafür bezahlt. Die bedingungslose Kapitulation, die wir Deutschen heute als Befreiung erkennen, brachte für die Polen zunächst keine Freiheit. Es gehört zur polnischen Tragödie im 20. Jahrhundert, dass dem Sieg über Hitler bleierne Jahrzehnte folgten, in denen den Polen – und mit ihnen allen, die unter sowjetische Herrschaft kamen – die Selbstbestimmung weiter vorenthalten blieb.

Nach 1945 erlebte Polen eine gigantische Westverschiebung des eigenen Landes, die für Millionen Menschen den Verlust der Heimat bedeutete. Wenn wir heute auch des Leids gedenken, das dabei Deutsche, meist persönlich schuldlos, als Opfer politischer Entwicklungen erlitten haben, dann können wir dies nur deswegen, weil wir zugleich keinen Zweifel über Ursache und Wirkung lassen. Hitlers unbändiger Vernichtungswille, unter dem Völker und Nationen von der Atlantikküste bis in den Kaukasus, vom Nordkap bis nach Nordafrika so unendlich schwer gelitten haben, schlug am Ende gegen das eigene Volk zurück. Bei flächendeckenden Bombardements auf deutsche Städte starben Hunderttausende Zivilisten, jahrhundertealte Stadtbilder wurden ausgelöscht, für Millionen Soldaten folgten Jahre der Kriegsgefangenschaft, viele kehrten nie mehr heim. Das Land blieb auf Jahrzehnte geteilt.

In der Trauer über den erlittenen Verlust fehlt es in Deutschland gelegentlich noch heute an Wissen über und an Verständnis für das Vertreibungsschicksal der Polen. Beispielhaft dafür ist die Familiengeschichte des polnischen Staatspräsidenten: Er trägt den Namen seines Onkels, der 1943 mit sechzehn Jahren wegen seiner Mitwirkung im polnischen Untergrund in Vilnius auf deutschen Befehl erschossen wurde. Die Wurzeln der Familie Komorowski liegen im heutigen Litauen. Nach deren Vertreibung durch die sowjetischen Besatzer kam Bronisław Komorowski in der Nähe von Breslau zur Welt – in einem Haus, das vorher Deutschen gehört hatte. Komorowski sagt deshalb: »Ein Europa, in dem jedes Volk sich auf das Leid der eigenen Opfer konzentrierte, wäre ein grauenvoller Kontinent. Die Vergangenheit soll uns dazu verpflichten, eine gemeinsame Zukunft zu planen.« Möglich geworden ist dies erst durch die großen Umwälzungen, die 1989 mit maßgeblicher polnischer Beteiligung Europa verändert haben.

Die deutsch-polnische Geschichte im 20. Jahrhundert manifestiert sich mehr als anderswo in Danzig. Mehr noch: Diese Stadt ist zu einem europäischen Erinnerungsort geworden. Mit dem Versailler Vertrag war sie ein Menetekel für einen neuen europäischen Konflikt, 1939 wurde sie zum Ort des Kriegsausbruchs. Später jedoch, mit der Solidarność-Bewegung, wurde aus der ehemals Freien Stadt Danzig die Stadt der Freiheit – ein Schauplatz der friedlichen Revolutionen in ganz Ost- und Mittelosteuropa.

An die großen polnischen Verdienste um die deutsche Einheit und die Freiheit in einem vereinten Europa erinnert seit 2009 an der Ostfassade des Reichstagsgebäudes ein Mauerstück der ehemaligen Danziger Lenin-Werft. Im Gegenzug verweist in Kreisau, auf dem Gut der Familie Moltke, ein Stück der Berliner Mauer auf den 9. November 1989. Dieser herausragende Ort des deutschen Widerstands steht für den Aufbruch in den deutsch-polnischen Beziehungen nach Ende des Ost-West-Konflikts. Hier nahmen am 12. November 1989 Helmut Kohl und Tadeusz Mazowiecki an einer Versöhnungsmesse teil, nachdem der deutsche Bundeskanzler seinen

Staatsbesuch in Polen wegen des Falls der Berliner Mauer unterbrochen hatte.

Die Mauern, in Danzig wie in Berlin, sind durch Bürgerrechtler, durch zivilgesellschaftliches Engagement überwunden worden. Die Aussöhnung zwischen unseren beiden Nationen mit ihrer jahrhundertealten Geschichte leidvoller territorialer Veränderungen beweist, dass Frieden in Europa nur möglich ist, wenn die territoriale Integrität der Staaten nicht mehr infrage gestellt wird – eine Erkenntnis, um die auch in Deutschland lange, auch noch im Kontext der Wiedervereinigung und der Diskussion über die deutsch-polnische Grenze, gerungen wurde. Diese Erkenntnis ist im heutigen Europa aktueller denn je. Gerade deshalb ist die Wahl eines polnischen Ministerpräsidenten zum Präsidenten des Europäischen Rats ein starkes Signal und ein Symbol für das Selbstverständnis dieser Europäischen Union.

Der 1. September 1939 und seine Folgen sind und bleiben für uns Deutsche ein Stück Geschichte, das nicht einfach Vergangenheit ist. Sie beschämt uns, und sie stärkt uns in unserem Willen und der Selbstverpflichtung unserer Verfassung, gemeinsam mit allen unseren Nachbarn und Partnern »als gleichberechtigtes Glied in einem freien Europa dem Frieden in der Welt zu dienen«. Dass Polen und Deutsche daran gemeinsam arbeiten – als Nachbarn, als Partner, als Freunde –, ist ein ermutigendes Beispiel dafür, dass wir aus der Geschichte lernen können, wenn wir ihre Lektionen begriffen haben.

4. »Eine gute Verfassung in schlechter Zeit«

Vom Ehrgeiz und Scheitern der Weimarer Republik

Die Unterzeichnung der Weimarer Reichsverfassung am 11. August 1919 ist ein bedeutendes Ereignis der deutschen Geschichte, jedenfalls in der vergleichsweise kurzen Geschichte der mühsamen Entwicklung von Demokratie und Parlamentarismus in Deutschland. Ein herausragendes Ereignis der deutschen Demokratiegeschichte ist die Weimarer Nationalversammlung schon deshalb, weil sie der erste und einzige in Deutschland je allgemein und demokratisch gewählte Verfassungskonvent war. Sie war und bleibt verbunden mit der Einführung des Frauenwahlrechts, mit dem das politisch eher rückständige Deutschland sogar hoch angesehenen, etablierten Demokratien in Nachbarstaaten voraus war – eine der wenigen nachhaltigen Errungenschaften der Weimarer Demokratie.

Die neue Verfassung des Deutschen Reiches wurde am 11. August 1919 vom Reichspräsidenten Friedrich Ebert unterzeichnet, übrigens nicht in Weimar, sondern in Schwarzburg, einem thüringischen Erholungsort, und zwar in einem Nebengebäude des Hotels »Weißer Hirsch«, in dem Ebert wohnte. Im Unterschied zur Verfassung existiert das Hotel heute noch: ein dezenter Hinweis auf die relative Haltbarkeit bedeutender Institutionen des Staates und der Zivilgesellschaft.

Mit der Verkündung im Reichsgesetzblatt trat die Verfassung am 14. August in Kraft. Eine Woche später verabschiedete sich die Nationalversammlung aus Weimar, übernahm aber bis zum Zusammentreten des ersten Reichstages im Juni 1920 dessen gesetzgeberische Aufgaben.

Am Tag der Unterzeichnung der neuen Verfassung, am selben 11. August 1919, begannen in Berlin deutsch-polnische Verhandlungen über die Räumung der deutschen Ostgebiete, die im Versailler Vertrag Polen zugesprochen waren: eine wohl zufällige, aber symbolträchtige Koinzidenz zweier historischer Veränderungen der bisherigen Verhältnisse.

Der Vertrag von Versailles, der Frieden schaffen sollte, aber Unfrieden unter den Völkern Europas stiftete, lag wie ein Schatten über dem ehrgeizigen Versuch, nach der militärischen Niederlage und dem Sturz der Monarchie in die politische Moderne aufzubrechen durch den Aufbau einer parlamentarischen Demokratie, die tatsächlich nach wenigen Jahren scheiterte und in einer beispiellosen Katastrophe endete. Über die tragische Geschichte der Weimarer Verfassung und der von ihr begründeten Demokratie lässt sich nicht reden, jedenfalls nicht urteilen, ohne die Vorgeschichte und die Nachwirkungen des Versailler Vertrages, der mit ähnlichem Ehrgeiz verhandelt wurde und wie diese gescheitert ist.

»Unser Programm ist das Programm des Weltfriedens«, hatte US-Präsident Woodrow Wilson vor Beginn der Pariser Konferenz verkündet; »wir wollten nicht nur den Frieden vorbereiten, sondern den ewigen Frieden«, so der britische Diplomat Harold Nicholson. Dies ist leider gründlich misslungen.

Mit dem Friedensvertrag, den die Deutschen schließlich im Spiegelsaal von Versailles zu unterzeichnen hatten, mit Verpflichtungen und Bedingungen, die zum Rücktritt der Reichsregierung unter Führung von Philipp Scheidemann führten, und den die Nationalversammlung gleichwohl mitten in den Beratungen über die Reichsverfassung am 9. Juli ratifizierte, verlor Deutschland ein Siebtel seines Territoriums von 1914 mit insgesamt einem Zehntel seiner Bevölkerung.

Das Rheinland wurde von den Siegermächten besetzt, Ostpreußen durch einen polnischen Korridor vom Reich abgetrennt, Danzig wurde zu einer Freien Stadt unter dem Schutz des Völkerbundes, dem ausgerechnet die Vereinigten Staaten, die mit Nachdruck für ihn geworben hatten, gar nicht erst beitraten, die deutschen Kolonien wurden unter den Siegermächten aufgeteilt. Damals haben die Siegermächte »die Karte Europas gezeichnet, wie sie mehr oder weniger heute noch gültig ist. Tatsächlich aber hat keiner der Unterzeichner die Auswirkungen des eigenen Handelns überblickt«, kommentierte der frühere amerikanische Außenminister Henry Kissinger die doppelte Bedeutung des Versailler Vertrages über die unmittelbaren Regelungsabsichten hinaus.

Ob beabsichtigt oder unbeabsichtigt – neben den materiellen Lasten und territorialen Abtretungen hatte insbesondere der Kriegsschuldartikel 231, der als einseitige Schuldzuweisung gegenüber Deutschland und seinen Verbündeten verstanden wurde und auch so gemeint war, politisch-psychologische Auswirkungen, die die Lebenskraft der Weimarer Republik von Beginn an beeinträchtigten. Er wirkte wie die amtliche Bestätigung der von Nationalisten und Nationalsozialisten mit diabolischem Eifer verbreiteten Dolchstoßlegende.

Die Wahlen zur Nationalversammlung fanden am 19. Januar 1919 statt, genau einen Tag nach der Eröffnung der Pariser Friedenskonferenz unter Vorsitz des französischen Ministerpräsidenten Georges Clemenceau und ohne Beteiligung Deutschlands und seiner Kriegsverbündeten.

Von den 423 Mandaten der Nationalversammlung entfielen
165 (39 %) auf die SPD
91 (22 %) auf das Zentrum
75 (18 %) auf die Deutsche Demokratische Partei
44 (10 %) auf die Deutschnationale Volkspartei

22 (5 %) auf die Unabhängigen Sozialdemokraten
18 (4 %) auf die Deutsche Volkspartei
4 (1 %) auf den Bayerischen Bauernbund
4 (1 %) auf sonstige Gruppierungen.

Dem Parlament gehörten erstmals 26 Frauen an. Die Zusammensetzung nach Berufen und Beschäftigungsverhältnissen zeigt dagegen im Vergleich zu früheren wie späteren Volksvertretungen keine auffälligen Unterschiede.

Zur feierlichen Eröffnung der Nationalversammlung am 6. Februar, nachmittags um 15 Uhr, war nach Berichten von Zeitzeugen »die halbe Stadt auf den Beinen«. Die damals 37 000 Einwohner zählende Stadt wuchs vorübergehend um rund 4000 Gäste. Trotz mancher Besorgnisse wegen der erwarteten Schwierigkeiten bei der Unterbringung und Verpflegung der Parlamentarier und ihrer Begleitung fühlten sich viele Bürger Weimars zugleich geschmeichelt und aufgewertet. »Wir wollen nicht in Abrede stellen, dass dies in der Geschichte Weimars ein Ereignis bildet, das geeignet ist, den Namen der Stadt vielleicht für Jahrhunderte von neuem berühmt zu machen« (*Weimarische Zeitung*).

Zunächst war daran gedacht, das Weimarer Schloss für die Nationalversammlung zu nutzen – ein ebenso origineller wie zweifelhafter Austragungsort zur Ablösung der monarchischen durch eine demokratische Staatsverfassung; ebenso war – als Reverenz an die erste Nationalversammlung in der Frankfurter Paulskirche – die Herderkirche im Gespräch. Schließlich einigte man sich auf das Theater, das noch rasch in »Deutsches Nationaltheater« umbenannt wurde. Das Theatergestühl wurde für die parlamentarische Versammlung entfernt, dafür wurden die Sessel aus dem Berliner Reichstagsgebäude aufgestellt.

Friedrich Ebert eröffnete – noch als Vorsitzender des Rates der Volksbeauftragten – die Versammlung. In seiner Rede beschwor er den »Geist von Weimar«: »Die alten Grundlagen der deutschen Machtstellung sind für immer zerbrochen. Die preußische Hegemonie, das hohenzollernsche Heer, die Politik der schimmernden Wehr sind bei uns für alle Zukunft unmöglich geworden. Wie der 9. November 1918 angeknüpft hat an den 18. März 1848, so müssen wir hier in Weimar die Wandlung vollziehen vom Imperialismus zum Idealismus, von der Weltmacht zur geistigen Größe ... Jetzt muss der Geist von Weimar, der Geist der großen Philosophen und Dichter, wieder unser Leben erfüllen.«

Die Wahl Weimars als Tagungsort der Nationalversammlung sollte den neuen demokratischen Staat mit den Traditionen des deutschen Idealismus verbinden. Neben Weimar standen damals auch Jena, Erfurt, Eisenach, Kassel, Bayreuth, Bamberg, Würzburg und Nürnberg zur Diskussion und natürlich Frankfurt – allesamt honorige Adressen. Tatsächlich war die Wahl Weimars als Sitz der Nationalversammlung aus der Not der Berliner Turbulenzen geboren, nicht aus dem Geist des Idealismus.

»Dass die Wahl auf Weimar fiel, war auch ein Zeichen von Wunschdenken«, wie Peter Gay in seinem Buch *Die Republik der Außenseiter* zutreffend analysiert: »Dass man einen Staat in Goethes Stadt gründete, gab keine Gewähr für einen Staat im Geiste Goethes. Es garantierte nicht einmal seinen Bestand. Die Republik wurde in der Niederlage geboren, lebte in Aufruhr und starb in der Katastrophe.«

Die Berufung auf den *»genius loci«* von Weimar war demonstrativ und sehr bemüht; sie illustriert einmal mehr das nicht erst in der Moderne notorisch schwierige Verhältnis von Politik und Kultur. Immerhin: Die Kunstfreiheit wurde zur Grundmaxime demokratischer Kulturpolitik erklärt. Gegenüber der Verfassung von 1871 war bei den Freiheitsgarantien nicht nur die Kunst zur Wissenschaft hinzugekommen, sondern daran anschließend die Verpflichtung des Staates zu ihrem Schutz und ihrer Pflege eingeführt worden. »Die Kunst, die Wissenschaft und ihre Lehre sind frei. Der Staat gewährt ihnen Schutz und nimmt an ihrer Pflege teil« (Art. 142 WRV). Auch diese Selbstverpflichtung der Weimarer Verfassung gehört zu den nachhaltigen Errungenschaften der deutschen Demokratie.

Die Arbeit an der Verfassunggebung in Weimar verlief im Ganzen sachlich, nüchtern und mit großem Engagement der Abgeordneten. Davon zeugen sowohl die Verhandlungsprotokolle als auch deren Ergebnis. In 87 Plenarsitzungen wurden die wichtigsten Fragen der künftigen politischen Verfassung Deutschlands debattiert und entschieden. Am 31. Juli wurde die Reichsverfassung verabschiedet mit 262 gegen 75 Stimmen, am 14. August trat sie in Kraft. Gleichzeitig wurde auch die schwarz-weiß-rote Flagge durch die Farben der deutschen Freiheits- und Einheitsbewegung aus der Zeit vor der Frankfurter Paulskirche ersetzt: Schwarz-Rot-Gold.

Die Ausgangslage für die Arbeit der Nationalversammlung und den Aufbau einer stabilen demokratischen Republik war alles andere als günstig. Als die Parlamentarier zusammentraten, fanden sie die Hinterlassenschaft einer gescheiterten Monarchie und eines verlorenen Krieges vor. Für die notwendige Neuorganisation der Staatsgewalt in Gestalt einer demokratischen Republik gab es keine Entwürfe und keine Vorbilder. Soweit es in den Jahren zuvor überhaupt Verfassungsdebatten gegeben hatte beziehungsweise Forderungen nach Verfassungsreformen, galten sie dem Kaiserreich und nicht einer Republik, die damals gar nicht zur Debatte stand. Manche Reformerwartungen hatten sich im Übrigen in den sogenannten Oktoberreformen des turbulenten Jahres 1918 bereits erledigt.

In manchen Anliegen konnte man an die Paulskirchenverfassung anknüpfen, insbesondere im Hinblick auf Grundrechte. Der durchaus eindrucksvolle Katalog der Grundrechte galt in der Weimarer Verfassung freilich nur nach Maßgabe der Gesetze, stand also zur Disposition des Gesetzgebers. Dagegen hat das Grundgesetz bekanntlich umgekehrt alle Gesetze an die Grundrechte gebunden und damit erstmals alles staatliche Handeln nur nach Maßgabe der Verfassung legitimiert und deren Auslegung einem eigenen, unabhängigen Verfassungsgericht übertragen.

Die Weimarer Verfassung hat gleichwohl beachtliche Verdienste in der Verankerung der demokratischen Legitimation staatlicher Machtausübung. Dies kommt in den Wahlen zu den Parlamenten wie des Reichspräsidenten zum Ausdruck, der Verantwortung der Regierung vor dem Parlament wie auch in demokratischen Ansprüchen an die Sozialverfassung. Ganz besonders gilt dies für die Ausgestaltung des Wahlrechts, das die Unmittelbarkeit, Gleichheit und Geheimhaltung der Stimmabgabe und erstmals die Wahlberechtigung der Frauen vorsah.

Diese Regelungen haben die erste deutsche Republik ebenso überdauert wie die Weimarer Kirchenartikel, die Bestandteil des Religions- und des Staatskirchenrechts des Grundgesetzes geworden und geblieben sind.

Die weitverbreitete Kritik an der Weimarer Verfassung begann nicht erst nach 1945 in Verbindung mit dem zweiten Versuch eines demokratischen Neubeginns. Sie war schon in den 20er-Jahren deutlich zu hören, keineswegs nur von Anhängern der radikalen Parteien. So erklärte zum Beispiel Reichswehrminister Otto Geßler, der für die liberale DDP über acht Jahre verschiedenen Reichsregierungen angehörte, man habe »in unserer Reichsverfassung die unzweckmäßigsten Bestimmungen anderer Verfassungen zusammengestoppelt«. Darüber lässt sich durchaus streiten. Unbestreitbar sind die uneingelösten, teilweise wirklichkeitsfremden Erwartungen und die Distanz zwischen den großen Zielen und den bescheidenen Ergebnissen, die im Laufe der Jahre immer größer wurde.

Das Jubiläum der Weimarer Verfassung hat eine beachtliche Anzahl neuer Studien veranlasst, die sich um eine differenzierte Beurteilung der Entstehungsbedingungen, Absichten und Wirkungen dieser Verfassung auch im internationalen Vergleich bemühen. »Eine gute Verfassung mit schlechtem Image« – unter diesem Titel befasst sich der Bielefelder Rechtswissenschaftler Christoph Gusy kritisch mit der landläufigen Kritik. Die Weimarer Verfassung sei »eine gute Verfassung in schlechter Zeit«. Tatsächlich ist die Verfassung der Weimarer Republik besser als ihr Ruf, sie hatte als Dokument eines demokratischen Erneuerungswillens manche Vorzüge, aber auch erhebliche Schwächen.

Die »demokratischste Demokratie der Welt«, wie der damalige Reichsinnenminister Eduard David voreilig schwärmte, wurde Weimar nicht. Ein absurder Anspruch im Übrigen, der zu den maßlosen Erwartungen gehörte, denen die neue Republik gar nicht entsprechen konnte. Die Weimarer Reichsverfassung war sicher gut gemeint, aber nicht wirklich gut gelungen. Sie war zweifellos besser als die damaligen Verhältnisse, vielleicht zu gut für schwierige Zeiten – also nicht gut genug für die Verhältnisse, die sie ordnen sollte.

Das uneingeschränkte Verhältniswahlrecht der neuen Republik wollte die Beteiligung auch von Minderheiten an der parlamentarischen Entscheidungsfindung sichern, hat durch den Verzicht auf jede Sperrklausel aber die Entwicklung eines funktionsfähigen Parteiensystems nicht befördert, sondern behindert und die parlamentarische Willensbildung erschwert. Allerdings hat sich in Preußen unter dem gleichen Verhältniswahlrecht das entwickelt, was im Weimarer Reichstag kaum je vorhanden war: stabile, handlungsfähige Regierungen, die von Parteien mit hohem Verantwortungsgefühl getragen waren. Das Wahlrecht alleine kann die Fehlentwicklungen dieser Zeit also weder verursacht haben noch erklären.

Der wohl folgenreichste Konstruktionsfehler der Weimarer Verfassung war die fehlende Balance zwischen den Verfassungsorganen. Die juristisch kunstvolle, politisch eher künstliche Gewichtsverteilung der zentralen Institutionen und ihrer Kompetenzen – Reichspräsident und Reichskanzler, Reichstag und Regierung, dazu die Möglichkeit von Plebisziten anstelle parlamentarischer Entscheidungen – hat eine längerfristig angelegte Arbeit der Regierung geradezu verhindert, da sie zwischen den jeweils durch Wahl direkt legitimierten Verfassungsorganen Präsident und Parlament immer wieder aufgerieben wurde. Die regelmäßigen vorzeitigen Auflösungen des Reichstages vor Ende der gesetzlichen Legislaturperiode sind Ausdruck dieser strukturellen Instabilität.

Sie wurde begünstigt durch den berüchtigten Artikel 48 der Verfassung, die dem Reichspräsidenten ein Notverordnungsrecht zugestand, das sich mit der zunehmenden Handlungsunfähigkeit des Reichstages immer mehr zu einer Ersatzgesetzgebung entwickelte.

In den knapp vierzehn Jahren der Weimarer Republik stürzten sechzehn Regierungen mit einer durchschnittlichen Amtszeit von acht (!) Monaten, mit zwölf Kanzlern und zwanzig Kabinetten. Die längste durchgehende Regierungszeit eines Kabinetts betrug 636 Tage (Hermann Müller, 1928 bis 1930), die kürzeste ganze 48 Tage (2. Kabinett Gustav Stresemann 1924). Die Weimarer Republik scheiterte – neben institutionellen Mängeln einer nur auf dem Papier eindrucksvollen Gewaltenteilung – nicht nur am Fehlen einer unangefochtenen, den Staat als Ganzes repräsentierenden republikanischen Autorität, sondern auch und vor allem an einer Serie politischer Fehlleistungen von Wählern und Gewählten, denen das wirklich Wichtige nicht wichtig genug und das eigene Interesse allzu wichtig war.

Die politische Kultur der Weimarer Republik litt von Beginn an unter dem weitverbreiteten Zweifel über die Vorzüge und die Bedingungen einer parlamentarischen Demokratie. Diese Skepsis war genährt von Vorbehalten gegenüber dem Prinzip der Repräsentation und vom Misstrauen in pluralistisch-demokratische Entscheidungsprozesse. Das bei den Wählern wie bei ihren Repräsentanten verbreitete Unverständnis für die Notwendigkeit von Kompromissen als der vielleicht wichtigsten demokratischen Tugend stürzte 1930 die letzte von einer parlamentarischen Mehrheit getragene Reichsregierung. Sie stürzte übrigens über die Unfähigkeit einer Einigung über die Erhöhung der Arbeitslosenversicherungsbeiträge.

Damals waren in der bestehenden Großen Koalition aus SPD, Zentrum, Deutscher Volkspartei, Deutscher Demokratischer Partei und Bayerischer Volkspartei die jeweiligen Parteiinteressen stärker als die gemeinsame Verantwortung für stabile politische und wirtschaftliche Verhältnisse. Schließlich wurde das Scheitern der Regierung einmal mehr eher in Kauf genommen als der Konflikt mit der eigenen Klientel.

Danach bestimmte nicht mehr das Parlament über gesetzliche Regelungen, sondern der Reichspräsident über die sogenannten Notverordnungen. Der Reichstag hatte sich als Gesetzgebungsorgan längst aufgegeben, bevor er mit der Zustimmung zu Hitlers »Ermächtigungsgesetz« seine eigene Abdankung beurkundete. Die Republik von Weimar ist keineswegs nur an ihren vielen Gegnern, die es zweifellos gab, zugrunde gegangen, sondern auch und vor allem durch das Versagen ihrer demokratischen Stützen.

Es ist nicht unbedingt tröstlich, aber doch redlich, darauf hinzuweisen, dass in keinem der im Ersten Weltkrieg unterlegenen Staaten die neuen parlamentarischen Systeme die stürmischen Zeiten zwischen den beiden Kriegen überlebt haben. Ihre Verfassungen waren keineswegs gleich, eher schon ihre politischen und wirtschaftlichen Herausforderungen. Für die gelegentlich allzu vordergründige Suche nach Kausalitäten ist dies jedenfalls nicht belanglos.

Für das Scheitern der Weimarer Republik gibt es viele Gründe, die Mängel ihrer Verfassung gehören wohl dazu. Theodor Heuss, der ihren Aufbau wie ihre Auflösung persönlich erlebt und politisch begleitet hat, verwies während der Beratungen des Parlamentarischen Rates 1948 auf die »offenkundigen Fehlkonstruktionen in der Weimarer Verfassung selber«.

Aber es waren weder allein die institutionellen Strukturfehler noch der Versailler Vertrag, weder die Reparationszahlungen am Anfang noch die Weltwirtschaftskrise am Ende, nicht einmal das Elend einer steigenden Massenarbeitslosigkeit, gewiss nicht die versäumte Demokratisierung von Justiz und Verwaltung oder das Fehlen eines unabhängigen Verfassungsgerichts. Und auch nicht die Plebiszite: Gegen Volksabstimmungen gibt es durchaus beachtliche Argumente, aber dass sie die erste parlamentarische Demokratie in Deutschland zerstört hätten, lässt sich nicht ernsthaft vortragen

Tatsächlich hätte die junge Republik die eine oder andere der genannten Belastungen vielleicht bewältigen können. Unter der geballten Gleichzeitigkeit der Herausforderungen wie der eigenen Fehler ist sie zusammengebrochen.

Die Weimarer Republik war – im Unterschied zu den Verhältnissen davor und danach – eine Demokratie, natürlich nicht ohne Demokraten, wie später allzu geringschätzig immer wieder behauptet wurde, aber gewiss mit zu wenig engagierten Demokraten, sie war eine Republik, in der die Republikaner nie eine verlässliche Mehrheit hatten – nicht einmal für die Wahl des Staatsoberhauptes. Insofern war ihr Ende weder zwangsläufig noch zufällig.

Die Demokratie ist ein ebenso ehrgeiziges wie gefährdetes politisches System, das im Unterschied zu anderen Staatsformen den selbst gesetzten Ansprüchen um den Preis des Überlebens auch gerecht werden muss.

Soweit sich aus der Geschichte lernen lässt, ist dies die wichtigste Lektion, die Weimar nicht nur den Deutschen hinterlassen hat.

5. »Der Schein der Legalität«

Die Selbstauflösung der Demokratie 1933

Als am 10. Mai 1933 mitten in der Hauptstadt unter staatlicher Regie und Aufsicht 20 000 Bücher verbrannt wurden, darunter die Werke der bedeutendsten deutschen Schriftsteller und Publizisten, direkt neben der Staatsoper Unter den Linden, vor der Hedwigs-Kathedrale, gegenüber der Humboldt-Universität – ein bizarres Staatsschauspiel in der unglaublichen Kulisse der Berliner Repräsentationsbauten von Kunst, Kirche und Wissenschaft –, war das sogenannte Tausendjährige Reich gerade einmal hundert Tage alt. Damals hatte das neue Regime innerhalb weniger Wochen nach einem legalen Regierungswechsel schon beinahe alles durchdekliniert, was die nächsten zwölf Jahre bestimmen sollte: Rechtsbruch, Verfassungsbruch, Zivilisationsbruch.

Mit dem Weg in die nationalsozialistische Diktatur verbindet sich eine Reihe bedeutsamer Gedenktage. Die Zeit des NS-Regimes hat am 30. Januar 1933 begonnen – die Auflösung der Weimarer Republik zweifellos früher. Das eine ist aber ohne das andere nicht erklärbar.

Am 10. April 1932 gewann im zweiten Wahlgang der greise Paul von Hindenburg als Amtsinhaber die Reichspräsidentenwahl. Um Hitler zu verhindern, hatten sich alle demokratischen Parteien hinter diesen Mann gestellt, der als bekennender Monarchist sieben Jahre zuvor gegen ihren begründeten Widerstand mit den Stimmen der Republikfeinde ins Amt gehoben worden war.

Dass die Republik von Weimar neben vielen anderen Problemen gewiss zu wenig überzeugte und engagierte Demokraten hatte – bis in die Spitzen der Verfassungsorgane hinein –, gehört zu ihren größten Belastungen, unter denen sie schließlich zusammengebrochen ist.

In einer beispiellosen Radikalisierung der politischen Auseinandersetzung, mit der sich in Straßen- und Saalschlachten zunehmend der Eindruck eines begonnenen Bürgerkriegs verbreitete und Pöbeleien und Prügeleien als Obstruktionsstrategie der Republikfeinde zum parlamentarischen Alltag wurden, wuchs sich die Missachtung des Reichstags zu einer Parlamentsverachtung breiter Bevölkerungsschichten aus, die schließlich auch im Parlament selbst immer hemmungsloser zum Ausdruck kam. Das Versagen auch der demokratischen Kräfte gehört zu den Ursachen des Siegeszugs der Nationalsozialisten. Am 30. Januar 1933 wurde an die Spitze der ersten deutschen Republik ein Mann gestellt, der diese nicht nur öffentlich verhöhnte, sondern auch geschworen hatte, sie zu vernichten. »Ich prophezeie feierlich«, äußerte sich nach der Machtübernahme der Nationalsozialisten ein prominenter Zeitgenosse, der über persönliche Erfahrungen mit Hitler verfügte, »dass dieser unselige Mann unser Reich in den Abgrund stürzen und unsere Nation in unfassbares Elend bringen wird«. Es war General Erich Ludendorff, der nur zehn Jahre zuvor noch maßgeblich an Hitlers Marsch auf die Feldherrnhalle in München und am damals missglückten Umsturzversuch beteiligt gewesen war.

Illusionen über die künftigen Verhältnisse hätte niemand haben dürfen. Adolf Hitler hatte nie einen Zweifel daran gelassen, was er mit der Macht anstellen würde, wenn er sie nur bekommen würde. Im sogenannten Ulmer Reichswehrprozess hatte er 1930 nicht zum ersten und nicht zum letzten Mal offen erklärt, die NSDAP werde, sollte sie an die Macht kommen, die Weimarer Verfassung auf legalem Wege in eine völlig andere staatliche Grundordnung umformen.

Viel Zeit hat er sich dafür nicht genommen. Mit seinem Einzug in die Reichskanzlei begann die systematische Zerstörung einer Demokratie, der seine Partei unmissverständlich den Kampf angesagt hatte.

In dieser Republik, der es erkennbar an Demokraten fehlte, war der Anspruch auf politische Teilhabe des Volkes bereits seit 1930 unterlaufen. Mit den Präsidialregierungen auf der Grundlage des Art. 48 der Weimarer Reichsverfassung war die parlamentarische Demokratie weitgehend ausgeschaltet. Die präsidialen Notverordnungen hatten immer häufiger die Gesetzgebung unter parlamentarischer Kontrolle verdrängt. Nach den Juli-Wahlen 1932 tagte der Reichstag gerade noch zweimal – Hermann Göring war inzwischen Reichstagspräsident –, nach den Neuwahlen vom November dreimal.

Vor diesem Hintergrund entwirft die vom NS-Regime geprägte, bis heute oft wiederholte Behauptung, die Nationalsozialisten hätten 1933 in einer Demokratie mit demokratischen Mitteln die Demokratie besiegt, ein allzu simples Bild der politischen Realitäten am Ende der Weimarer Republik. Ebenso ist der zeitgenössische zynische Kommentar Oswald Spenglers, die Machteroberung der Nationalsozialisten sei kein Sieg gewesen, denn es hätten die Gegner gefehlt, schlicht falsch. Vielmehr wurde unmittelbar mit dem Machtantritt am 30. Januar unter Berufung auf die erlassenen Notverordnungen mit beispiellosem politischem Terror der Weg in die Diktatur eingeschlagen. 500 bis 600 Regimegegner wurden bereits damals ermordet. Allein in Preußen kam es im März/April zu Festnahmen von annähernd 30 000 politischen Gegnern, die Mehrzahl von ihnen Kommunisten.

Der Reichstagsbrand am 27. Februar und in dessen unmittelbarer Folge die Außerkraftsetzung der Grundrechte durch die »Verordnung zum Schutz von Volk und Staat«, die Reichspräsident Paul von Hindenburg auf Antrag der Reichsregierung schon am folgenden Tag erließ, bot Anlass und Mittel zur verschärften staatlichen Verfolgung politischer Gegner, zur brutalen Zerschlagung jeder Opposition, in den Parteien, den Gewerkschaften, den Kirchen und unter den Intellektuellen. Sie wurden politisch kaltgestellt, verfolgt, in Gefängnisse verschleppt, aus dem Land getrieben, ermordet.

Von insgesamt 1583 damals noch lebenden amtierenden oder ehemaligen Reichstagsabgeordneten mussten nach dem 30. Januar 1933 über 300 massive Behinderungen und soziale Einbußen hinnehmen, wurden aus ihren Berufen verdrängt und um ihr Vermögen gebracht. Wenigstens 416 Mandatsträger wurden von der Justiz verurteilt und von SA oder SS inhaftiert, mindestens 73 kamen während dieser Haft ums Leben. Nicht weniger als 167 ehemalige Parlamentarier waren ab 1933 zur Ausreise gezwungen. Von sechs Parlamentariern ist bekannt, dass sie in den Selbstmord getrieben wurden.

Unter den noch am 28. Februar 1933 in sogenannte Schutzhaft genommenen Literaten und Publizisten befanden sich Carl von Ossietzky, Erich Mühsam und Egon Erwin Kisch. Noch am selben Tag verließen Bertolt Brecht und Alfred Döblin Berlin. Mit der Machtübernahme war bereits Lion Feuchtwanger von einer Vortragsreise im Ausland nicht mehr zurückgekehrt, ebenso Albert Einstein. Am 11. Februar ging Thomas Mann ins Exil. Viele prominente Persönlichkeiten aus Politik, Wissenschaft und Kultur, aber auch Betroffene aller Bevölkerungsschichten, insbesondere deutsche Juden, folgten diesem Beispiel. Die Emigration aus Deutschland nach 1933 umfasste annähernd eine halbe Million Menschen;

schätzungsweise 30 000 davon sind als aktive Regimegegner geflohen.

Unter diesen Bedingungen fanden die Hitler zugesagten Neuwahlen zum Reichstag am 5. März 1933 statt, die den politischen Behinderungen und dem massiven Straßenterror zum Trotz der NSDAP dennoch mit 44 Prozent weniger und den Parteien der Linken mit einem Drittel der Stimmen mehr als erwartet einbrachten.

Das »Gesetz zur Behebung der Not von Volk und Reich«, das als Ermächtigungsgesetz in die Geschichte einging, zementierte am 23. März 1933 die nationalsozialistische Diktatur. Es wurde in einem Parlament verabschiedet, in dem die Mandate der KPD in einem offenen Verfassungsverstoß als nichtexistent behandelt wurden, einem Parlament, in dem die neuen Machthaber die Geschäftsordnung handstreichartig geändert hatten, um der NSDAP die nötige Mehrheit zu sichern, die sie selbst unter den Bedingungen der Wahl vom März 1933, die weder frei noch fair war, alleine nicht erzielt hatte.

Weder die breite Öffentlichkeit noch die meisten Vertreter der Parteien und Verbände hatten die ganze Dimension und die weitgehenden Folgen dieses Gesetzes erkannt, das an Tragweite alle Ermächtigungen übertraf, die das Parlament jemals einer Regierung bewilligt hatte. Ohne jede parlamentarische Kontrolle war den Befugnissen der Reichsregierung künftig keine rechtliche Schranke mehr gezogen. Die Regierung, nicht das Parlament, war künftig befugt, Gesetze zu »erlassen«, die auch von der Verfassung abweichen konnten – und sollten. Dies bedeutete das Ende des Rechtsstaates mit Folgen nicht nur für die staatliche Ordnung, sondern auch für das Leben jedes einzelnen Bürgers.

Im *Völkischen Beobachter* lieferte zu dieser Zeit eine kleine Meldung eine Vorahnung dafür, was in einem nie gesehenen

Terrorsystem enden sollte. Sie kündigte die Errichtung eines ersten Konzentrationslagers mit einem Fassungsvermögen für 5000 Menschen in der Nähe von Dachau an, wo »ohne Rücksicht auf kleinliche Bedenken« die kommunistischen, aber auch sozialdemokratischen Funktionäre untergebracht werden sollten.

Der Artikel erschien am 21. März 1933. An diesem sogenannten Tag von Potsdam reichten sich in der Potsdamer Garnisonskirche die Republikgegner über dem Grab Friedrich des Großen und 62 Jahre nach der ersten Reichstagseröffnung durch Bismarck die Hand. Es war die symbolische Versöhnung einer am Kaiserreich orientierten konservativ-reaktionären Tradition mit der vermeintlich »nationalsozialistisch-revolutionären Erneuerung«. Diese beinahe operettenhafte Potsdamer Inszenierung ging dem tragischen Schauspiel in der Kroll-Oper am 23. März voraus. Hier folgte – schon unter der demonstrativen, doppelt symbolkräftigen Dekoration eines riesigen Hakenkreuzes auf der Stirnwand einer als Parlamentssaal ausstaffierten Opernbühne – der Auslieferung des Staates durch die konservativ-reaktionären Machteliten Ende Januar die Selbstaufgabe des Parlaments zugunsten der Regierung, einer Regierung, deren Kanzler den Reichstag noch unmittelbar vor der Abstimmung mit der unglaublichen Herablassung düpierte, sie – die Regierung – behalte sich »auch für die Zukunft vor, ihn von Zeit zu Zeit über ihre Maßnahmen zu unterrichten oder aus bestimmten Gründen, wenn zweckmäßig, auch seine Zustimmung einzuholen«. Das deprimierende Protokoll dieser Reichstagssitzung kann heute auch und gerade denjenigen als abschreckendes Beispiel für die mutwillige Zerstörung einer Demokratie dienen, die die damaligen Verhältnisse in Deutschland, wenn überhaupt, nur vom Hörensagen kennen.

Staatshörigkeit und Legalitätsglaube, vage Zusicherungen und Versprechen, politische Einschüchterung und brutale Bedrohung brachten die Zustimmung der notwendigen Zweidrittelmehrheit. Das Ermächtigungsgesetz war im bürgerlichen Lager das Ergebnis von Erpressung, Täuschung und Selbsttäuschung, sagt der Historiker Heinrich August Winkler: »Der Schein der Legalität förderte den Schein der Legitimität und sicherte dem Regime die Loyalität der Mehrheit, darunter, was besonders wichtig war, der Beamten.«

Bei der Abstimmung im Reichstag fehlten 107 Abgeordnete: die 81 Fraktionsmitglieder der KPD und auch 26 Abgeordnete der SPD, die bereits in Haft saßen oder sich aus berechtigter Angst um ihr Leben auf der Flucht befanden. Es ist das historische Verdienst der 94 verbliebenen sozialdemokratischen Abgeordneten, mit großem persönlichem Mut der Repression widerstanden zu haben. Sie weigerten sich, dem gewalttätigen Umsturz hinter der Fassade einer scheinbaren parlamentarischen Normalität den Ausweis von Legalität zu geben. Sie sind damit – die meisten von ihnen damals wie heute der breiten Öffentlichkeit unbekannt – zu stillen Helden der Demokratie und des Parlamentarismus in Deutschland geworden. Einer von ihnen war Paul Löbe, langjähriger Präsident des Reichstages, später Alterspräsident des ersten Deutschen Bundestags; er wertete das Ermächtigungsgesetz 1949 als einen »illegalen Akt« und den Widerstand dagegen als »eine patriotische Tat«. Als das wollen und werden wir es in ehrendem Gedenken behalten.

Der Fraktionsvorsitzende der SPD, der Abgeordnete Otto Wels, sprach die letzten wirklich freien Worte im Deutschen Reichstag, der damals in diesem Gebäude schon nicht mehr zusammentreten konnte und nach dieser Sitzung auch nicht mehr gebraucht wurde. Angesichts der Machtlosigkeit und des Verlustes an Freiheit reklamierte er für alle im Widerstand stehenden Deutschen nur mehr die Ehre, die offensichtlich mehr als eine »Sekundärtugend« ist.

Auf sie bezog sich auch der nach Österreich emigrierte Schriftsteller Oskar Maria Graf, als im Mai 1933 in über fünfzig deutschen Städten – übrigens auf Initiative der Deutschen Studentenschaft – die Bücher von mehr als 250 Autoren verhöhnt und auf dem Scheiterhaufen verbrannt wurden, darunter die Werke der Gebrüder Mann, von Bertolt Brecht, Stefan Zweig, Alfred Döblin, Lion Feuchtwanger, Erich Kästner, Carl von Ossietzky und Kurt Tucholsky. »Diese Unehre habe ich nicht verdient!«, hieß es in Grafs öffentlichem Aufschrei, als er sich selbst auf der Liste verfemter Schriftsteller nicht fand.

Joseph Roth hatte schon ein Jahr vor diesem Akt der Unkultur gegenüber Freunden geäußert: »Sie werden unsere Bücher verbrennen und uns damit meinen.« In seinem Fall meinte dies zweierlei: den Intellektuellen und den Juden. Nur eine knappe Woche nach dem Ermächtigungsgesetz, am 1. April 1933, zeigte sich die menschenverachtende Rassenideologie in einer von den neuen Machthabern gesteuerten und reichsweit durchgeführten Aktion gegen die deutschen Juden. Der Boykott jüdischer Geschäfte, der von nackter Gewalt auf offener Straße begleitet war, und das Gesetz zur Wiederherstellung des Berufsbeamtentums, mit dem Beamte »nicht arischer Abstammung« in den Ruhestand versetzt wurden, bildeten das unübersehbare Fanal einer brutalen Ausgrenzung, die in die Vernichtungslager führen sollte. Den Frontalangriff der Nationalsozialisten auf die Menschenrechte zeichnete Joseph Goebbels in seinem Boykottaufruf in gewohnt großen historischen Linien. Seine Parole, das Jahr 1789 aus der Geschichte zu streichen, machte deutlich: In Abkehr von den westlichen Prinzipien – Toleranz, individuelle Freiheit, Gewaltenteilung,

Demokratie und Rechtsstaat – meinte die Idee der Nation im NS-Verständnis die Volksgemeinschaft in einem autoritär geführten Staat. Der ausdrückliche Abschied von der unantastbaren Würde des Menschen führte schließlich in den Holocaust als beispiellosem Menschheitsverbrechen.

Das Jahr 1933 lässt sich ebenso wenig aus der Geschichte streichen wie irgendein anderes davor oder danach. So weit reicht der maßlose Anspruch auch von Despoten nicht. Aber er reicht erschreckend weit: Am 2. Mai, unmittelbar nach dem Tag der Arbeit, werden überall in Deutschland die Gewerkschaftshäuser gestürmt, am 22. Juni wird die SPD verboten, die anderen Parteien lösen sich scheinbar freiwillig auf. Schon Mitte des Jahres, nach gerade einmal fünf Monaten, ist das Parteiensystem – wie angekündigt – beseitigt, die NSDAP die einzig verbliebene selbstständige Organisation. Bis dahin waren ihr mehr als 1,5 Millionen Menschen als Mitglieder beigetreten – mehr als alle demokratischen Parteien in Deutschland heute zusammen an Mitgliedern haben. Freie Wahlen haben danach nicht mehr stattgefunden. Es fehlten dafür inzwischen auch sämtliche Voraussetzungen.

Die Auflösung der Weimarer Demokratie hat nicht erst am 30. Januar begonnen. Die Ernennung Adolf Hitlers zum Reichskanzler war eben nicht der Anfang vom Ende, sondern der Abschluss einer langen politischen Agonie, die als »nationale Erhebung« gefeiert in den nationalen Untergang führte.

Zu dieser fast unbegreiflichen Entwicklung beigetragen hat nicht zuletzt ein erschreckender Mangel an Einsicht und Zivilcourage auch bei prominenten Vertretern der Wirtschaft, der Medien, der Kirchen wie der Universitäten. Die Weimarer Zeit kennzeichnete in Politik, Verwaltung, Justiz und Kultur ein gewiss facettenreiches, in seinem Kern aber oft antidemokratisches Denken. Das machte auch und gerade vor den Universitäten und der Wissenschaft nicht halt. Im Gegenteil: Die Deutsche Forschungsgemeinschaft hat dokumentiert, dass viele Wissenschaftler in Deutschland keineswegs erst hätten gleichgeschaltet werden müssen. Vielmehr habe sich »die Mehrheit geradezu aufgedrängt, nationalsozialistische Politik zu gestalten, und das häufig schon in den 20er-Jahren, ganz ohne Not«.

Dass Berlin nicht Weimar ist, so wie Bonn nie Weimar wurde, manifestiert sich nicht zuletzt in dem großen Konsens, mit dem wir heute auf das Jahr 1933 und seine Lektionen zurückblicken. Der deutsche Parlamentarismus ist auch heute nicht unangefochten, aber er erweist sich als robuster und vitaler als gemeinhin vermutet – vielleicht nicht ganz so stark, wie er sein könnte, und nicht immer so selbstbewusst, wie er gelegentlich sein sollte. Doch wo hatten und haben im internationalen wie im historischen Vergleich Parlamente ähnlich viel oder gar mehr Einfluss auf die Bildung und die Kontrolle von Regierungen, auf die Gesetzgebung und die öffentliche Meinung als in Deutschland heute?

Aus der Doppelerfahrung des Scheiterns von Weimar und der nationalsozialistischen Diktatur begründete sich der den westlichen Werten verpflichtete Geist des Grundgesetzes: der Schutz der individuellen Freiheitsrechte, die Mitwirkung des Bürgers in einer pluralistisch und repräsentativ verfassten parlamentarischen Demokratie und die Verhinderung einer verselbstständigten Staatsgewalt. Die Väter und Mütter des Grundgesetzes im Parlamentarischen Rat wollten als Lehre von Weimar nicht allein die Funktionsfähigkeit des Regierungssystems verbessern. Sie leitete in ihren Verfassungsberatungen vor allem das Ziel einer wehrhaften Demokratie, in der sich demokratische Freiheiten nicht für die Zerstörung der freiheitlichen Demokratie missbrauchen lassen sollten.

Während in der Weimarer Reichsverfassung die Grundrechte nur nach Maßgabe der Gesetze galten, sind sie im Grundgesetz unmittelbar geltendes, gerichtlich durchsetzbares Recht und damit verbindliche Orientierung für die Gesetzgebung.

Die Weimarer Verfassung hatte bei ihrer durchaus ehrgeizigen Formulierung naturgemäß noch nicht die Erfahrung ihres späteren Scheiterns, die wiederum zur prägenden Orientierung der Schöpfer des Bonner Grundgesetzes führte, die neue politische Ordnung in ihrem rechtsstaatlichen Kern durch den berühmten Art. 79 Abs. 3 mit den Grundrechten und den Strukturprinzipien der Republik, der Demokratie, des Rechtsstaates, des Sozialstaates und des Bundesstaates unter besonderen, verfassungsrechtlich irreversiblen Schutz zu stellen. Bis heute ist das gelungen.

Die erste parlamentarische Demokratie in Deutschland wurde keine vierzehn Jahre alt. Nach grausamen, unvorstellbaren, entsetzlichen zwölf Jahren war die Nazi-Herrschaft zu Ende – und mit ihr das Deutsche Reich als selbstständiger Staat zerstört, politisch und militärisch gescheitert, wirtschaftlich ruiniert und moralisch diskreditiert.

Die politische Stabilität der Bundesrepublik Deutschland und ihr großes Ansehen in der Welt war wie das Scheitern der Weimarer Demokratie weder zufällig noch zwangsläufig. Zur demokratischen Erinnerungskultur gehört, das eine genauso wenig für selbstverständlich zu halten wie das andere. Für beides gibt es Ursachen und gibt es Verantwortliche, nicht nur in den Parlamenten, aber in diesen ganz besonders. Deshalb gilt unser besonderer und dankbarer Respekt all denen, die während und nach der brutalen Zerstörung der ersten deutschen Demokratie den politischen, sozialen und moralischen Wiederaufbau unseres Landes möglich gemacht haben.

6. Das Trauma der europäischen Zivilisation

Auschwitz und die Erfahrung des Holocaust

Frédéric Chopin ist einer der großen europäischen Künstler, die der ganzen Welt gehören – auch wenn sowohl Polen als auch Franzosen ihn verständlicherweise gern als ihren Landsmann für sich in Anspruch nehmen. Seine Werke sind Teil des kulturellen Erbes der Menschheit. Zu seinen großen wie kleinen Meisterwerken zählt das unscheinbare »Nocturne in cis-Moll«. Der polnische Pianist und Komponist Władyslaw Szpilman, dem der Regisseur Roman Polanski durch die Verfilmung seiner Autobiografie *Der Pianist* ein Denkmal gesetzt hat, spielte gerade dieses »Nocturne« im polnischen Rundfunk, als der Komponist seine Sendung wegen des Angriffs deutscher Truppen auf Warschau unterbrach. Mit genau demselben Stück – wieder gespielt von Władyslaw Szpilman – nahm der polnische Rundfunk seine Sendungen nach dem Zweiten Weltkrieg wieder auf.

In seiner Biografie schreibt Marcel Reich-Ranicki, dass die deutsche Wehrmacht, direkt nachdem sie in Warschau einmarschiert war, ein Chopin-Denkmal sprengte. Die Nationalsozialisten unterstellten seiner Musik revolutionäre Gedanken. Verboten war es ohnehin, Musikwerke aufzuführen, die mit der polnischen Nationaltradition zusammenhingen – vor allem im Warschauer Ghetto.

Im Sommer 2012 jährte sich zum 70. Mal der Tag, an dem die SS die sogenannte Umsiedlung der Juden aus dem Warschauer Ghetto befahl. Reich-Ranicki musste am 22. Juli 1942 ebenjene Sitzung protokollieren, an dem Tag, so schreibt er, an dem »über die größte jüdische Stadt Europas das Urteil gefällt worden war, das Todesurteil«. Von dieser Deportation sollten nur wenige ausgenommen sein, darunter auch jene, die – wie Reich-Ranicki – für den »Judenrat« arbeiteten. Gemeinsam mit seiner Frau Teofila, die er in Freud und Leid über Jahrzehnte begleitet hat, entging Reich-Ranicki der Deportation und der Ermordung der Juden des Warschauer Ghettos im KZ Treblinka. Ein halbes Jahr später, im Januar 1943, sollten auch er und seine Frau deportiert werden. Sie konnten sich in letzter Sekunde retten, indem sie flohen und sich versteckten, anderthalb lange Jahre – im Unterschied zu seinen Eltern und seinem Bruder, die von den Nazis ermordet wurden.

Reich-Ranickis Schicksal steht stellvertretend für das von Millionen Menschen. All jener, die während der nationalsozialistischen Gewaltherrschaft ausgegrenzt, gedemütigt, beraubt, vertrieben, verfolgt, gefoltert und ermordet wurden, gedenken wir am Jahrestag der Befreiung des Konzentrationslagers Auschwitz. Wir gedenken der Juden, der Sinti und Roma, der Homosexuellen, der Menschen mit Behinderungen, der Zeugen Jehovas, der Kranken, der Zwangsarbeiterinnen und Zwangsarbeiter, der Künstler und Wissenschaftler, der aus rassistischen, politischen oder religiösen Motiven Verfolgten. Wir erinnern auch an diejenigen, die schikaniert, inhaftiert, gefoltert und ermordet wurden, weil sie Widerstand leisteten oder verfolgten Menschen Schutz und Hilfe gewährten. Wir gedenken aller Opfer des Nationalsozialismus, für dessen Grausamkeit und Menschenverachtung nicht zuletzt die Wannsee-Konferenz steht.

Anfang Januar 1942 hatte Reinhard Heydrich, Chef der Sicherheitspolizei, hochrangige Vertreter von SS- und Polizeidienststellen für den 20. Januar zu einer »Besprechung mit anschließendem Frühstück« eingeladen. Bei diesem Treffen, unter Beteiligung von Staatssekretären aus dem Auswärtigen Amt, dem Justiz- und Innenministerium sowie Görings Superministerium und Hitlers Reichskanzlei, wurde der Holocaust generalstabsmäßig geplant und organisiert – an mehr als 11 Millionen Menschen nach Adolf Eichmanns Berechnungen über die Anzahl der Juden im Herrschaftsbereich des NS-Regimes, in den Staaten der Verbündeten, der Neutralen wie der Kriegsgegner. Beschlossen war der Massenmord damals längst und die Schwelle zum Genozid bereits überschritten, als in der Villa am Wannsee der systematische Ablauf und die perfiden Details für den industriell perfektionierten Völkermord besprochen wurden.

Das Haus der Wannsee-Konferenz ist heute einer der vielen Orte der nationalsozialistischen Gewaltherrschaft, die uns erinnern und mahnen, uns dafür einzusetzen, dass in Deutschland alle Menschen frei und gleich und ohne Angst leben können. Das ist unser Ziel und zugleich unsere Verpflichtung. Die Aufdeckung einer beispiellosen Mordserie der Terrorgruppe »Nationalsozialistischer Untergrund» (NSU) haben uns allerdings wieder vor Augen geführt, dass wir dieses Ziel noch nicht erreicht haben. Aber: Jeden Tag setzen sich überall in Deutschland Bürgerinnen und Bürger dafür ein. Da sind Einzelne, Vereine, ganze Dörfer; da sind Menschen, die den Rechtsextremen, die durch ihre Städte marschieren wollen, immer wieder entgegentreten und zeigen: Wir dulden eure Diffamierungen, euren Hass nicht, schon gar nicht eure Gewalt. Es sind Menschen, die Zivilcourage beweisen, die nicht wegsehen, Diskriminierungen nicht unwidersprochen stehen lassen. Es sind Menschen, die ein Beispiel geben und die Mut machen.

Dieses Engagement und diesen Mut werden wir brauchen. Nach den verschiedenen Studien und Expertenberichten zum

Antisemitismus in Deutschland gibt es hierzulande einen latenten Antisemitismus in der Größenordnung von etwa 20 Prozent der Bevölkerung. Das ist für Deutschland genau 20 Prozent zu viel.

Imre Kertész, der 1944 in Budapest als 15-Jähriger aus einem Bus geholt und nach Auschwitz verschleppt wurde, hat in seinen Büchern und Reden immer wieder hervorgehoben, für ihn sei der Holocaust ein Trauma nicht nur der deutschen, sondern auch der europäischen Zivilisation: »Meiner Ansicht nach wird die Tragödie des Judentums nicht beschädigt und auch nicht geschmälert, wenn wir den Holocaust heute, mehr als fünf Jahrzehnte danach, als Welterfahrung, als europäisches Trauma betrachten. Schließlich hat sich Auschwitz nicht im luftleeren Raum vollzogen, sondern im Rahmen der westlichen Kultur, der westlichen Zivilisation, und diese Zivilisation ist ebenso Auschwitz-Überlebender wie einige zehn- oder hunderttausend über die ganze Welt verstreute Männer und Frauen, die noch die Flammen des Krematoriums gesehen und den Geruch des verbrannten Menschenfleischs eingeatmet haben. In diesen Flammen wurde alles zerstört, was wir bis dahin als europäische Werte schätzten, und an diesem ethischen Nullpunkt, in dieser moralischen und geistigen Finsternis, erweist sich als einziger Ausgangspunkt gerade das, was diese Finsternis erzeugt hat: der Holocaust.«

All jenen, die ihre erschütternden Erfahrungen aufgeschrieben haben und mit uns teilen, verdanken wir nicht nur Texte; ihre Bücher sind Erinnerungen, die bleiben, auch und gerade für nachfolgende Generationen. Es sind Erinnerungen, die uns den immerwährenden Auftrag erteilt haben, »nie wieder Auschwitz« geschehen zu lassen.

Das in Erinnerung zu rufen und zu fördern, gehört zu den zentralen Aufgaben des Staates. Das Holocaust-Mahnmal, das

2005 in Berlin eingeweiht wurde, und die Topografie des Terrors mit ihrem 2010 eröffneten Dokumentationszentrum zeigen in unmittelbarer Nähe zum Parlaments- und Regierungsviertel beispielhaft die doppelte Aufgabe des Staates: der Opfer zu gedenken und die Täter und ihre Taten zu benennen als Ausgangspunkt für ein kritisches Geschichtsbewusstsein. Die damit verbundene Verantwortung, die wir Deutsche tragen, bleibt: Unsere Geschichte trägt uns eine besondere Verpflichtung auf, gegen jede Form von Ausgrenzung und Fremdenfeindlichkeit, gegen Heilsversprechen und kollektive Schuldzuweisungen vorzugehen. Nie wieder dürfen Staat und Gesellschaft zulassen, dass Menschen wegen ihrer Herkunft, ihrer Religion, ihrer politischen Einstellung, ihrer sexuellen Orientierung, wegen ihrer Andersartigkeit zum Feindbild einer schweigenden Mehrheit gemacht, verachtet, gedemütigt oder bedroht werden. Die Geschichte lehrt uns die Unbedingtheit der Würde des Menschen – jedes einzelnen Menschen – und das Wissen um ihre Gefährdung. Völkermord bleibt möglich: in Afrika, wie in Ruanda, wo Hunderttausende Menschen ermordet wurden; im Nahen Osten, wo Terrormilizen eines sogenannten Islamischen Staates einen brutalen Vernichtungsfeldzug gegen »Ungläubige« führen, und auch in Europa, wie wir seit Srebrenica wissen. Im Bewusstsein zu halten, dass die Menschheit ihre größten Verirrungen und Verbrechen keineswegs ein für allemal hinter sich hat, bleibt unsere gemeinsame Verantwortung.

7. Menschenrechte und Gewaltenteilung

Das Grundgesetz zwischen Verfassungsanspruch und politischem Gestaltungsauftrag

Unser Grundgesetz ist inzwischen länger gültig als die Verfassung von Weimar und die Verfassung des Kaiserreichs zusammengenommen. Im Unterschied zu den beiden vorgenannten Verfassungen war das deutsche Grundgesetz 1949 nur als vorläufige Lösung gedacht.

Von Provisorium ist schon lange keine Rede mehr. Das Grundgesetz ist die unangefochtene Grundlage der politischen Ordnung unseres Landes. Es gilt längst als eine der großen Verfassungen der Welt, bietet jungen Demokratien Orientierung und inspiriert andere Staaten bei der Verfassunggebung immer wieder bis in einzelne Formulierungen hinein. Es gibt nur wenige Texte, bei denen die Diskrepanz zwischen dem bescheidenen Anspruch und der tatsächlichen Wirkung so ausgeprägt ist wie bei dieser Verfassung, die noch nicht einmal so heißen durfte – mit Rücksicht auf den Verlust staatlicher Souveränität in einem von den Siegermächten besetzten Land und 17 Millionen Deutsche, die in der sowjetischen Besatzungszone von der Mitwirkung am Wiederaufbau eines deutschen Staates ausgeschlossen waren.

Das Grundgesetz gehört zu den besonderen Glücksfällen der deutschen Geschichte. Ein wesentlicher Grund für sein Ansehen und seine hohe Akzeptanz ist gewiss die bemerkenswerte Fähigkeit zur Bewältigung auch veränderter Aufgabenstellungen und neuer Herausforderungen. Es hat sich in den vergangenen 65 Jahren den gesellschaftlichen wie den politischen Veränderungen gewachsen gezeigt – auch und gerade bei der Wiedervereinigung unseres Landes.

Die denkwürdige Entscheidung der ersten und einzigen frei gewählten Volkskammer der DDR, »dem Geltungsbereich des Grundgesetzes beizutreten«, damit einen existierenden Staat aufzulösen und die staatliche Einheit Deutschlands wiederherzustellen, ist ein historisch beispielloser Vorgang, der die Bindungskraft dieser Verfassung eindrucksvoll belegt.

Der Ursprungstext hat im Laufe der Jahre manche Ergänzungen erfahren. Die Väter und Mütter des Grundgesetzes – Konrad Adenauer, Carlo Schmid, Theodor Heuss, Helene Wessel, um nur wenige herausragende Persönlichkeiten des Parlamentarischen Rates zu nennen – konnten sich 1948/49 noch nicht vorstellen, dass wir nur wenige Jahre später eine Bundeswehr brauchen und Mitglied der NATO werden würden. Noch weniger absehbar war, dass Deutschland Teil einer Europäischen Gemeinschaft werden könnte, die sich nicht nur als Wirtschaftsgemeinschaft versteht, sondern als eine politische Union, in der nationale Souveränitätsrechte zunehmend auf diese Gemeinschaft übertragen werden. Das eine wie das andere bedurfte der verfassungsmäßigen Legitimation.

Es gibt aber auch Anlass, selbstkritisch darüber nachzudenken, ob uns all die weiteren Änderungen und Ergänzungen der letzten Jahrzehnte in ähnlicher Weise gelungen sind wie der Verfassungstext von 1949. Das Grundgesetz hat heute nahezu den doppelten Umfang, ist damit zwar deutlich länger, aber nicht unbedingt deutlich besser geworden als der schlanke Text von 1949.

Dass wir inzwischen manche zweitrangige Frage in der Verfassung geregelt haben, manchmal mit erschreckender Präzision, während zum Beispiel die herausragende Frage der Grundsätze unseres Wahlsystems, dem das Parlament und – über den Bundestag – die Regierung ihre demokratische Legitimation verdanken, noch immer keinen Verfassungsrang hat, gehört zu den im wörtlichen Sinne »fragwürdigen« Aspekten unseres Grundgesetzes.

Zu den glücklichen Innovationen des Grundgesetzes gehört zweifellos die Schaffung eines Bundesverfassungsgerichts, auch wenn man nicht über jede einzelne seiner Entscheidungen glücklich sein muss. Das Bundesverfassungsgericht ist in der deutschen Verfassungsgeschichte beispiellos. Es erfreut sich zu Recht höchsten Ansehens im Inland wie im Ausland.

An der besonderen Stellung des Bundesverfassungsgerichts in der politischen Architektur unseres Landes besteht kein Zweifel. Es hat entscheidend zur Machtbalance der Verfassungsorgane beigetragen. Ich schließe die Rolle, die das oberste Gericht im europäischen Einigungsprozess gespielt hat, hier ausdrücklich mit ein, und schon gar die bemerkenswerten, gemeinsamen und erfolgreichen Anstrengungen zur Parlamentarisierung europäischer Entscheidungsprozesse. Dass dabei politischer Streit gelegentlich nicht zu vermeiden ist, ist weder ungewöhnlich noch rechtfertigungsbedürftig; denn das Grundgesetz selbst begründet das für unsere Demokratie durchaus produktive Spannungsverhältnis zwischen den Verfassungsorganen. Es ist dem demokratischen Verfassungsstaat systemimmanent.

Bei der Wahrnehmung des politischen Gestaltungsauftrags, den das Parlament zweifellos hat, gibt es unbestreitbar immer wieder die Versuchung des Gesetzgebers, im Regelungseifer die Grenzen der Verfassung zu strapazieren. Es gibt aber auch den gelegentlichen Ehrgeiz des Verfassungsgerichts, die geltende Verfassung durch schöpferische Auslegung weiterzuentwickeln.

Natürlich ist es die Aufgabe des Bundesverfassungsgerichts und seine herausgehobene Funktion in unserem Verfassungsgefüge, darauf zu achten, dass niemand und keine Institution die von der Verfassung gesetzten Grenzen überschreitet. Dabei sollte sich auch das Gericht immer wieder vergewissern, ob es die ihm selbst gesetzten Grenzen seinerseits so einhält, wie es dies von anderen Institutionen verlangt.

Die Versuchung, solche Grenzen auszuloten oder zu verschieben, beschränkt sich jedenfalls nicht auf Parlamente und Behörden. Diese Beobachtung lässt sich auch für das Verfassungsgericht machen und wird im Übrigen nicht nur in Wissenschaft, Politik und Medien diskutiert, sondern auch von amtierenden Verfassungsrichtern in Sondervoten vorgetragen, mit dem ausdrücklichen Hinweis auf die Verletzung der Grenzen zwischen gesetzgeberischer Gestaltung und verfassungsrechtlicher Kontrolltätigkeit.

Es dient gewiss der Stärke wie dem Ansehen sowohl des Parlaments als auch des Verfassungsgerichts, wenn wir uns jeweils gewissenhaft um die Beachtung dieser Grenzen bemühen. Die Gewaltenteilung erträgt sicher und braucht auch neben dem wechselseitigen Respekt der Verfassungsorgane kritische und selbstkritische Bezüge. Und überfällig ist zweifellos ein Verfahren zur Wahl der Mitglieder des höchsten deutschen Gerichts, das nicht nur dem Wortlaut des Grundgesetzes Rechnung trägt, sondern auch den Mindestanforderungen genügt, die der Bundestag anderen Wahlen, zum Beispiel denen des Wehrbeauftragten, des Datenschutzbeauftragten und des Beauftragten für die Unterlagen des Staatssicherheitsdienstes zugrunde legt.

Dass der Deutsche Bundestag in geheimer Wahl mit Kanzlermehrheit den Präsidenten des Bundesrechnungshofes wählt – zweifellos ein wichtiges Amt – und gleichzeitig nachträglich von der Bestellung einer neuen Verfassungsrichterin erfährt, die durch einen zwölfköpfigen Richterwahlausschuss in dieses hohe Amt befördert wird, ist beider Verfassungsorgane unwürdig. Mit beachtlicher Verspätung, aber immerhin pünktlich zum 66. Geburtstag des Grundgesetzes hat der Bundestag endlich diesen Makel bereinigt.

Deutschland ist 65 Jahre nach Verkündung des Grundgesetzes ein anderes Land als 1949. In den vergangenen Jahrzehnten ist Deutschland ethnisch, kulturell und religiös vielfältiger geworden. Heute leben in Deutschland etwa 16 Millionen Menschen mit einer persönlichen oder familiären Einwanderungsgeschichte. Das sind rund 20 Prozent der Bevölkerung, und der Anteil insbesondere der Jüngeren steigt kontinuierlich. Zu den großartigen Leistungen des Grundgesetzes gehört es, diese Vielfalt zu ermöglichen. »Die Würde des Menschen ist unantastbar. Sie zu achten und zu schützen, ist Verpflichtung aller staatlichen Gewalt« (Art. 1 GG). Die vom Grundgesetz garantierten Menschenrechte gelten für alle, die hier leben, seien es Deutsche oder Menschen mit unterschiedlicher Herkunft und Staatsangehörigkeit, die ihre Identität als eine doppelte oder sogar mehrfache empfinden. Navid Kermani, der in Deutschland geborene bekennende Muslim iranischer Herkunft, ist mit dem Grundgesetz groß geworden, das er als »eine der größten Errungenschaften der deutschen Geschichte« versteht und verteidigt.

Mit welcher Herkunft, welchen religiösen oder politischen Überzeugungen auch immer: Dieser Staat lässt mit seiner Verfassung keinen Zweifel aufkommen an der Universalität von Demokratie, Gewaltenteilung, Religionsfreiheit, weltanschaulicher Neutralität des Staates, Toleranz, Menschenrechten, also an all dem, was unser Grundgesetz als unabdingbare Basis unseres Zusammenlebens verbindlich für alle in unserem Land lebenden Menschen definiert. Es hat einen gesellschaftlichen Konsens gestiftet, der jene kulturelle wie politische Vielfalt ermöglicht, die längst deutscher Alltag geworden ist.

Der französische Historiker Ernest Renan hat einmal sinngemäß erläutert, eine Nation sei geprägt vom Bewusstsein einer gemeinsamen Vergangenheit und von dem Willen zu einer gemeinsamen Zukunft. Unser Grundgesetz stiftet als unangefochtene Grundlage der politischen Verfassung unseres Landes genau das, was wir alle – woher wir auch kommen, welchen Glauben wir auch haben, welche Sprache wir auch sprechen – in Deutschland brauchen: das Gefühl der Zusammengehörigkeit und des Willens zu einer gemeinsamen Zukunft.

8. Modernisierung und Restauration

Am Anfang war Adenauer

Es gehört zu den normalen Abläufen der Zeitgeschichte, die nicht weiter erläuterungsbedürftig sind, dass die Bedeutung von Personen und Persönlichkeiten, jedenfalls die Wahrnehmung ihrer Bedeutung in der Regel mit der jeweiligen Amtszeit endet. Seit 1949 hat es in der zweiten deutschen Republik einige Dutzend Kanzler, Staatsoberhäupter, Parlaments- und Verfassungsgerichtspräsidenten gegeben, einige hundert Ministerpräsidenten und Minister, einige tausend Abgeordnete des Bundestags und der Landtage, darunter wichtige Fraktionsvorsitzende, Parlamentarische Geschäftsführer, Ausschussvorsitzende oder Vorsitzende von Arbeitsgruppen. Weil sie bedeutende Ämter ausüben, werden sie bekannt, öffentlich wahrgenommen und für wichtig gehalten. Mit dem Ende der Ausübung dieser Ämter geht meist auch die öffentliche Wahrnehmung zu Ende, der Bekanntheitsgrad verschwindet allmählich und von der Bedeutung bleibt, wenn überhaupt, ein bescheidener Rest zurück.

Konrad Adenauer ist anders. Die Wahrnehmung seiner Bedeutung als Gründungskanzler der Bundesrepublik Deutschland hat seit der Aufgabe seiner Ämter und seit seinem Tode nicht abgenommen, sie ist vielmehr kontinuierlich gewachsen. In der Beurteilung seiner Bedeutung sind sich Wissenschaft und Öffentlichkeit erstaunlich einig, politische Freunde und Weggefährten wie Gegner und Konkurrenten. Willy Brandt, den er als politischen Gegner leidenschaftlich und nicht immer nur fair bekämpft hat, hat Konrad Adenauer bei seinem

Tod gewürdigt als »Architekten der Bundesrepublik Deutschland, als Staatsmann von europäischem Rang und Persönlichkeit von geschichtlicher Größe«.

In einer Sendung des Zweiten Deutschen Fernsehens über »Die großen Deutschen« wurde Konrad Adenauer Ende November 2003 in einen virtuellen Wettbewerb mit anderen prominenten Persönlichkeiten der deutschen Geschichte gestellt, zu denen nach der Namensvorgabe der Redaktion neben Otto von Bismarck und Ludwig van Beethoven u. a. Dieter Bohlen, Beate Uhse und Herbert Grönemeyer gehörten – ein bemerkenswertes Indiz für eine erstaunliche öffentlich-rechtliche Verwechslung von Bekanntheit und Bedeutung. Aus diesem virtuellen Wettbewerb ist Konrad Adenauer mit großem Vorsprung vor Martin Luther und Karl Marx als bedeutendster Repräsentant dieses Landes hervorgegangen. Dies mag bei manchen Zweifeln, die gelegentlich aufkommen, eine willkommene Stütze des Vertrauens in das Urteilsvermögen der Zeitgenossen sein, von denen die meisten auch Wählerinnen und Wähler sind.

Konrad Adenauer hat in seiner denkwürdigen politischen Laufbahn fünf herausragende Ämter wahrgenommen. 16 Jahre lang war er zwischen 1917 und 1933 Oberbürgermeister von Köln, zwölf Jahre von 1921 bis 1933 Präsident des Preußischen Staatsrates, er war in einer kurzen, aber entscheidenden Phase der Neuformierung dieses Landes nach dem Zweiten Weltkrieg Präsident des Parlamentarischen Rates, der die Verfassungsordnung für dieses neue Deutschland formulieren sollte. 14 Jahre war er Bundeskanzler und von 1950 bis 1966 Parteivorsitzender der Christlich-Demokratischen Union. Jedes dieser Ämter hat er in einer Maßstäbe setzenden Weise ausgeübt. Über seine Kölner Amtszeit soll es hier nicht und über seine Weimarer Funktionen nur am Rande gehen. Immerhin lässt sich festhalten, dass Konrad Adenauer auch ohne seine spätere, völlig unabsehbare bundespolitische Prominenz zu den großen, bedeutenden, überragenden Kölner Oberbürgermeistern gezählt wird. So knapp seine denkwürdige Wahl zum ersten Kanzler der Bundesrepublik Deutschland war, so eindeutig fiel seine Wahl zum Oberbürgermeister aus. Er wurde damals einstimmig als jüngster Oberbürgermeister in Deutschland in dieses Amt gewählt und auch als Präsident des Staatsrates wurde er Jahr für Jahr im Amt bestätigt. Seine Amtsführung brachte ihn auch als möglichen Reichskanzler ins Gespräch. Es gehört vielleicht zu den wenigen glücklichen Fügungen der unglücklichen Geschichte der Weimarer Republik, dass daraus nichts wurde, weil unter den gegebenen Verhältnissen damals wohl nichts Überzeugendes daraus hätte werden können.

Umso eindrucksvoller konnte Konrad Adenauer später nicht nur bedeutende Ämter ausüben, sondern damit zugleich Funktionen und Rollen wahrnehmen, für die er weder jemals kandidiert hat noch förmlich gewählt werden konnte: Die Rolle des großen Europäers, eines der Gründungsväter des neuen Europa, und die Rolle des Veränderers, des Erneuerers, der in einer bis heute – wie ich glaube – nicht hinreichend wahrgenommenen Weise Modernisierung und Restauration miteinander zu verbinden wusste.

Das Interesse an Europa und die Einsicht in die zwingende Notwendigkeit einer Neuordnung des europäischen Staatengefüges begleitet die politische Laufbahn Konrad Adenauers von Anfang an. Schon im Juni 1919 ruft Konrad Adenauer, damals als Oberbürgermeister von Köln, bei der Eröffnungsfeier der Universität dazu auf, »das hohe Werk dauernder Völkerversöhnung und Völkergemeinschaft zum Heile Europas zu fördern« und präzisiert ein paar Jahre später, im Mai 1924 bei der Eröffnung der Kölner Messe, »es muss wieder eine Atmosphäre des Friedens in Europa geschaffen werden, und es scheint, dass dabei die Wirtschaft der Politik Wegbereiterin sein muss«. Seine Vorstellungen einer Verflechtung der europäischen Schlüsselindustrien nehmen den Grundgedanken des Schuman-Plans von 1950 vorweg. Zu diesem Plan des damaligen französischen Außenministers hat Konrad Adenauer dann später kommentierend bemerkt: »Dieser Plan, wie auch der Plan über die EVG, sind nur ein Anfang. Sie sind zunächst deswegen nur ein Anfang, weil erst sechs europäische Länder davon erfasst werden. Aber es wäre töricht, wenn ich nicht mit sechs Ländern anfangen würde und erst warten wollte, bis alle kommen. Ich bin überzeugt, wenn der Anfang mit sechs Ländern gemacht ist, kommen eines Tages alle anderen europäischen Staaten auch hinzu.«

Alle anderen europäischen Staaten kommen auch hinzu: Da muss man schon über ein gewaltiges Maß nicht nur an visionärer Begabung, sondern auch an Wirklichkeitsresistenz verfügt haben, um aus der Perspektive des Jahres 1952 nicht nur das, was gerade begonnen hat, ausdrücklich nur als Anfang zu bezeichnen, sondern vorwegzunehmen, dass Zeiten kommen werden, in denen ein Europa entstehen wird, zu dem die östlichen wie die westlichen Länder dieses Kontinents mit gleicher Selbstverständlichkeit gehören.

Seine Bemerkung vor der Beratenden Versammlung des Europarats im Dezember 1951 könnte fast wie ein aktueller Kommentar zur gegenwärtigen Diskussion über Glanz und Elend der europäischen Gemeinschaft und der europäischen Einigungsbemühungen gelesen werden: »Der Zwang zu einer europäischen Vereinigung ist nicht ein Schicksal, das Europa erleidet, es ist vielmehr ein schöpferischer Impuls, der der Größe der europäischen Tradition würdig ist.«

Wie sehr Konrad Adenauer unter dem Scheitern des Anlaufs, eine europäische Verteidigungsgemeinschaft zu gründen, gelitten hat, ist oft genug beschrieben und erläutert worden. Immerhin sollte man zur Begründung der Bedeutung dieses Projektes und seiner Einschätzung des Scheiterns in Erinnerung rufen, dass der Vorschlag des damaligen französischen Ministerpräsidenten René Pleven, eine gemeinsame europäische Armee aufzustellen, mit dem Vorschlag der Gründung einer europäischen politischen Gemeinschaft verbunden war, einem Vorschlag, den Konrad Adenauer unverzüglich aufgriff und mit Leidenschaft vorantrieb. Zunächst sah es auch ganz so aus, als würde dieser große Wurf in einer gemeinsamen Überzeugung der beteiligten sechs Länder zu einem schnellen Erfolg führen – Parallelen zu jüngeren Entwicklungen europäischer Verfassungstexte sind offenkundig –, jedenfalls wurde dieser Vertragsentwurf am 27. Mai 1952 von den Regierungen aller sechs zur Beteiligung eingeladenen Staaten unterzeichnet. Er wurde auch in fünf der sechs Staaten ratifiziert, aber eben nicht in Frankreich. Er ist in der französischen Nationalversammlung gescheitert, und es gibt kaum ein zweites politisches Ereignis in der Biografie Konrad Adenauers, das er häufiger und dramatischer als einen Rückschritt in der für notwendig gehaltenen europäischen Entwicklung beschrieben und beschworen hat als das damalige Scheitern. Es hat dann einen neuen Anlauf gegeben, einen Vorschlag des belgischen Außenministers Paul Henri Spaak zur Verschmelzung der Nationalwirtschaften durch Errichtung eines gemeinsamen Marktes, verbunden mit einer europäischen Organisation zur friedlichen Nutzung der Atomenergie. Dazu hat es Verhandlungen gegeben, zu denen schon damals auch die britische Regierung eingeladen wurde. Diese Verhandlungen schleppten sich nur sehr zögerlich hin, und auch nachdem die Briten förmlich aus den weiteren Überlegungen ausgestiegen waren – übrigens mit der historisch protokollierten erleichterten Vermutung, daraus würde ohnehin nichts – kam unter den verbleibenden gleichen sechs Ländern der erhoffte Konsens keineswegs schnell zustande. Auch diese vertraglichen Bemühungen drohten zu scheitern, bis Konrad Adenauer persönlich nach Paris reiste und mit dem damaligen französischen Ministerpräsidenten Guy Mollet die Kompromisslinie fand, auf deren Grundlage dann in den folgenden Wochen die Vereinbarung unter den sechs Partnern gefunden werden konnte, die zu Gründungsmitgliedern der europäischen Gemeinschaft wurden.

Für viele Beobachter war das damals nicht nur ein neuer, sondern auch ein anderer Anlauf, Europa zusammenzubringen: ökonomisch statt politisch. Für Konrad Adenauer war es ein neuer Anlauf zum selben Ziel. In den protokollierten Sitzungen des Parteivorstandes der CDU befindet sich eine Bemerkung Konrad Adenauers aus dem November 1959, der gerade im Jahr davor in Kraft getretene gemeinsame Markt »muss betrachtet werden *nicht* in erster Linie als ein wirtschaftlicher Vertrag, sondern als ein politisches Instrument. Er muss im Zusammenhang betrachtet werden mit dem Europarat, der Montanunion und Euratom, kurz und gut, es handelt sich hier um eine Reihe von politischen Fakten. Die EWG ist in der Hauptsache ein politischer Vertrag, der bezweckt, auf dem Wege über die Gemeinsamkeit der Wirtschaft zu einer politischen Integration Europas zu kommen.«

Ich finde diesen Zusammenhang besonders beachtlich, weil ich ihn für einen besonders eindrucksvollen Beleg sowohl der Hartnäckigkeit wie der Flexibilität des Bundeskanzlers Konrad Adenauer halte. Hans-Peter Schwarz erläutert in seinen ebenso akribischen wie einfühlsamen Büchern über Leben und Werk

Konrad Adenauers, dass jedenfalls nach seiner Einschätzung von einer von Anfang bis Ende geradlinigen Europapolitik ernsthaft keine Rede sein kann. Konrad Adenauer habe je nach Lage der Dinge im Laufe der Zeit durchaus nicht nur unterschiedliche taktische Kalküle, sondern ganz heterogene Ziele verfolgt. »Er hat als Föderalist begonnen und als Konföderalist an der Seite de Gaulles geendet. Man kann ihn genauso gut für das supranationale Europa reklamieren oder darauf verweisen, dass er sich seit Ende der 50er-Jahre im Sog de Gaulles für ein Europa der Vaterländer, sprich der Nationalstaaten wieder erwärmt habe.«

Jedenfalls, wie immer die Historiker mit dieser wichtigen Gründungsphase der Europäischen Gemeinschaft unter Berücksichtigung von alten und neuen Quellen weiter umgehen mögen, eines wird man sicher sagen können: Adenauer, der von Beginn seiner Laufbahn an ein ausgeprägtes und ausdrückliches Interesse an einer Veränderung der politischen Verhältnisse in Europa hatte, hat sich immer wieder an den tatsächlichen Verhältnissen und damit nach den tatsächlichen Möglichkeiten gerichtet und ein mehr oder weniger, aber nie abschließend beschriebenes Ziel mit der ihm eigenen Sturheit verfolgt. Damit ist er sicher nicht zuletzt seiner eigenen vielzitierten Maxime gefolgt, man solle sich »niemals so weit festlegen, dass man anders gar nicht mehr kann«.

Fragt man nach der Modernität der Adenauer-Ära, dann empfiehlt es sich als Erstes, sich über die Maßstäbe zu verständigen, mit deren Hilfe man diese Frage beantworten will. Zeitgenossen, zu welchen Zeiten auch immer, haben sich angewöhnt, die Jetztzeit ganz selbstverständlich für die Moderne zu halten und daraus messerscharf zu schließen, dass alles, was davor stattgefunden hat, zur Vormoderne gehören muss. Eine besondere Ausprägung dieser Denkfaulheit haben wir unmittelbar nach dem Ausscheiden und dem Tod Konrad Adenauers erlebt, als mit besonderem Fleiß die sogenannte 68er-Generation die Ära Adenauer als eine Ära der Restauration karikiert hat, um gleichzeitig den vermeintlich nun dringlichen Aufbruch in die Moderne zu proklamieren und selbstverständlich für sich in Anspruch zu nehmen. Ein so unverdächtiger und kluger Analytiker wie Hermann Lübbe hat schon vor einer Reihe von Jahren darauf hingewiesen, dass dieser Versuch, die Adenauer-Ära als vormodern oder gar restaurativ zu etikettieren, ganz offenkundig in das Reich parteipolitischer Mythenbildung gehöre. Denn wenn man das Deutschland der Adenauerzeit sowohl mit der deutschen Zeit davor als auch mit den europäischen Verhältnissen zur gleichen Zeit in Verhältnis setze, dann sei eine geradezu stupende Modernität nur schwer zu übersehen.

Es gibt eine Reihe von Hinweisen sowohl in den Reden als auch vor allem im Handeln Konrad Adenauers, die diesen Veränderungs- und Erneuerungswillen in besonderer Weise dokumentieren. In einer Grundsatzrede der CDU erklärte Adenauer im März 1946, damals Vorsitzender der CDU der britischen Zone, »unser Ziel ist die Wiedererstehung Deutschlands«, und schon in dieser Rede wird der Anspruch deutlich, zwischen Restauration und Modernität eine besonders ehrgeizige und erstaunlich gelungene Verbindung herzustellen. »Unser Ziel ist die Wiedererstehung Deutschlands, aber es soll nicht wiedererstehen das zentralistische, auch nicht das von Preußen als Vormacht geführte frühere Deutschland. Deutschland soll ein demokratischer Bundesstaat mit weitgehender Dezentralisation werden.« Das war zwei Jahre vor dem Parlamentarischen Rat, über dessen Arbeit in einem beachtlichen Teil der Literatur noch immer die Auffassung vertreten wird, es handle sich hier schlicht und ergreifend um die Umsetzung alliierter Vorgaben, die mit deutschen Vorstellungen relativ wenig zu tun gehabt habe. Noch bevor der Parlamentarische Rat überhaupt absehbar, geschweige denn konstituiert war, finden wir bei Adenauer eine glasklare Vorstellung, was anders werden muss in Deutschland, wenn Deutschland »wiedererstehen« soll. Er hat damals hinzugefügt, »wir glauben, dass eine solche staatliche Gestaltung Deutschlands auch die beste ist für die Nachbarländer. Ich hoffe, dass in nicht zu ferner Zukunft die Vereinigten Staaten von Europa, zu denen Deutschland gehören würde, geschaffen werden und dass dann Europa, dieser so oft von Kriegen durchtobte Erdteil, die Segnungen eines dauernden Friedens genießen wird«. Churchill hat seine zu Recht berühmte Rede mit der Forderung zur Schaffung der Vereinigten Staaten von Europa ein paar Monate später gehalten.

Wer sich mit Adenauers Leben und Werk etwas intensiver beschäftigt, den wird am Ende nicht mehr sonderlich überraschen, was auf den ersten Blick ausgesprochen verblüffend, vielleicht sogar kokett wirken mag, nämlich seine Bemerkung, unter allen seinen Leistungen, tatsächlichen oder ihm zugeschriebenen Leistungen, sei ihm die gelungene Gründung einer völlig neuen Partei die wichtigste, die bedeutendste gewesen.

Das, was mit dieser Parteigründung und der damit ausgelösten Eigendynamik für ein neues Deutschland auf den Weg gebracht wurde, ist an Innovativwirkung allerdings schwerlich zu überschätzen.

Als Konrad Adenauer erster Kanzler der Bundesrepublik Deutschland wurde, brachte er wie kaum jemand sonst politische Erfahrungen aus drei Epochen deutscher Geschichte mit in sein neues Amt. Er hatte den Untergang des Bismarck-Reiches erlebt, das Scheitern der Weimarer Republik, die monströse Unrechtsherrschaft des Nationalsozialismus, den Wahnsinn eines mutwillig angezettelten totalen Krieges, er hatte Zerstörung und Niedergang erlebt, Besatzung und maßloses Elend. Er hatte selbst unter den Nationalsozialisten Ausgrenzung und Verfolgung erfahren und war persönlich integer aus dieser größten Katastrophe der deutschen Geschichte hervorgegangen. Wie nachhaltig prägend die Politik dieses Mannes die Strukturen und das Gesicht dieses Landes in den folgenden Jahrzehnten bestimmt haben, wird wohl am besten dadurch deutlich, dass nicht nur die Wählerinnen und Wähler in ihrer eher launischen Weisheit und Güte mit bemerkenswerten Stimmenzuwächsen seine Politik honorierten, sondern fast noch mehr als dies durch den Umstand, dass sämtliche Richtungsentscheidungen, die er in der Gründungsphase dieser Republik vorgeschlagen, auf den Weg gebracht und in streitigen Auseinandersetzungen durchgesetzt hat, im Laufe der Jahre von allen relevanten politischen Kräfte dieses Landes adoptiert wurden. Die Übernahme von Grundlagen der Adenauerschen Nachkriegspolitik wurde in diesem Land gewissermaßen zum Test der Ernsthaftigkeit eines politischen Bewerbers. Ein grandioseres Dokument des Erfolgs demokratisch gestalteter Politik ist schwer vorstellbar. Es verdient in diesem Zusammenhang durchaus in Erinnerung gerufen zu werden, dass geradezu ausnahmslos jede dieser Richtungsentscheidungen das ziemliche Gegenteil dessen war, was man heute gerne einen Selbstläufer nennt. Die spekulative, damals virtuelle, inzwischen aber durchaus aktuelle Frage, welche dieser Entscheidungen, wie der Einführung der Marktwirtschaft, wie der Aufbau einer Armee, wie die Integration in den Westen, welche dieser Entscheidungen wohl ein Plebiszit überstanden hätte, beantwortet sich fast von selbst.

Ein Konsenspolitiker war Adenauer sicher nicht. Er hat den Streit geradezu gesucht, wo er ihn in der Sache für unvermeidlich gehalten hat. Und er hat ihn durchgestanden und auch damit ganz wesentliche Akzente für die Entwicklung einer demokratischen politischen Kultur in Deutschland gesetzt, für die es belastbare, vorhandene Anknüpfungspunkte, wenn überhaupt, nur in einem sehr bescheidenen Umfang gab.

Dies alles fand in einem gelegentlich virtuosen Umgang mit anderen Verfassungsorganen statt. Aber alle diejenigen, die sich mit der Art der Politikgestaltung von Konrad Adenauer kritisch auseinandersetzen, haben bei allen durchaus beachtlichen Einwänden gegen diese oder jene Vorgehensweise nie ernsthaft den Vorwurf eines Verfassungsbruchs oder eines mutwilligen Umgangs mit der Verfassung erhoben, die unter seiner tatkräftigen Führung im Parlamentarischen Rat damals formuliert worden war. Leichtfertig und offenkundig unüberlegt war allerdings seine überraschende Bewerbung für das Amt des Bundespräsidenten, vor der er ebenso kurzfristig zurücktrat, wie er sie zur allgemeinen Verblüffung angemeldet hatte.

Das Thema, das die gesamte Amtszeit Konrad Adenauers in einer besonderen Weise begleitet und zugleich belastet hat, war das erklärte Ziel der Wiederherstellung der deutschen Einheit und die mal mehr und eher häufiger heftigeren Zweifel daran, ob sie unter den Bedingungen genau seiner Politik überhaupt jemals würde erreicht werden können. Konrad Adenauer selbst hat in seiner Abschiedsrede vor dem Deutschen Bundestag am 15. Oktober 1963 dazu folgende Bemerkung gemacht: »Wir haben die Wiedervereinigung noch nicht erreicht, obgleich ich glaube, dass wir am Horizont Möglichkeiten einer Wiedervereinigung kommen sehen, wenn wir achtsam und vorsichtig und geduldig sind, bis der Tag gekommen ist. Ich bin fest davon überzeugt, dass dieser Tag einmal da sein wird. Denn man kann einem Volke wie dem deutschen

Volke nicht widersprechen und man kann keinen Widerstand leisten, wenn es in Frieden seine Einheit wiederherstellen wird.« Allerdings, und das war Teil des Streits, so wenig Konrad Adenauer zu irgendeinem Zeitpunkt seiner Amtszeit daran gedacht hat, das Ziel der Wiedervereinigung aufzugeben, wenn es auch noch so unrealistisch erschien, so wenig ist er auch nur an einem einzigen Tag seiner Amtszeit in der Versuchung gewesen, die Einheit um den Preis der Freiheit zu realisieren. Das erklärt im Übrigen hinreichend seinen Umgang mit der berühmt-berüchtigten Stalinnote von 1952 und nimmt ein Leitthema auf, nämlich seinen kurzen, knappen, programmatischen Satz: »Wir wählen die Freiheit.« Dieser Satz findet sich schon zum ersten Mal in seiner Parteitagsrede 1950, als Konrad Adenauer in schöner Bestätigung seiner eigenen Empfehlungen über einen föderalistischen Aufbau der Bundesrepublik Deutschland zum Bundesvorsitzenden der CDU Deutschlands erst gewählt wurde, nachdem er längst Bundeskanzler war.

Es gehört zu den Wahrnehmungsgewohnheiten im Umgang mit der Geschichte, den Ablauf der Ereignisse nachträglich für mehr oder weniger zwangsläufig zu halten. Tatsächlich war weder das Scheitern der Weimarer Republik zwangsläufig noch der Aufstieg des Nationalsozialismus, der Zweite Weltkrieg nicht und das Wiedererstehen eines neuen freien demokratischen Deutschland mit einer inzwischen weltweit geachteten Rolle in Politik und Wirtschaft, Wissenschaft und Kultur schon gar nicht.

Am Anfang war Konrad Adenauer. Dieser oft zitierte Satz aus Arnulf Barings Standardwerk über »Außenpolitik in Adenauers Kanzlerdemokratie« gehört zu den grandiosen Vereinfachungen, die die Komplexität der Verhältnisse natürlich nicht annähernd hinreichend wiedergeben, aber mit traumwandlerischer Sicherheit das Wesentliche auf den Punkt bringen. Am Anfang war Konrad Adenauer. Er hat Deutschland länger regiert als die Weimarer Demokratie Bestand hatte. Dass die zweite deutsche Demokratie im Unterschied zur Weimarer Republik stabil wurde und stabil blieb, ist ganz wesentlich sein Verdienst. Als er 1963 zurücktrat mit der berühmten Bemerkung »Ich gehe nicht leichten Herzens«, waren die politischen Institutionen in Deutschland gefestigt. Eine völlig neue politische Volkspartei war fest etabliert. Deutschland war Bestandteil der westlichen Welt, Mitglied des Atlantischen Verteidigungsbündnisses, Gründungsstaat der Europäischen Gemeinschaft. Die Versöhnung mit Frankreich war vollzogen, die Wiederherstellung der Beziehungen zu Israel auf den Weg gebracht. Die politisch-moralische Reputation Deutschlands war wiederhergestellt, die deutschen Kriegsgefangenen waren auch aus der Sowjetunion zurückgekehrt. Die Bundesrepublik Deutschland war inzwischen die größte und erfolgreichste Volkswirtschaft Europas, die soziale Marktwirtschaft ein weltweit beachtetes und bewundertes Konzept einer neuen, modernen Wirtschaftsordnung. Recht und Freiheit waren in einer bis dahin in der deutschen Geschichte unbekannten Weise gesichert. Die Einheit ließ noch weitere 25 Jahre auf sich warten. Dass sie schließlich dennoch möglich wurde, ist neben dem Freiheitswillen der Menschen in der damaligen DDR wie in ganz Mittel- und Osteuropa einer Politik der Bundesrepublik, der Europäischen Gemeinschaft und der Vereinigten Staaten zu verdanken, die Konrad Adenauer wie kein zweiter entwickelt, geprägt und gegen Widerstände durchgesetzt hat.

Bei seiner Abschiedsrede vor dem Deutschen Bundestag hat Konrad Adenauer im Oktober 1963 zu Protokoll gegeben: »Ich bin stolz auf das deutsche Volk, ich bin stolz auf das, was das deutsche Volk in dieser verhältnismäßig kurzen Spanne

Zeit geleistet hat. Wir Deutschen dürfen unser Haupt wieder aufrecht tragen, denn wir sind im Bund der freien Nationen ein willkommenes Mitglied geworden.«

Als Konrad Adenauer dies damals formulierte, wird den meisten Deutschen als schiere Selbstverständlichkeit erschienen sein, was den meisten Deutschen bei seinem Amtsantritt schlicht aussichtslos vorgekommen sein muss.

Die großen und die kleinen Aufgaben, die Tagesprobleme und die Herausforderungen, die wir heute in Staat und Gesellschaft bearbeiten und bewältigen müssen, beackern wir auf Feldern, die Konrad Adenauer zusammen mit anderen Gründungsvätern und -müttern bestellt hat. Und diejenigen von uns, die für begrenzte Zeit demokratisch gewählt in wichtigen Ämtern besondere Verantwortung übernommen haben, stehen mit nicht immer erkennbarer Bescheidenheit auf Konrad Adenauers starken Schultern. Was wir dabei tun und in der Wahrnehmung dieser Ämter leisten, ist – wenn überhaupt – wichtig, weil er bedeutend war.

9. Streit muss sein

Der Deutsche Bundestag als Forum der Nation

Als am 7. September 1949 der erste Deutsche Bundestag zusammentrat, hatte der westdeutsche Teilstaat des geteilten Deutschland, den manche Zeitgenossen ebenso spöttisch wie liebevoll »Trizonesien« nannten, seine erste parlamentarische Vertretung. Alterspräsident Paul Löbe erklärte zu Beginn der konstituierenden Sitzung, das deutsche Volk erhoffe sich von seinem Parlament, »dass wir eine stabile Regierung, eine gesunde Wirtschaft, eine neue soziale Ordnung in einem gesicherten Privatleben aufrichten, unser Vaterland einer neuen Blüte und neuem Wohlstand entgegenführen«.

Der frühere langjährige Reichstagspräsident machte zugleich deutlich, wie schwer diese Aufgabe war. Er fügte hinzu: »Schier unüberwindlich scheinen die Hindernisse, die auf diesem Wege liegen, und ungezählte Scharen unserer Landsleute sind es, die von unserer Arbeit eine Minderung ihrer Sorge erwarten.« Tatsächlich hätte damals kaum jemand die Erfolgsgeschichte für möglich gehalten, auf die wir inzwischen zurückblicken.

Die Londoner *Times* hatte im Vorfeld der Bundestagswahl 1949 geschrieben, den Besatzungsmächten sei bei der politischen Verselbstständigung ihrer Besatzungszonen »ähnlich zumute wie einem Vater, der seinen 18-jährigen Sohn zum ersten Mal mit Taschengeld und Hausschlüssel ausgehen« lasse. Die ganz große Mehrheit der Wahlberechtigten hat dieses Angebot jedenfalls angenommen. Die hohe Wahlbeteiligung von 78,5 Prozent wurde immer wieder auch als indirekte Zustimmung der Bürger zum Grundgesetz interpretiert, was vielleicht doch ein bisschen voreilig war; schließlich ergaben erste Umfragen, dass fast der Hälfte der wahlberechtigten Deutschen das Grundgesetz damals schlicht gleichgültig war. Sie hatten ganz andere Sorgen und Hoffnungen.

Über 60 Jahre später dürfen wir dankbar feststellen: Die von Paul Löbe beschriebenen Hoffnungen, die 1949 angesichts des Scheiterns der Weimarer Demokratie und der verheerenden Folgen des Zweiten Weltkriegs nur als äußerst optimistisch, geradezu kühn, bezeichnet werden konnten, haben sich erfüllt. Mit dem Inkrafttreten des Grundgesetzes und mit dem neu begründeten politischen System einer parlamentarischen Demokratie in Deutschland begann, zunächst nur im Westen unseres Landes, eine beispiellose Zeit des Friedens, der Freiheit, des wirtschaftlichen Aufschwungs und Wohlstands.

Das Grundgesetz hat dem Parlament zum ersten Mal in der deutschen Verfassungsgeschichte die entscheidende Position im Verfassungsgefüge eingeräumt. Es hat den Bundestag zu einem starken Parlament gemacht, zu der zentralen Institution im Gesetzgebungsprozess, die als das einzige unmittelbar vom Volk demokratisch legitimierte Verfassungsorgan maßgeblichen Einfluss auch auf die Besetzung und die Kompetenzen der anderen Organe ausübt, zu einem Parlament, ohne dessen Mitwirkung keine rechtswirksamen politischen Entscheidungen von Gewicht getroffen werden und ohne dessen Zustimmung keine völkerrechtlichen Verträge wirksam werden können. Diese herausragende, unaufgebbare und nicht delegierbare Funktion des Bundestags hat das Verfassungsgericht immer wieder bestätigt und bekräftigt.

Die parlamentarischen Anfänge waren durchaus beschwerlich. Für die 402 Abgeordneten und die 8 nicht voll stimmberechtigten Berliner Vertreter standen damals ganze 50 Büros zur Verfügung, was gerade für das Präsidium und die Fraktionsvorstände ausreichte. Abgeordnete, die weder dem einen noch einem der anderen Gremien angehörten, erhielten ein Postfach in einem Stahlschrank, dazu einen nummerierten Sicherheitsschlüssel. Geschrieben und diktiert wurde in den Gängen und auf Treppenstufen. Der akute Mangel an Sitzgelegenheiten hatte aber auch durchaus Vorzüge. So erklärte Richard Stücklen, der zu den Mitgliedern des ersten Deutschen Bundestags gehörte, als dessen späterer Präsident: »Der Abgeordnete von '49 musste, wenn er sitzen wollte, ins Plenum oder ins Restaurant. Kein Wunder, dass die Plenarsitzungen damals stärker besucht waren als heute.« Damals war auch das kulinarische Repertoire des Bundestagsrestaurants vermutlich oft noch weniger attraktiv als die parlamentarische Tagesordnung.

Vollständig behoben wurde das Provisorium nie. Erst 20 Jahre später, im Februar 1969 in der Amtszeit des Bundestagspräsidenten Eugen Gerstenmaier, wurde das auch als »Langer Eugen« bezeichnete Abgeordnetenhochhaus bezugsfertig. Die damit eröffneten Möglichkeiten galten damals als Quantensprung in der Unterbringung der Abgeordneten. Endlich verfügte jeder Abgeordnete über ein Einzelbüro. Sogar ein Waschbecken gab es, zum Waschen allerdings nur kaltes Wasser. Wenige Jahre später sollte der »Lange Eugen« dann bei neuen Abgeordneten einen geradezu verheerenden Ruf erhalten als beengter »Kaninchenstall« mit der bescheidenen Möglichkeit der adäquaten Unterbringung entweder der Abgeordneten oder ihrer Mitarbeiter, niemals aber beider gleichzeitig – sicherlich auch ein Zeichen dafür, wie rasch die vermeintlich guten alten Zeiten erst langsam immer besser wurden.

Schon in der ersten Wahlperiode waren Telefongespräche für die Abgeordneten zwar kostenfrei; wer aber zu lange telefonierte, wurde vom Bundestagspräsidenten persönlich ermahnt, sparsamer zu sein.

Bescheiden waren auch die Wohnungen, die in Bonn für die Abgeordneten zur Verfügung standen. Der Abgeordnete Günter Goetzendorff, der für die Wirtschaftliche Aufbau-Vereinigung (WAV) – auch das gab es damals – im Bundestag saß, hat die Situation so beschrieben: »In Bonn fand ich bei einem Studienrat ein Zimmer zur Untermiete. Dort wohnte ich mit meinem Abgeordnetenkollegen Dr. Adolf Arndt von der SPD. Wir waren sehr behelfsmäßig untergebracht. Wenn seine Frau zu Besuch kam, konnte ich frühmorgens das Badezimmer nicht benutzen, weil sie darin schlief.«

Viele Abgeordnete der ersten Stunde verfügten über keinerlei parlamentarische Erfahrung. Ein Stenograf, der bereits für die Weimarer Nationalversammlung und den Parlamentarischen Rat gearbeitet hatte, charakterisierte den ersten Deutschen Bundestag bei einem Vortrag im März 1950 einmal so: »Da tauchen 402 Abgeordnete auf, von denen bestenfalls 10 Prozent etwas vom parlamentarischen Betrieb verstanden. Die anderen waren vollkommene Neulinge. Sie kommen mit Anforderungen aller Art, verstehen nichts, reden daher, dass sich einem die Fingernägel aufbiegen …«

In der Tat bestand auch das erste deutsche Parlament nach dem Zweiten Weltkrieg nicht aus »Wunderheilern«, wie die Tageszeitung *Die Welt* die Konstituierung des ersten Deutschen Bundestags kommentierte. Dieses Parlament ist der ihm durch das Grundgesetz übertragenen Verantwortung aber zweifellos gerecht geworden und hat in den vergangenen Jahrzehnten mit dem Vertrauen, das der Verfassung und ihren Organen immer mehr zugewachsen ist, tragfähige politische Grundlagen gelegt, Grundlagen, die über die Bonner Zeit hinaus auch die Berliner Republik prägen.

Es hat große, denkwürdige Debatten gegeben: im alten historischen Plenarsaal, der gewiss nicht abgerissen worden wäre, wenn damals das Ende des Provisoriums absehbar gewesen wäre; später im Wasserwerk – das als Parlamentsgebäude weder gebaut wurde noch wirklich geeignet war und vielleicht gerade deshalb ganz besonders beliebt geworden ist –, in dem die Nachricht vom Fall der Berliner Mauer ein Höhepunkt unserer Parlamentsgeschichte wurde; schließlich im neuen Bonner Plenarsaal, einem glänzenden Beispiel zeitgenössischer Architektur und demokratischer Baukultur, den wir zu einem Zeitpunkt übernommen haben, als bereits klar war, dass wir nicht bleiben, sondern im wiedervereinigten Deutschland nach Berlin ins Reichstagsgebäude ziehen würden.

Aber es waren eben nicht nur die großen Debatten, die in Erinnerung geblieben sind, sondern auch die großen Entscheidungen, die in Bonn getroffen wurden und die den Weg unseres Landes bestimmt haben:

- In den ersten Jahren gelang es dem Deutschen Bundestag, durch weitreichende gesetzgeberische Maßnahmen, wie dem Lastenausgleichsgesetz, die Folgen von Krieg und Vertreibung zu lindern. In den gleichen Zeitraum fielen grundlegende außenpolitische Weichenstellungen, die der Zustimmung des Deutschen Bundestags bedurften, so der Deutschland-Vertrag, das Wiedergutmachungsabkommen mit dem Staate Israel (1952), der Aufbau der Bundeswehr und der NATO-Beitritt (1955) sowie die Römischen Verträge (1957).
- Mit der Sozialgesetzgebung der 50er-Jahre legte der Deutsche Bundestag die Fundamente für die Sozialstaatlichkeit der Bundesrepublik Deutschland. Dazu gehörten der Kündigungsschutz, das Kindergeld und die große Rentenreform. Auch die Verabschiedung des Betriebsverfassungs-

gesetzes, das den Arbeitnehmervertretungen in den Unternehmen Informations-, Konsultations- und Mitbestimmungsrechte verleiht, fällt in diese frühen Jahre.

- Zu den wichtigsten parlamentarischen Leistungen in der Zeit der Großen Koalition von 1966 bis 1969 gehören die Neuordnung der bundesstaatlichen Finanzverfassung, das liberalisierte Strafrecht, die Bewältigung der damaligen Krise des Arbeitsmarktes und die Entscheidung für die Lohnfortzahlung im Krankheitsfall. Die leidenschaftlichen Debatten über die sogenannten »Notstandsgesetze« sind unvergessen; die damit verbundenen Befürchtungen wie Beschwörungen haben sich längst erledigt.
- In der Zeit der ersten sozialliberalen Koalition Anfang der 70er-Jahre wurden der Moskauer und der Warschauer Vertrag sowie der Grundlagenvertrag mit der DDR geschlossen, ergänzt um den »Brief zur deutschen Einheit«. 1972 trat die Bundesrepublik Deutschland den Vereinten Nationen bei, ein Schritt, den der Deutsche Bundestag parlamentarisch begleitete und ratifizierte.
- Als 1989 infolge der friedlichen Revolution in der DDR die Mauer fiel, flankierte der Deutsche Bundestag die außenpolitischen wie die innenpolitischen Initiativen der Bundesregierung zur Wiederherstellung der deutschen Einheit. Der Einigungsvertrag wurde ratifiziert. Am 20. Dezember 1990 nahm zum ersten Mal seit 1932 ein frei gewähltes gesamtdeutsches Parlament seine Arbeit auf. Dieses Parlament beschloss 1991 den Umzug der Regierung und des Parlaments von Bonn nach Berlin, übrigens mit einer ähnlich knappen Mehrheit wie bei der ersten Entscheidung im November 1949 für Bonn statt Frankfurt als Sitz der Verfassungsorgane.
- Den Prozess der europäischen Integration hat der Deutsche Bundestag seit den 50er-Jahren konstruktiv begleitet und

maßgeblich mitbestimmt. Dazu gehörte die Zustimmung zum Vertrag über die Europäische Verteidigungsgemeinschaft. Dieser Vertrag, der schon damals eine erstaunlich weitgehende Bereitschaft zur Übertragung von nationalen Hoheitsrechten voraussetzte, ist weder im Deutschen Bundestag noch beim Bundesverfassungsgericht gescheitert, sondern in der französischen Nationalversammlung, die ihre Zustimmung verweigerte. Alle weiteren Integrationsschritte von der Wirtschaftsgemeinschaft über die Europäische Gemeinschaft bis zur Union und die damit verbundenen europäischen Verträge sind im Deutschen Bundestag verhandelt und regelmäßig mit breiten fraktionsübergreifenden Mehrheiten ratifiziert worden. Seit Anfang 2007 unterhält der Bundestag ein eigenes Verbindungsbüro in Brüssel, um seine Verpflichtungen in europäischen Angelegenheiten auch unabhängig von der Regierung angemessen erfüllen zu können.

Dass der Deutsche Bundestag der zentrale Ort der politischen Entscheidungsfindung in Deutschland ist, zeigt sich nicht nur an den großen Richtungsentscheidungen, die in unserem Parlament getroffen worden sind. Es zeigt sich auch an den Persönlichkeiten, mit denen die deutsche Nachkriegsgeschichte in Verbindung gebracht wird. So sind, ohne dass das Grundgesetz dies als verfassungsrechtliche Bedingung so bestimmte, ausnahmslos alle Bundeskanzler aus der Mitte des Deutschen Bundestags gewählt worden oder haben, wie im Falle Kurt Georg Kiesingers, die nächste Gelegenheit genutzt, sich um ein Mandat im Deutschen Bundestag zu bewerben. Das gilt übrigens gleichermaßen für die meisten Bundesminister. Der Bundestag ist also auch die wichtigste Institution für die Rekrutierung des politischen Spitzenpersonals der Exekutive.

Zweifellos hat der Bundestag wesentlich dazu beigetragen, dass sich die Bundesrepublik Deutschland zu einer parlamentarischen Demokratie entwickelt hat, die um vieles stabiler, auch solider, in sich gefestigter und viel breiter akzeptiert ist, als dies der Weimarer Republik vergönnt war. Der zu einem solchen dezidierten Urteil aus mancherlei Gründen besonders geeignete und berufene Außenminister Joschka Fischer hat in Verbindung mit dem Umzug nach Berlin festgestellt, »dass die deutsche Demokratie im fünfzigsten Jahr ihres Bestehens keine Systemfrage mehr kennt … und dies ist eine überaus beruhigende Botschaft für Berlin und die ›Berliner Republik‹«.Das hätte der Abgeordnete und Parlamentarische Geschäftsführer der Grünen Joschka Fischer bei seiner ersten Wahl in den Deutschen Bundestag ganz sicher nicht so formuliert.

Diese Entwicklung hat auch mit der politischen und parlamentarischen Kultur zu tun, die sich vielleicht nur in Bonn in den ersten Nachkriegsjahrzehnten so günstig entwickeln konnte. So wurde die Bezeichnung »Bonner Republik« im Laufe der Jahrzehnte im In- und Ausland immer mehr zu einem Qualitätsmerkmal. In den Worten von Egon Bahr: »Sie stand für Überschaubarkeit, Berechenbarkeit, Durchsichtigkeit und den daraus zu ziehenden Schluss: vielleicht etwas provinziell, vielleicht etwas spießig, aber sicher nicht bedrohlich; vor diesen Deutschen braucht man keine Angst zu haben.«

Die Bonner Jahre haben diese Republik geprägt, und sie prägen sie noch heute. 8547 Gesetzentwürfe wurden bis zum Umzug nach Berlin in den Deutschen Bundestag eingebracht und 5505 Gesetze verabschiedet. Schon zu seinem 20. Geburtstag bezeichneten Journalisten den Deutschen Bundestag als »fleißigstes Parlament der Welt«. Es ist deswegen nicht weiter erstaunlich, dass Verfahren und Stil der Bonner Republik ohne jede substanzielle Änderung nach Berlin übertragen wurden. Wer sich heute in Bonn und Berlin umsieht, wird feststellen: Der Umzug hat diese beiden Städte offensichtlich stärker verändert als das Parlament und unser politisches System.

»Bonn ist nicht Weimar«, hatte der Deutschlandkorrespondent der Züricher *Tat,* René Allemann, schon in der zweiten Hälfte der 50er-Jahre erleichtert festgestellt. Der Satz wurde zum geflügelten Wort. Bonn ist nicht Weimar – und Berlin ist in mancherlei Hinsicht Bonn geblieben. Das eine ist so beruhigend wie das andere.

In der Bonner Republik wurden die Fundamente für eine politische Kultur gelegt, die zwar durchaus heftige Auseinandersetzungen kennt, die aber stets auch die Bereitschaft zum Kompromiss und die Kraft zur Integration hatte. Nichts verdeutlicht dies vielleicht besser als die Entwicklung der Grünen, die 1983 dezidiert systemkritisch als Antiparteien-Partei in Bonn auftraten, als Bewegung, die mit »diesem ganzen Laden« nichts zu tun haben wollte und deren Repräsentanten im Parlament Wert darauf legten, sich nicht nur äußerlich von den etablierten Politikern zu unterscheiden, sondern zum Beispiel auch dadurch, dass sie ihre Mandate nach dem Rotationsprinzip nach zwei Jahren an sogenannte Nachrücker weitergeben wollten – oder jedenfalls sollten.

Es spricht weder gegen die Partei, die sie schließlich doch geworden ist, noch gegen den deutschen Parlamentarismus, wenn man heute feststellt, dass die Grünen durch unser parlamentarisches System stärker verändert worden sind als dieses System durch sie.

Nicht nur das Beispiel der Grünen zeigt im Übrigen, dass der Deutsche Bundestag nicht auf ein bestimmtes Parteiensystem festgelegt und unser Wahlsystem gegenüber Änderungen im Wahlverhalten flexibler ist, als oft behauptet. Das personalisierte Verhältniswahlrecht und die Fünfprozentklausel begrenzen eine zu starke Zersplitterung der organisierten Meinungen im Parlament und erleichtern damit die parlamentarische Willensbildung, verhindern den Zugang neuer politischer Kräfte in den Bundestag aber offenkundig keineswegs. Im Ersten Deutschen Bundestag, für den es die Fünfprozentklausel in der jetzigen Form nicht gab, waren insgesamt zehn Parteien vertreten. Im Laufe der Jahre ist bei prinzipiell gleichem Wahlrecht durch Wählerentscheid die Anzahl der im Parlament vertretenen Gruppierungen auf drei Fraktionen zurückgegangen und schließlich auf vier Fraktionen wieder angewachsen.

Die Erfolgsgeschichte der zweiten deutschen Demokratie ist nicht zuletzt auch den politischen Parteien zu verdanken. Bei keiner anderen Institution ist die Diskrepanz zwischen tatsächlicher Leistung und niedriger Reputation so groß wie bei ihnen. Perfekt sind die Parteien hierzulande gewiss nicht – ebenso wenig wie die Unternehmen, die Banken, die Gewerkschaften, die Vereine und die Verbände. Aber sie haben mit ihren vielen Tausend Mitgliedern und ganz überwiegend ehrenamtlichen Funktions- und Mandatsträgern einen beachtlichen Beitrag zur Artikulation von Interessen wie zur Konsensbildung unserer Gesellschaft geleistet, der mehr Anerkennung verdient, als das in der Öffentlichkeit meist geschieht. »Begeisterung für die Parteien? Das wäre zu viel verlangt. Dankbarkeit würde genügen.« Mit diesem Resümee plädiert der Schweizer Publizist Frank A. Meyer, die Leistungen der Parteien für unsere Demokratie anzuerkennen.

Der Demokratie als Staatsform standen viele Menschen in diesem Land zunächst sehr skeptisch gegenüber. Das wird nicht nur in der Literatur deutlich, sondern auch in vielen politischen Biografien. So heißt es in den Erinnerungen von Erich Mende: »Natürlich waren wir uns alle darüber klar, dass auch an dem zweiten Beginn der deutschen Demokratie viel

Abneigung, ja sogar Feindseligkeit in weiten Kreisen der Bevölkerung zu erwarten war. Theodor Heuss hatte mit Recht die Unpopularität der deutschen Demokratie beklagt. Sie sei zweimal nach einer Niederlage … nach Deutschland gekommen. Warum sollten ausgerechnet wir es einfacher haben als die Abgeordneten der Reichstage nach 1919 in Berlin, noch dazu in einem zerstörten, geteilten und besetzten Deutschland der drei Westzonen hier in Bonn?«

Inzwischen hat sich Deutschland im Unterschied zur Weimarer Republik zu einer Demokratie mit überzeugten Demokraten entwickelt: Bei jüngeren repräsentativen Umfragen erklärten über 90 Prozent der Befragten, Befürworter der demokratischen Idee zu sein, und immerhin drei Viertel sind auch mit der konkreten Form zufrieden, die die Demokratie im Grundgesetz gefunden hat.

Einzuräumen ist allerdings, dass sich nur weniger als die Hälfte der Befragten auch mit der Praxis der Demokratie in Deutschland zufrieden zeigen, was in Anbetracht der zuvor genannten Zahlen ganz offenkundig nicht als ein Zeichen von Demokratieverdrossenheit gewertet werden kann, sondern als manchmal lästige, jedenfalls aber legitime Kritik an konkreten Entscheidungen oder Entwicklungen. Manches, was vorschnell als »Politikverdrossenheit« interpretiert wird, ist vielleicht eher Ausdruck eines gereiften Urteilsvermögens, zwischen den Prinzipien unserer Verfassung auf der einen Seite und ihrer alltäglichen Praxis auf der anderen Seite unterscheiden zu können – und auch zu wollen.

Was viele Bürgerinnen und Bürger an der Politik ganz offenkundig stört, sind politischer Streit und zähe Entscheidungsprozesse. Beides müssen die Wähler wie die Gewählten allerdings aushalten; Streit muss sein. Demokratie ist kein Verfahren zur Vermeidung von Streit, sondern zur Herbeiführung mehrheitlich getragener Lösungen nach allgemein anerkannten Verfahrensregeln, und demokratische Lösungen sind weder durch autoritäre Kommandos noch im Hauruckverfahren zu haben, schon gar nicht angesichts der komplexen und komplizierten Probleme, um die es geht.

»Die öffentliche Lust auf eine alexandrinische, knotenzerhauende Politik ist eine undemokratische Lust.« So hat Heribert Prantl in der *Süddeutschen Zeitung* geschrieben und hinzugefügt: »Ein Demokrat haut nicht schnell zu, sondern nestelt herum; er lässt nicht die Fetzen fliegen, sondern versucht, die Knoten zu lösen.«

Dieser Bundestag war nie und ist gewiss auch heute kein *Treibhaus*, – wie Wolfgang Koeppen ihn in seinem berühmten gleichnamigen Roman aus dem Jahr 1953 beschrieb, schon gar kein »einfältiger Chor« zu einem von wem auch immer vorgetragenen Solo. Im Deutschen Bundestag wurde die Regierungsarbeit im Gegenteil immer kritisch, aber konstruktiv begleitet und von Teilen der Abgeordneten nicht selten leidenschaftlich bekämpft, in einigen wichtigen Fragen gelegentlich auch unabhängig von der Fraktionszugehörigkeit. Und im Unterschied zur Weimarer Republik wird in diesem Parlament die Bereitschaft zum Kompromiss als demokratische Tugend begriffen und praktiziert. Deshalb haben wir allen Grund dazu, stolz auf dieses Parlament und unsere inzwischen über 60-jährige parlamentarische Tradition zu sein und selbstbewusst in die Zukunft zu blicken. Wer um die Anfänge weiß, muss diese 60 Jahre nicht für ein Wunder halten, aber für eine glückliche Fügung, ein Geschenk, für das wir dankbar sein sollten.

Alle, die heute in Deutschland leben, profitierten von guten, historisch beispiellosen ökonomischen, politischen und sozialen Rahmenbedingungen. Umso größer ist die Versuchung, diese Bedingungen für eine Selbstverständlichkeit zu halten und sich nicht klarzumachen, dass dies eben nicht der Regelfall der deutschen Geschichte ist, sondern die seltene, aber glücklicherweise nun seit Jahrzehnten stabile Ausnahme, eine Errungenschaft, die immer wieder unser Engagement erfordert. Dazu gehört mindestens die Teilnahme an Wahlen, die auch längst für selbstverständlich gehalten werden, ohne dies auch als selbstverständliche Verpflichtung aller Staatsbürger zu begreifen.

»Eine stabile Regierung, eine gesunde Wirtschaft, eine neue soziale Ordnung in einem gesicherten Privatleben« – das waren 1949 die von Paul Löbe beschriebenen Erwartungen der Deutschen an ihr Parlament. Als »erste Aufgabe« der Abgeordneten nannte Paul Löbe dazu die Wiedergewinnung der deutschen Einheit, verbunden mit der Versicherung, »dass dieses Deutschland ein aufrichtiges, von gutem Willen erfülltes Glied eines geeinten Europa sein will«.

Auch diese Hoffnung hat sich erfüllt.

10. Alle Staatsgewalt geht vom Volke aus

Von Wahlen und Abstimmungen, Parlamenten und Plebisziten

Es gibt einen breiten Konsens in Deutschland über die Grundlagen und Spielregeln der Politik. Zugleich ändern sich immer wieder die Aufgaben und Herausforderungen sowie die damit verbundenen Ansprüche.

Die Wahrung von Wohlstand und sozialer Sicherheit bei rückläufiger Bevölkerung und steigender Lebenserwartung ist unter den Wettbewerbsbedingungen der Globalisierung erheblich schwieriger, die über Jahrzehnte gewohnten Zuwächse sind beinahe aussichtslos geworden. Was heute politisch entschieden werden muss, hat deswegen von vornherein eine hohe Aussicht auf Skepsis, Zweifel, Widerstand, was wiederum die Neigung befördert, solche Entscheidungen – zum Beispiel unvermeidbare Sozialreformen – eher vor sich herzuschieben. Im Spannungsfeld zwischen Verniedlichung und Übertreibung von Problemen ist die Verunsicherung der Wählerschaft eine fast notwendige Folge.

Zudem empfinden die Menschen die Reformarbeit oft als technokratische Herzlosigkeit, die gegen ihr Gerechtigkeitsgefühl verstößt. Nicht immer versteht es die Politik, den Bürgern solche Maßnahmen als im eigenen wie vor allem im Interesse künftiger Generationen unverzichtbar zu vermitteln. In der Kommunikation zwischen Politik und Bürger gibt es also ganz sicher manches zu verbessern. Falsch wäre es allerdings, wenn die Politik aus Angst vor unfreundlichen Reaktionen bei notwendigen Reformen auf halbem Weg stehen bleiben würde. Politik muss kontinuierliche Überzeugungsarbeit leisten, und das tut sie am besten durch den Nachweis des Erfolgs. Dass in einer etwas längeren Legislaturperiode die Aussicht wächst, diese Nachweise vor dem nächsten Wahltermin erbringen zu können, liegt auf der Hand. Ich plädiere deshalb dafür, die Legislaturperiode des Bundestags auf fünf Jahre zu verlängern. Damit würde man der Bundesregierung wie in vielen anderen europäischen Ländern einen etwas größeren Zeitraum schaffen, in dem Vorhaben so auf den Weg gebracht werden können, dass sie bis zur nächsten Wahl Wirkung entfalten. Dabei müssen sich die Parteien allerdings an den Absichten und Ankündigungen messen lassen, mit denen sie im letzten Wahlkampf um Wählerstimmen geworben haben.

Die Veröffentlichung von Umfrageergebnissen, die das schlechte Image praktischer Politik belegen sollen, wird stets mit Empfehlungen verbunden, wie der Misere zu begegnen sei. Vorgeschlagen wird etwa, die Möglichkeiten der Direktwahl von Kandidaten für politische Ämter zu vergrößern, zumindest innerhalb der Parteien, und die Einführung von Plebisziten. Solche Vorschläge sind auf den ersten Blick einleuchtend, bedürfen aber durchaus der sorgfältigen Nachfrage, ob sie zur Abhilfe des beklagten Zustandes tatsächlich geeignet sind. Was die Forderung nach breiter Beteiligung bei der Aufstellung von Kandidaten angeht, so ist anzumerken, dass immer häufiger die Kandidaten nicht von Delegierten, sondern von allen Mitgliedern der Partei im jeweiligen Wahlkreis aufgestellt werden. Der Vorschlag, die Kandidaten von »allen betroffenen« Bürgern aufstellen zu lassen, bedient zwar ein tiefes Unbehagen gegenüber den Parteien und ihren Mitgliedern, das in Deutschland leider eine lange und keine gute Tradition hat. Er verkennt aber zum einen, dass die Parteien ohnehin kein exklusives Recht zur Aufstellung von Kandidaten haben, und zum anderen deren Eignung als Repräsentanten einer bestimmten Partei und ihrer Politik noch am ehesten von deren Mitgliedern beurteilt werden kann. Über einen stärkeren Einfluss der Wähler auf die Reihenfolge der auf den Parteilisten berücksichtigten Kandidaten durch Kumulieren und Panaschieren von Stimmen lohnt es durchaus nachzudenken. Allerdings muss man wissen, dass damit in der Regel die bekannten Persönlichkeiten und selten neue, junge Bewerber begünstigt werden. Auch die Erwartung, auf diese Weise die Wahlbeteiligung steigern zu können, hat sich in den Ländern mit entsprechend erweitertem Wahlrecht bislang nicht bestätigt.

Auch die Forderung nach mehr Bürgerbeteiligung in Sachfragen durch Volksbegehren oder Volksentscheide ist populär, aber sicher nicht unproblematisch. Plebiszite sind sinnvoll eigentlich nur da möglich, wo es um wichtige und zugleich überschaubare Fragen geht, die sich auf eine Ja-Nein-Entscheidung reduzieren lassen. Davon wird sowohl auf der Ebene der Kommunen als auch der Länder immer häufiger Gebrauch gemacht, wobei nicht selten die Mindestquoten für die Beteiligung der Abstimmungsberechtigten verfehlt werden. Bei allen komplexen Entscheidungen ist das System repräsentativer Demokratie besser geeignet – trotz aller Mängel und Unzulänglichkeiten, die es auch hat. Jedenfalls wären die großen Richtungsentscheidungen in der Geschichte der Bundesrepublik – die inzwischen alle von großen Mehrheiten akzeptiert worden sind – wohl ausnahmslos nicht über Plebiszite herbeizuführen beziehungsweise durchzusetzen gewesen.

Nach den aufsehenerregenden Schweizer Volksabstimmungen zum Verbot des Baus von Minaretten 2009 und zur Begrenzung der Zuwanderung 2014 wird kaum noch vermutet, von Parlamenten gefällte Entscheidungen hätten gegenüber Plebisziten nur eine zweitklassige Legitimation. Auffällig ist jedenfalls, dass diese Entscheidung gerade von akademischen Befürwortern einer plebiszitären Demokratie besonders leidenschaftlich kritisiert wird. Tatsächlich sind Volksabstimmungen eine andere, gleichwertige, aber nicht unbedingt bessere Form demokratischer Willensbildung. Denn die politische Kultur einer Demokratie ist eben nicht allein an dem eher banalen Umstand zu erkennen, dass die Mehrheit entscheidet. Mindestens ebenso wichtig ist es, dass Grund- und Menschenrechte, gerade auch von Minderheiten, gewahrt bleiben. Das gestehen Mehrheiten im Allgemeinen zwar gerne zu, es muss im konkreten Fall aber immer wieder aufs Neue verteidigt werden. Die Frage, wie dies sichergestellt werden kann, darf bei der Diskussion um Volksabstimmungen nicht außer Acht gelassen werden. Es ist jedenfalls eine kühne Vorstellung, besonders wichtige Fragen vorzugsweise durch Plebiszite zu entscheiden, ihre Ergebnisse im Einzelfall aber korrigieren zu wollen. Der Schweizer Nationalrat steht jetzt jedenfalls vor der kaum lösbaren Aufgabe, die Zuwanderung von Ausländern in der Verfassung zu begrenzen und gleichzeitig die mit der Europäischen Union vertraglich vereinbarte Freizügigkeit zu gewährleisten.

Sollen Gerichte über die Ergebnisse von Plebisziten befinden? So wie etwa das Bundesverfassungsgericht auch Gesetze für nichtig erklären kann, die der Deutsche Bundestag verabschiedet hat? Im Fall der Volksabstimmung über die Zulässigkeit des Baus von Minaretten wird bereits der Ruf nach dem Europäischen Gerichtshof für Menschenrechte laut, dessen Rechtsprechung sich auch die Schweiz unterworfen hat. Wäre dessen Entscheidung die Lösung oder das nächste Problem? Die Autorität eines Gerichts, das sich gegen in Plebisziten gefundene Abstimmungsergebnisse stellt, würde ebenso strapaziert wie die Akzeptanz seiner Entscheidungen – auf diese ist aber gerade verfassungsgerichtliche Rechtsprechung angewiesen; sie kann nämlich in der Regel nicht auf dem Wege der Zwangsvollstreckung durchgesetzt werden.

Wer unsere repräsentative Demokratie um plebiszitäre Elemente ergänzen will, sollte daher nicht auf nachträgliche verfassungsrichterliche Kontrolle setzen, sondern auf die vorherige Prüfung der Zulässigkeit einer Volksabstimmung. Diese müsste sich selbstverständlich auf die Frage beschränken, ob ein denkbares Ergebnis der Abstimmung gegen fundamentale Verfassungsprinzipien, insbesondere Minderheiten- und Menschenrechte, verstoßen könnte. Das wäre mindestens bei einer Verletzung jener Grundrechte zu bejahen, die der sogenannten Ewigkeitsgarantie unterliegen, also in keinem Fall geändert werden dürfen.

Es müsste zudem überlegt werden, wie auch solche Bestimmungen unseres Grundgesetzes geschützt werden, die dieser Garantie nicht unterliegen und dennoch unantastbar sein sollten, etwa das Verbot der Todesstrafe. Es gibt also sowohl grundsätzliche als auch praktische Probleme bei Plebisziten, die sich ganz sicher nicht als generell überlegenes Verfahren demokratischer Entscheidungsfindung eignen.

»Das Parlament ist heute demokratischer als jedes Plebiszit. Es schützt Minderheiten und wehrt Populisten ab«, hat Heinrich Wefing in der *Zeit* festgestellt. Die Möglichkeiten zur Information und Kommunikation, mit deren Hilfe sich Interessen rasch bilden, bündeln und organisiert vertreten lassen, haben sich geradezu explosionsartig vermehrt; fast täglich melden Demoskopen ihre Ergebnisse zu nahezu allen Fragen von größerer Relevanz. Das hat die Bindung der politischen Repräsentanten an die Repräsentierten auch jenseits von Wahlen erheblich verstärkt, wenn auch nicht immer erleichtert.

Hinzu kommen die Vorteile parlamentarischer Entscheidungsprozesse, insbesondere die Möglichkeit zum Kompromiss. Dazu sind Volksabstimmungen prinzipiell nicht in der Lage. Vor allem aber verweigern sie einen wesentlichen Vorzug demokratischer Kultur: die Identifizierung politischer Verantwortung. Parlamentarische Mehrheiten sind identifizierbar, plebiszitäre Voten nicht: Niemand muss und kann für die Folgen einer plebiszitären Entscheidung zur Rechenschaft gezogen werden.

Auch deswegen erweist sich der Deutsche Bundestag entgegen gelegentlich geäußerten Vermutungen eines allgemeinen Bedeutungsverlusts der Parlamente bei den bedeutenden aktuellen und grundsätzlichen Fragen nach wie vor als das wichtigste Forum der Nation. Seine Debatten sind nicht immer aufregend, aber sie führen zu politischen Entscheidungen, die für das ganze Land verbindlich sind. Politische Talkshows mögen unterhaltsamer sein, aber sie bewirken wenig und entscheiden nichts. Ob Sterbehilfe erlaubt sein sollte und jede genetische Manipulation werdenden Lebens verboten, ob Steuern gesenkt oder erhöht, Sozialleistungen gekürzt, Bundeswehreinstätze verlängert, die Europäische Union erweitert wird und ob und welche nationalen Zuständigkeiten wir internationalen Organisationen übertragen wollen: Dies alles wird öffentlich debattiert und im Parlament entscheiden. Und dort gehört es auch hin.

Die Föderalismusreform, der größte Umbau in der politischen Architektur der Republik seit 1949, hat die Rolle der Landtage wie die Rolle des Bundestags gestärkt. Und nimmt man die Entscheidungen des Bundesverfassungsgerichts hinzu, die Notwendigkeit der Legitimation von Entscheidungsprozessen durch parlamentarische Akte ausdrücklich bekräftigen, dann spricht auch unter diesem Gesichtspunkt relativ wenig für die These eines kontinuierlichen Verfalls von Bedeutung oder Einfluss, wohl aber des Ansehens von Parlamenten und anderen politischen Institutionen. Kein Anlass zur Panik, wohl aber zum Engagement auch und gerade von verdrossenen Demokraten. Und zum Augenmaß, dass politische Entscheidungen mit dem Anspruch der Allgemeinverbindlichkeit dringend brauchen – bei repräsentativen wie bei plebiszitären Verfahren.

11. »Geistig öde, ethisch verlogen, ästhetisch roh«

Vom Bild und Selbstbildnis der Parlamentarier in Deutschland

Weder die Geltung parlamentarischer Entscheidungen noch die Bedeutung von Parlamenten hängen vom Bild oder gar dem Selbstbild der Parlamentarier ab. Gleichwohl besteht die begründete Vermutung, dass zwischen dem Bild und der Wahrnehmung von Parlamentariern einerseits und mindestens der Wahrnehmung von Parlamenten und möglicherweise auch ihrer Relevanz andererseits ein Zusammenhang besteht. Allein unter diesem Gesichtspunkt macht es natürlich Sinn, sich etwas intensiver und genauer mit einem Befund auseinanderzusetzen, der, wenn man sich allein auf die Medienberichterstattung stützt, sehr übersichtlich erscheint: Mindestens das Bild von Parlamentariern – nicht nur in Deutschland, aber jedenfalls auch hier – ist, freundlich formuliert, sehr bescheiden. Ihre Reputation ist in den vergangenen Jahren kontinuierlich gesunken. Ob eine jüngere Erholung in den statistischen Umfragedaten eine Trendumkehr bedeutet, darüber will ich keine Spekulationen anstellen. Aber dass zwischen dem Bild beziehungsweise dem Selbstbild von Parlamentariern und der Bedeutung von Parlamenten sowie der Geltung ihrer Entscheidungen kein Kausalzusammenhang besteht, lässt sich aufzeigen, nicht zuletzt auch mit Blick auf die fast 70 Jahre Parlamentarismusgeschichte der Nachkriegszeit. Ich jedenfalls glaube nicht, dass in den Anfangsjahren der Bundesrepublik Deutschland und damit in den ersten Jahren auch eines neu formierten deutschen Parlamentarismus, als das Ansehen der Parlamentarier deutlich höher war, auch die Bedeutung des Parlaments entsprechend größer war als heute.

Schon für die Frankfurter Nationalversammlung kann man, mit den unvermeidlichen Einschränkungen, die bei historischen Vergleichen immer angezeigt sind, durchaus sagen, dass das Bild der Parlamentarier nicht über jeden Zweifel erhaben war. Das häufig so charakterisierte Professorenparlament erfreute sich nämlich keineswegs einer andächtigen öffentlichen Bewunderung. Vielmehr hat allein die durch diese Bezeichnung beschriebene Zusammensetzung des Parlaments mindestens so viel Zweifel wie Zustimmung zu den Erfolgsaussichten der damaligen Bemühungen ausgelöst. Gleichwohl: Auch dieses in seinen erklärten Absichten aus bekannten Gründen am Ende nicht erfolgreiche Parlament hat in der kurzen Zeit seines Wirkens wesentliche Grundlagen des deutschen Parteien- und Fraktionswesens entwickelt. Vieles, was danach in politischen Gruppierungen fortgesetzt wurde, hat in den – aus rein praktischen Erwägungen entstandenen – Arbeitsstrukturen der Frankfurter Nationalversammlung seinen Ursprung gehabt.

Wenn ich mich gelegentlich mit der Perspektive des gelernten Politikwissenschaftlers über das Thema »Bild und Selbstbild von Parlamentariern« beuge, dann habe ich manchmal den Eindruck, dass sich in der öffentlichen Wahrnehmung im Kern über die Jahrzehnte hinweg fast nichts verändert hat. Ich möchte das an zwei Zitaten verdeutlichen.

»Dem Deutschen Bundestag fehlt es an parlamentarischer Tradition. Die Mehrzahl seiner Abgeordneten hatte vorher noch nie einem Parlament angehört. Hier muss noch um die Formen und um die Routine gerungen werden, ohne die heikle Situationen nur schwer zu meistern sind. Mancher Zwischenruf, der den Bundestag in so leidenschaftliche Erregung versetzte, wäre in erfahrenen Parlamenten wahrscheinlich bloß belächelt worden. Über manche gewollte oder ungewollte Entgleisung, die man hier so pathetisch nahm, hätte man einfach hinweggesehen. (...) Die Diskussion ist noch nicht sachlich diszipliniert. Man redet zu viel aneinander vorbei und zu oft zum Fenster hinaus, anstatt in den Saal hinein.«

Das schrieb Robert Strobel in der *Zeit* vom 29. Dezember 1949. Würde dieser Artikel in einer neueren Ausgabe der *Zeit* erscheinen, würde sich die Zahl der Leserbriefe, dass es sich hier offenkundig um ein Remake handelt, vermutlich in Grenzen halten. Interessant ist übrigens auch die Kommentierung eines italienischen Korrespondenten von *Il Messaggero* ebenfalls aus dem Jahr 1949, der die »erbärmliche, nackte Sprache ohne Blüten und ohne Aroma« beklagt, die er in den Anfangsjahren des Deutschen Bundestags angetroffen habe – mit dem zugegebenermaßen sehr blumigen Bild: Er habe nicht nur keine rednerischen Leckerbissen für Feinschmecker gefunden, sondern, »auch am einfachen Braten herrschte Mangel, und im Übermaß war nur der Eintopf vertreten«. Der gute Mann wird Cicero noch persönlich gehört haben und war insofern in seinen Ansprüchen verwöhnt, aber auch hier kann man manche Erwartungen wiederfinden, die sich ganz offenkundig doch mit einer beachtlichen Stabilität durch die deutsche Parlamentsgeschichte ziehen.

Ich möchte noch auf einen zweiten Aspekt hinweisen: Das ist der Zusammenhang von strukturellen Rahmenbedingungen der Arbeitsweise eines Parlaments und von dem Typus von Parlamentariern, der sich unter solchen Bedingungen nun einmal entwickelt oder auch nicht. Die berühmten Honoratiorenparlamente der Anfangsjahre – für die meisten Kommentatoren ein abschreckendes Beispiel, von einer bemerkenswerten Minderheit aber ausdrücklich oder implizit als nie wieder überbotene Vorbilder gefeiert – sind natürlich ganz wesentlich von den damaligen rechtlichen Voraussetzungen der Arbeit von Parlamenten und dem Status von Abgeordneten geprägt gewesen – nicht zuletzt auch von der Verweigerung der Bezahlung der Abgeordnetentätigkeit. Dass Otto von Bismarck, dessen Begeisterung für den Parlamentarismus sich bekanntlich in sehr engen Grenzen hielt, auch und ausdrücklich deshalb nichts von der Bezahlung von Parlamentariern hielt und hartnäckig am Honoratiorenprinzip festhielt, erklärt sich ganz wesentlich aus dem Umstand, dass er genau die Veränderung des Typs von Parlamentariern befürchtete, die nach der Einführung von Diäten und der späteren Veränderung von Diäten als Aufwandsentschädigungen zu steuerpflichtigen Bezügen natürlich eingetreten ist. Das ist die zweite, gewissermaßen im gleichen Themenkomplex angesiedelte Veränderung, die nicht übersehen werden sollte: Die Veränderung von den Diäten durch die – aufgrund einer Entscheidung des Bundesverfassungsgerichts in den 70er-Jahren veranlasste – Umstellung auf steuerpflichtige Bezüge hat natürlich Spuren, nicht nur im Bild und im Selbstbild, sondern im Typus von Parlamentariern hinterlassen, die unter diesen Voraussetzungen zur Verfügung stehen. Dazu verweise ich auf die Untersuchung der erkennbaren, absehbaren und noch nicht absehbaren Folgen der zusätzlichen Einführung von gesetzlichen Verhaltensregeln für den Typus von Abgeordneten, der unter diesen Bedingungen vorhanden ist, zur Verfügung steht oder nicht mehr bereit ist, ein einmal übernommenes Mandat fortzuführen, oder sagt: Ich kann anderswo ohne diese Erwartungen mit geringerem Aufwand leichter mehr Geld verdienen. Auch dies scheint mir bei dem Bemühen um die sorgfältige Aufarbeitung eines komplizierten Zusammenhangs eine durchaus beachtliche und notwendige Fragestellung.

Ich halte das Image von Politikern und insbesondere das Bild von Parlamentariern ausdrücklich nicht für irrelevant. Aber ich empfehle, die immer wieder in diesem Zusammenhang vorgetragenen Befunde weder zu verniedlichen noch zu dramatisieren. Einmal, weil der kausale Zusammenhang zwischen der Imagefrage und der Relevanzfrage – jedenfalls nach meinem Eindruck – nicht besteht, und zum anderen auch deshalb, weil es eine interessante Diskrepanz gibt zwischen der Neigung zur Politik- und Politikerverachtung auf der einen Seite und der ganz erstaunlichen Erwartung an politische Entscheidungen, wenn es wirklich brenzlig wird, auf der anderen Seite. Mit anderen Worten: Die Deutschen trauen weder ihren Regierungen, noch ihren Parlamenten, am wenigsten ihren Parteien. Aber wenn es ernst wird, verlassen sie sich ausschließlich auf den Staat. Und die geistige Beweglichkeit, die in der Verbindung dieser beiden Halbsätze zum Ausdruck kommt, ist eine Quelle meiner Zuversicht. Es gibt eben beides gleichzeitig. Es gibt ein erstaunliches, in vielen Fällen übertriebenes Staatsvertrauen, die Erwartung, dass dann, wenn es spannend oder gar gefährlich wird, es gefälligst staatlich geregelt werden müsse. Und das heißt immer: politisch. Und solange wir demokratische Verhältnisse in Deutschland haben, heißt es auch immer: parlamentarisch. Und gleichzeitig gibt es ein ausgeprägtes und hartnäckiges Misstrauen gegen eben die Kaste von Leuten, gegen die politische Klasse, die man aber immer dann, wenn es wirklich wichtig ist, für die eigentlich, wenn nicht einzig Zuständigen hält.

Zu diesem nicht immer sehr freundlichen und vor allem nicht immer sehr korrekten Bild von Parlamentariern haben auch Wissenschaftler und Intellektuelle in einem erheblichen Maße beigetragen. Wobei ich der guten Ordnung halber hinzufügen muss, dass auch die Zurückweisung solcher Übertreibungen ein erkennbarer Faden der wissenschaftlichen Diskussion über die Jahre und Jahrzehnte geblieben ist. Werner Sombart hat schon 1907, also noch vor den Weimarer Erfahrungen, davon geschrieben, dass die Gebildeten jedes Interesse an der Politik verloren hätten; Politik sei keine geistige Tätigkeit. Insbesondere beklagte er die »unselige Spezies der Berufspolitiker«, die einer Art von unehrlichem Gewerbe nachgingen. »Geistig öde, ethisch verlogen, ästhetisch roh, das ist die Signatur, die unser politisches Leben offensichtlich von Tag zu Tag mehr annimmt.«

Eine Spur anspruchsvoller, jedenfalls literarisch anspruchsvoller, hat es Thomas Mann ausgedrückt. Er schrieb in seinen *Betrachtungen eines Unpolitischen*, ein Politiker sei »in der in des Wortes praktisch gemeiner Bedeutung« (...) »ein niedriges und korruptes Wesen, (...) das in geistiger Sphäre eine Rolle zu spielen keineswegs geschaffen« wäre. Das ändert natürlich nichts an seiner literarischen Bedeutung, die noch ausgeprägter war als sein politisches Urteilsvermögen. Dass mit dieser damals viel zitierten Bemerkung Thomas Mann auf das politische Meinungsbild und das Bild von Politikern einen nachhaltigen Einfluss genommen hat, lässt sich schwerlich übersehen.

Ich könnte zeitgenössische Politikwissenschaftler zitieren, die, literarisch nicht ganz so anspruchsvoll, ähnliche Litaneien für die Gegenwart singen, die mir für die heutigen Verhältnisse genauso maßlos übertrieben erscheinen wie die eben zitierten für die damaligen. Gerade den Publizisten und Wissenschaftlern, die sich mit diesen Zusammenhängen beschäftigen, möchte ich herzlich empfehlen, die Wirkungen solcher Bilder für die Akzeptanz von politischen Prozessen und insbesondere der damit verbundenen Entscheidungen zu bedenken. Mir hat, allerdings schon zu einem Zeitpunkt, als ich noch nicht hauptberuflich politisch engagiert war – als Student der Sozialwissenschaften – immer sehr der fulminante Aufsatz des deutsch-amerikanischen Politikwissenschaftlers Ernst Fraenkel eingeleuchtet und mich in späteren Jahren getröstet, in dem er den Satz geprägt hat: »Das kritikbedürftigste Element am Bonner Parlamentarismus scheint mir die landläufige Kritik zu sein, die an ihm geübt wird.« Er hat dann ohne Namensnennung, was für seine Größe spricht, die Klischees zerrupft, die sich regelmäßig mit parlamentarischen Tätigkeiten verbinden und die, schon gar in der Kombination von sich wechselseitig ausschließenden Erwartungen, schlicht wirklichkeitsfremd sind.

Im Vorwort zu einem Büchlein eines Kollegen, der sich seinen eigenen Frust über Bild und Selbstbild von Parlamentariern von der Seele geschrieben hatte, habe ich einmal den scheinbar perfekten Abgeordneten beschrieben: »Selbstverständlich gibt es ihn, den perfekten Abgeordneten. Er ist täglich 24 Stunden aktiv, 365 Tage im Jahr. Er ist sowohl in Berlin als auch in seinem Wahlkreis präsent, er nimmt an sämtlichen Arbeitsgruppen-, Ausschuss-, Fraktions- und Plenarsitzungen teil, simultan aber auch an jedem Schützenfest und jeder Vereinsversammlung seines Wahlkreises, und nebenbei hat er für jeden jederzeit ein offenes Ohr. Er kennt sich aus in der Arbeitswelt und hat den Bezug zur Praxis nie verloren, geht aber keiner Nebentätigkeit nach. Er hat den direkten Draht zur Wirtschaft, zu den Kirchen, zu den Verbänden und Gewerkschaften, aber er pflegt größte Distanz. Er hat die Selbstlosigkeit eines Missionars, die Genialität eines Nobelpreisträgers, die Geduld einer Gouvernante und das dicke Fell eines Nilpferdes.«

So ähnlich sollte er scheinbar sein. Aber solche Leute gibt es nicht. Und ich füge hinzu: Gott sei Dank nicht. Ob das

Bild der Parlamentarier besser wäre, wenn sie so ähnlich wären, wie hier beschrieben, weiß ich nicht. Dass die Parlamente nicht besser wären, das weiß ich ziemlich sicher.

12. »Wo immer das Volk Anteil an der Regierung hat, da werden Parteien sein«

Heinrich von Gagern und die Anfänge des deutschen Parlamentarismus

Wenn wir heute immer wieder darauf hinweisen, dass wir in Zeiten eines rasanten Wandels leben und – wenn überhaupt – nur grobe Vorstellungen davon haben, was daraus in absehbarer Zeit dauerhaft und nachhaltig werden könnte, dann lohnt es, daran zu erinnern, dass dies so neu nun auch wieder nicht ist, wie es uns vorkommen mag.

Heinrich von Gagern gehört zu einer Generation, die einen tief greifenden Wandel erlebt und selbst gestaltet hat – in Deutschland, in Europa, sowohl politisch als auch wirtschaftlich und kulturell. Gagern wurde 1799, zehn Jahre nach der Französischen Revolution, in ein Land hineingeboren, das nicht viele Ähnlichkeiten mit dem Staat hat, in dem wir heute leben. In der Dämmerung des Heiligen Römischen Reichs Deutscher Nation, das bei genauerem Hinsehen weder römisch noch deutsch war und schon gar nicht heilig, befand sich damals der Staat politisch in einer diffusen Übergangsphase zwischen absoluter und konstitutioneller Monarchie, feudaler Standesgesellschaft und bürgerlicher Aufbruchbewegung. Europa war geprägt von den Kriegen der Französischen Revolution, die in Napoleon ihren Vollstrecker und Überwinder zugleich fand. Deutschland war ein Flickenteppich von Territorien mit mehr, meist aber weniger ausgeprägter Staatlichkeit. Für diejenigen, die heute gelegentlich verzweifeln, weil die Europäische Union aus 28 Mitgliedstaaten besteht – in absehbarer Zeit sicher 30 und mehr, was zweifellos das Herbeiführen gemeinsamer Entscheidungen nicht eben erleichtert – und dies gelegentlich mit schierer Verzweiflung registrieren, lohnt der Hinweis darauf, dass diese Anzahl noch immer weniger als ein Zehntel der rund 300 Staaten ausmacht, die es allein in Deutschland zum Ende des Heilgen Römischen Reichs Deutscher Nation 1806 gegeben hat.

An Gagerns Lebensabend, 1880, war Deutschland in einem kleindeutschen Kaiserreich geeint. Ein Verfassungsstaat mit einem Parlament, mit eigenen, aber begrenzten Kompetenzen, noch ohne echte Verantwortlichkeit der Regierung. Ein Land, herausgefordert durch die immer drängender werdende soziale Frage einer sich zügig industrialisierenden Gesellschaft, zunehmend mobil mit neuen Kommunikationsmöglichkeiten und -gewohnheiten; eine Zeit militärisch aufrüstender, vor Selbstbewusstsein strotzender Nationalstaaten, deren Neigung zum Säbelrasseln und zu imperialen Ansprüchen schließlich in den Ersten Weltkrieg und zu den Katastrophen des 20. Jahrhunderts führte.

Heinrich von Gagern zählt zu den zweifellos großen historischen Persönlichkeiten, deren Leben und Wirken in der Wahrnehmung der Nachwelt auf wenige Jahre, eigentlich sogar nur auf wenige Monate zusammenschmelzen. Er selbst entstammte einem alten rügenschen Adelsgeschlecht. In dessen südlichem Familienableger, dem er angehörte, waren bereits der Vater Hans Christoph und seine Brüder Friedrich und Max das, was man heute gerne *»political animals«* nennt – sehr politische und hoch engagierte Persönlichkeiten, der eine als Diplomat, der andere als Militär.

Heinrich von Gagern nahm nach Ende des napoleonischen Zeitalters an der Gründung der Burschenschaftsbewegung teil. Sein Biograf Frank Möller hat die Protagonisten der Burschenschaftsbewegung einmal pointiert als die 68er der damaligen Zeit charakterisiert – provozierend mit ihren langen Haaren, die Vätergeneration attackierend wegen ihres vermeintlichen Versagens gegenüber Napoleon, ihrer Bereitschaft zur Anpassung und Unterwerfung unter die herrschenden Verhältnisse, fundamental Opposition treibend auf der Basis selbstbewusst vorgetragener Überzeugungen, im Einzelfall bis zu Gewalttaten, etwa bei der Ermordung Kotzebues durch den Burschenschaftler Karl Ludwig Sand.

In Heinrich von Gagern, der seinen Überzeugungen folgend früh begann, beim Unterschreiben prinzipiell das »von« wegzulassen, in diesem jugendlichen Teilnehmer an der Schlacht von Waterloo, sieht Frank Möller so etwas wie die Ikone seiner Generation. Jedenfalls muss Gagern schon in jungen Jahren eine Ausstrahlung vermittelt haben, die ihn aus den jeweiligen Gruppierungen, in denen er tätig war, auf eine natürliche, von anderen jedenfalls mühelos akzeptierte Weise heraushob. Im sogenannten Vormärz, der Epoche vor den Aufständen im März 1848, in der sich politische Gruppierungen und Bewegungen organisierten, hat Gagern in bemerkenswerter Klarheit Prinzipien formuliert, die bis heute als Grundlage einer funktionierenden Demokratie gelten können.

»Ich leugne nicht, Parteimann zu sein«, schreibt Heinrich von Gagern 1834 an seinen Vater. Denn »was heißt das anderes, als eine Meinung zu haben, für diese zu werben und sie geltend zu machen«. Und 1837, im Jahr der sogenannten Göttinger Sieben, als prominente Professoren wie die Brüder Grimm, wie Friedrich Christoph Dahlmann und Georg-Gottfried Gervinus entlassen wurden, weil sie gegen die Aufhebung der Verfassung im Königreich Hannover protestiert hatten, formuliert Gagern: »Wo immer das Volk Anteil an der Regierung hat, da werden Parteien sein, und ein Kampf der Parteien.« Die Bedeutung des Satzes ergibt sich durch seine Umkehrung: Wer Parteien nicht will, muss sich mit dem Gedanken vertraut machen, dass es eine Volksbeteiligung an der Machtausübung nicht gibt; jedenfalls keine, die in organisierter Konkurrenz unterschiedlicher Auffassungen, Meinungen und Interessen stattfindet.

»Dieser Kampf der Parteien« – wieder Heinrich von Gagern – »und also auch die Parteiherrschaft ist im Zustand der Freiheit etwas Wesentliches, Unvermeidliches.« In unserer Gegenwart, die nicht durch besondere Wertschätzung politischer Parteien gekennzeichnet ist, ist es sinnvoll, an diese fundamentale Einsicht zu erinnern, die selbst dann richtig bleibt, wenn einem die Selbstdarstellung wie die Aufgabenerledigung der politischen Parteien nicht über jeden Zweifel erhaben vorkommt. Noch kategorischer fügt Heinrich von Gagern hinzu: »Der kennt die Freiheit und liebt sie praktisch nicht, der den Kampf der Parteien als einen Auswuchs, als etwas Unvermeintliches und zu Unterdrückendes darstellt.« Das war damals ungewöhnlich und ist offensichtlich ungewöhnlich geblieben. Aber es war schon damals richtig, und es ist noch heute richtig. Wer den Parteienstreit kritisiert, verkennt, dass Demokratie kein Verfahren zur Vermeidung von Streit ist, sondern das beste uns bisher bekannt gewordene Verfahren zur organisierten Bewältigung von Konflikten, um fair für alle gleiche Regeln und verbindlich mehrheitlich getragene Lösungen herbeizuführen. Deswegen war für Heinrich von Gagern selbstverständlich, was heute immer weniger selbstverständlich geworden ist: Partei zu nehmen und Parteizwecke zu verfolgen als »eine patriotische und sittliche Pflicht«.

Gagerns liberales Denken bedeutete im Staatsbürokratismus der Zeit etwas Ungewöhnliches, für manchen sogar etwas Ungeheuerliches. »Deutschland wird erst aus einer nationalen Repräsentation in seiner Größe hervorgehen«, war er überzeugt, »dadurch erst wird es zur eigenen Nation.« Für Gagern drückte sich die nationale Einheit eben nicht im obrigkeitlichen Einheitsstaat aus, sondern im Parlament mit dem Widerstreit der Parteien als Ausdruck der öffentlichen Meinung.

Für die meisten seiner Zeitgenossen war über jeden Zweifel erhaben, dass sich die nationale Einheit im Monarchen repräsentierte. Die Vorstellung, dass die Einheit eines Landes in einer Volksvertretung zum Ausdruck kommen könnte, war im wörtlichen Sinne revolutionär. Dabei setzte Gagern der Nationalrepräsentation ein weiteres Grundprinzip hinzu, das bis heute der Lackmustest jeder Demokratie ist: »Da herrscht die vollkommenste Freiheit, wo die schwächste Partei, die Minorität, des ausgedehntesten Schutzes bei Oppositionsbewegungen teilhaftig wird.« Mit anderen Worten: Regiert wird immer, überall auf der Welt. Politische Systeme sind überhaupt nicht dadurch zu unterscheiden, ob und welche Regierung es gibt, mal mit und bis heute oft ohne demokratische Legitimation. Die Opposition macht den Unterschied. Die Qualität eines politischen Systems ist nicht daran zu erkennen, dass regiert wird, sondern dass gegen Regierungen Widerspruch möglich ist und dass der Widerspruch organisiert wird und in gewählten Parlamenten zum Ausdruck kommt. Und dass diese, die gewählten Vertreter eines Volkes, im Streit der Auffassungen und Meinungen das letzte Wort haben – genauer gesagt: das vorletzte, weil das scheinbar letzte immer nur so lange gilt, bis neue Mehrheiten anderes beschließen. Man könnte es einfacher haben, aber schwerlich besser.

Heinrich von Gagern selbst befand sich den Großteil seines Lebens in der Opposition. Seine Biografie spiegelt eindrucksvoll die Rückschläge des Liberalismus. Sie zeigt zugleich exemplarisch die Fähigkeit liberaler Vorkämpfer, Rückschläge hinzunehmen, ihre Bereitschaft durchzuhalten, wenn es scheinbar überhaupt keinen Fortschritt und keine Bewegung gibt, sich in der Zurückgezogenheit neu zu sammeln, schließlich das Ringen mit dem eigenen Scheitern. Es lohnt deshalb, die Stationen von Gagerns politischem Wirken nachzuverfolgen, die Sprunghaftigkeit der unterschiedlichen Rollen, Aufgaben und Ämter, die er jeweils wahrgenommen hat, einschließlich der Entlassung aus allen staatlichen Ämtern 1833 mit seinem demonstrativen Verzicht auf die Auszahlung eines staatlichen Ruhegehalts – was er sich aufgrund seiner familiären Herkunft finanziell erlauben konnte und zur Begründung seines Rufes eines unabhängigen Kopfes naturgemäß erheblich beitrug.

Nach dem Hambacher Fest 1832, dem großen politischen Aufbruchsignal, fand Gagern 1847 den Weg zurück auf die offene Bühne der Politik. Sein Vater, der selbst ein angesehener Diplomat war, ahnte damals: »Er ist mit Oppositionsgeist geladen wie eine Bombe.« Als diese Bombe im Jahr darauf zündete, blieb es – um im Bild zu bleiben – eine kontrollierte Explosion. Denn Heinrich von Gagern war die wandelnde Vermittlung zwischen revolutionärem Anspruch und Verhandlungsbereitschaft mit den tatsächlich existierenden politischen Kräften und Gewalten. Die Revolution sollte nach seinem Willen statt im Chaos auf der Straße in geordneten parlamentarischen Bahnen erfolgen und auf konstitutionellem Weg die Einheit des Landes und Freiheit bringen.

Die Nationalversammlung, die am 18. Mai 1848 in der Frankfurter Paulskirche zusammentrat, wählte ihn am Tag darauf mit überwältigender Mehrheit zu ihrem Präsidenten, mit 499 von 518 Stimmen; zunächst provisorisch, denn der Präsident der Nationalversammlung wurde damals monatlich (!) gewählt, das heißt auch monatlich bestätigt. In einer zeitgenössischen Charakterisierung seiner Amtsführung heißt es: »Durch so große Gaben beherrschte er als Präsident die Versammlung, während seine formale Geschäftsführung manches zu wünschen übrig ließ.« Robert von Mohl, einer der großen politischen Gestalten der damaligen Zeit, kommt in seinen Lebenserinnerungen zu einem ganz ähnlichen Urteil: »Er war endlich nicht die verkörperte Unparteilichkeit, denn auch als Vorsitzender ließ er solche, welche er dem Vaterlande für verderblich und unehrlich erachtete, Abneigung und Verachtung lebhaft fühlen.«

Für Karl Biedermann, einen der Vizepräsidenten der Frankfurter Nationalversammlung, war Heinrich von Gagern schlicht »die Verkörperung des nationalen Gedankens selbst, der Apostel einer neuen Zeit«. Und tatsächlich muss man sich in einer unter vielen Gesichtspunkten hoch komplizierten parlamentarischen Versammlung Gagerns Wirken als das ständige Lavieren zwischen sich wechselseitig ausschließenden Gestaltungsansprüchen vorstellen, von denen die einen explizit revolutionär, die anderen – nicht ganz so explizit, aber erkennbar – restaurativ waren. Der kunstvolle und für manche unsinnige Versuch, zwischen revolutionären Ansprüchen und existierenden politischen Strukturen eine Brücke herzustellen, war der scheinbar aussichtslose, jedoch wesentlich durch die Persönlichkeit Heinrich von Gagerns möglich gewordene Weg, den dieses Parlament dann gegangen ist.

In dem Maße allerdings, in dem sich im Revolutionsverlauf der Idealismus der Anfangszeit in einen offenen Machtkampf zwischen Parlament und den alten staatlichen Gewalten wandelte, zerbröckelte auch Gagerns Ausstrahlung. Es gehört zu seinem fast tragischen Schicksal, dass er seinen kurzen Ruhm 30 Jahre überlebt hat und am Ende seinen Lebenstraum vom nationalen deutschen Einheitsstaat ausgerechnet durch Bismarck realisiert sah, einen Mann, bei dem der Machtinstinkt zweifellos einen unangefochtenen Vorrang vor jedem demokratischen oder gar parlamentarischen Reflex hatte und der aus seiner Parlamentsmissachtung ebenso wenig einen Hehl gemacht hat wie aus seiner Verachtung für Heinrich von Gagern. Als »Phrasengießkanne« verunglimpfte Otto von Bismarck, der vor seiner Tätigkeit als Reichskanzler in Frankfurt Gesandter des preußischen Staates gewesen war, 1850 Heinrich von Gagern. Die Begabung zu sprachschöpferischer Wortgewalt gehört offenkundig zu den kontinuierlichen Bestandteilen der deutschen Parlamentsgeschichte.

Im Juni 1848 rief Heinrich von Gagern die Nationalversammlung dazu auf, eine provisorische Zentralgewalt in Nachfolge des Bundestags selbst zu schaffen, kraft ihrer behaupteten Souveränität, die als Anspruch hoch und als Wirklichkeit außerordentlich bescheiden war. Mit diesem, wie er es selbst nannte, »kühnen Griff« kam er der revolutionären Linken entgegen. Indem er zugleich vorschlug, mit Erzherzog Johann einen Fürsten zum Oberhaupt dieses deutschen Einheitsstaates zu wählen – mit der Begründung »nicht weil, sondern obwohl er ein Fürst ist« – wurde Gagern gleichzeitig den Bedürfnissen der Rechten gerecht, weil das dynastische Prinzip gewahrt blieb.

Die Frankfurter Nationalversammlung stand 1848/49 vor der Doppelaufgabe, einen Nationalstaat schaffen und diesen freiheitlich organisieren zu wollen – und in dem Dilemma, zunehmend begreifen zu müssen, dass beides gleichzeitig nicht realisierbar war. Die Verfassung, die Ende März 1849 beschlossen wurde, wollte die Einheit aller Deutschen, hätte in der Verfassungswirklichkeit aber nur einen kleindeutschen Staat geschaffen, der nicht durch Volkssouveränität legitimiert und parlamentarisch repräsentiert, sondern durch eine konstitutionelle Erbmonarchie geprägt gewesen wäre. Mit anderen Worten: Der de facto erklärte Vorrang der Einheit hätte die Freiheit limitiert. Und dennoch bedeutete die Paulskirchenverfassung, die nie in Kraft getreten ist, eine große historische

Leistung. Ihr Grundrechtsteil hat nachhaltige Wirkung entfaltet und findet sich in den später entstandenen und in Kraft getretenen Verfassungen und teilweise noch heute wörtlich im Grundgesetz.

Gagern hat nur ein halbes Jahr diesem Parlament vorgestanden, bevor er sich dann in die Exekutive hat »wegloben« lassen; er hat zu der stabilen, aber nicht unproblematischen Tradition beigetragen, dass der scheinbare Höhepunkt einer parlamentarischen Laufbahn der Wechsel in die Regierung ist. Zu den epochalen, nachwirkenden Leistungen Gagerns aber gehört, dass er nicht nur die Unvermeidlichkeit, Notwendigkeit und Unverzichtbarkeit von Parteien erkannt und vertreten hat, sondern auch gleichzeitig die Notwendigkeit der Konsenssuche und die Unverzichtbarkeit des Kompromisses als Grundprinzip der Demokratie. Von der Fähigkeit zum Kompromiss als unverzichtbarer demokratischer Tugend hängt in jedem parlamentarischen System die Entscheidungsmacht ab, auf die der Bürger Anspruch hat. Im Augenblick des parlamentarischen Triumphs, nämlich der Durchsetzung der auf diesem Weg zustande gekommenen Verfassung, musste Gagerns Partei sogleich ihre machtpolitische Schwäche erkennen. Der in einem kunstvollen Kompromiss als Staatoberhaupt auserkorene preußische König lehnte die Kaiserkrone auf der Grundlage einer Verfassung ab, weil ihr – wie er das unnachahmlich formuliert hatte – »der Modergeruch der Revolution« anhaften würde: Legitimation von Macht nicht durch Gottes Gnade, sondern durch den Willen des Volkes.

Gagern war gerade einmal 50 Jahre alt, als sein Stern binnen kürzester Zeit beinahe vollständig verglühte. In den drei Jahrzehnten, die er noch lebte, fand er kaum öffentliche Resonanz. Er wurde Diplomat in Wien, noch einmal Abgeordneter eines Landtags, setzte sich später innerhalb des sogenannten

Reformvereins für eine großdeutsche Lösung ein und begrüßte 1871 das Kaiserreich Bismarck'scher Prägung als deutschen Nationalstaat mit »patriotischer Freude und Anhänglichkeit, auch wenn manches anders gekommen ist und anders geworden ist, als ich es gewünscht habe«. Aber mit dem »Gesamtergebnis, das nach einigen Richtungen hin alles übertrifft, was man früher hoffen und für möglich halten könnte«, sei er ganz versöhnt. Als Gagern im Jahr darauf starb, nahm davon niemand mehr Notiz. Umso wichtiger ist, dass wir an ihn erinnern, als eine der großen Gestalten der jüngeren deutschen Geschichte im Allgemeinen und der Parlamentsgeschichte im Besonderen.

13. »Das ist einmal Mode, das bisschen Parlamentarismus«

Eiserne Parlamentarier in Bismarcks Kanzlerherrschaft

An der historischen Größe Otto von Bismarcks besteht kein Zweifel. Dem »Eisernen Kanzler« hat es nachweislich weder an Aufgaben noch an Feinden gemangelt, nicht im Kreis der europäischen Mächte und nicht an den Fürstenhöfen im Deutschen Bund. Im Unterschied zu seinen Gegnern im Ausland kennt kaum jemand seine innenpolitischen Widersacher. Unerbittlich bekämpfte er sie, im Parlament, im »Kulturkampf«, mit den »Sozialistengesetzen«. Die Abgeordneten des Reichstags, die nicht weniger eisern für ihre parlamentarischen Rechte stritten, stehen bis heute im übermächtigen Schatten Bismarcks.

Im national dominierten 19. Jahrhundert lautete die politische Gretchenfrage: Wie hältst Du es mit dem Parlament? »Ich suche die preußische Ehre darin, dass Preußen vor allem sich von jeder schmachvollen Verbindung mit der Demokratie entfernt halte«, erklärte der junge Bismarck unmissverständlich kurz nach der Revolution von 1848/49, diesem, um Christian Jansens Worte zu verwenden, »Urknall der deutschen Parteien-, Verfassungs- und Nationalstaatsentwicklung«. Seine Abrechnung mit den Märzereignissen hatte im preußischen Vereinigten Landtag, wie er sich in seinen am Lebensabend verfassten Memoiren zu erinnern meinte, mit einem Weinkrampf geendet, der ihn vom Rednerpult zwang. Die Einheit der Nation konstituierte sich für Bismarck im Monarchen und nicht im Parlament als Forum des gesellschaftlichen Interessenpluralismus. Er wusste allerdings, dass die Einheit des

Reichs unter preußischer Führung – im Zeichen der modernen Nationsidee und als Vermächtnis von 1848 – nur mit einer Volksvertretung zu realisieren war, die Bedingungen dafür wollte aber er diktieren. Der Liberale Ludwig Bamberger hatte Bismarck bereits früh als Aristokrat enttarnt, »der sich des Fortschritts nicht aus Liebe zur Freiheit, sondern aus politischem Instinkt« bediente. In Bismarcks Kalkül sollte das im europäischen Vergleich fortschrittliche allgemeine Wahlrecht ein Gegengewicht zum politisch einflussreichen liberalen Bürgertum schaffen. Aber zugleich höhlte er es wieder aus, indem er sich gegen die Entschädigung von Abgeordneten wandte. Damit erschwerte er die Wahrnehmung des Mandats und schränkte die Auswahl möglicher Kandidaten ein. Bismarck erkannte, dass erst die Diäten den unabhängigen Parlamentarier schaffen würden, den er unbedingt verhindern wollte. Nur Wohlhabende, die zudem Besitz vorwiesen, sollten sich ein Mandat leisten können. Wer trotzdem den Sprung ins Parlament schaffte, hatte sich immer wieder aufs Neue gut zu überlegen, ob sich die kosten- und zeitintensive Reise nach Berlin lohnte. Die Folgen waren leere Ränge im Plenum und die immer wiederkehrende Beschlussunfähigkeit des Parlaments. Ernüchtert polemisierte 1887 der Fortschrittsliberale Eugen Richter gegen die Volksvertretung als »Ornament« am »Reichsbau«: »Man kann es schnitzen gotisch oder etwas mehr byzantinisch; es verändert ja die Sache weiter nicht. Das Ornament will natürlich der Herr Reichskanzler nicht missen, das ist einmal Mode, das bisschen Parlamentarismus.«

Bezeichnend für die Stellung der Volksvertretung im Kaiserreich ist das Provisorium, in dem der Reichstag während der gesamten Ära Bismarck tagte. Dabei datieren die Planungen für ein neues, eigenes Parlamentsgebäude bereits in die frühen Regierungsjahre Bismarcks als Reichskanzler. Die zeitgenössische Debatte um die wendungsreiche Baugeschichte trug teils absurde Züge. So ironisierte ein nationalliberaler Abgeordneter durchaus ernst gemeinte Überlegungen, das Parlament solle von Fall zu Fall an verschiedenen Orten des Reichs mit der Forderung nach einem transportablen Reichstagsgebäude zusammentreten – ein Vorschlag, den die Zeitschrift *Kladderadatsch* mit der Empfehlung eines »Reichstags auf Rädern« gewohnt sarkastisch zuspitzte.

Im Plenum trat Bismarck stets in blauer Uniform mit dem gelben Kragen der Magdeburger Kürassiere auf als Ausdruck seines demonstrativen Antiparlamentarismus. Die Botschaft war eindeutig: Seine Loyalität gehörte dem Monarchen, der Volksvertretung gegenüber fühlte er sich nicht verantwortlich. Dort sah man den Reichskanzler auch nur selten. Überhaupt verbrachte Bismarck wenig Zeit in Berlin, viel lieber weilte er an einem Kurort oder auf seinen Gütern – wohl wissend und kalkulierend, damit die parlamentarische Arbeit immens zu strapazieren. Obwohl die gesamte Regierung wie kaum zuvor und nie wieder danach auf ihn als Person zugeschnitten war, blieben seine Reden im Reichstag selten und damit besonders auffällig. Er ergriff das Wort meist nur dann, wenn seine Präsenz zur Durchsetzung seiner Politik notwendig oder unerlässlich war.

»Auf die Dauer wird kein Volk anders regiert, wie es regiert zu werden verdient«, schrieb Eugen Richter nach dem Sturz Bismarcks den Deutschen ins Stammbuch. Industrialisierung und ein weitreichender Strukturwandel der Öffentlichkeit hatten das Kaiserreich nachhaltig verändert. Kennzeichnend wurde für die Ära Bismarck der »unaufgelöste Konflikt zwischen dynamischer Demokratisierung der Gesellschaft und blockierter Demokratisierung der staatlichen Herrschaftsordnung infolge unvollendeter Parlamentarisierung«, wie der Historiker Dieter Langewiesche resümiert. Und das hatte Folgen.

»Die heutige Lage unseres parlamentarischen Lebens ist eine Hinterlassenschaft der langjährigen Herrschaft des Fürsten Bismarck«, schrieb Max Weber in seiner während des Ersten Weltkriegs verfassten Schrift *Parlament und Regierung im neugeordneten Deutschland.* Darin polemisiert er gegen die schwärmerische Heldenverehrung Bismarcks und dessen Gewaltpolitik. Bismarck habe die Karikatur eines politisch reifen Volkes hinterlassen, lautete sein entschiedenes Urteil, eine Nation ohne jeden politischen Willen und mit einem völlig machtlosen Parlament. Weber warb nicht nur für die längst überfällige Parlamentarisierung des Kaiserreichs. Er trat auch zur Ehrenrettung der »zahlreichen politischen Talente« aus der liberalen Ära an, die hinter dem »Genie« des Kanzlers verblasst seien.

Die Zeitgenossen haben es besser gewusst. Einzelne Parlamentarier galten ihnen als »Politstars«. Zu ihnen zählten aufseiten der Liberalen neben Ludwig Bamberger und Eugen Richter (der den Reichskanzler wie kein anderer zu provozieren wusste, bis dieser ebenso regelmäßig wie demonstrativ das Plenum verließ) vor allem Eduard Lasker. Lasker kämpfte gegen die Todesstrafe, für die – damals keineswegs selbstverständliche – Nichtigkeit verfassungswidriger Gesetze, für die Beschränkung der Pfändbarkeit der Löhne von Arbeitern. Er deckte im Reichstag die Korruption hoher Beamter bei der Vergabe von Eisenbahnkonzessionen auf, stritt für die Rechte von Genossenschaften und ihre soziale Bedeutung, für das Budgetrecht des Parlaments und die parlamentarische Regierungsreform. Er setzte im Reichstag das Gerichtsverfassungsgesetz mit den Schöffengerichten, die Strafprozessordnung und die Gründung des Reichsgerichts durch – und zwar mit

Sitz in Leipzig, nicht in Berlin. Bismarck hofierte und umschmeichelte ihn – solange er es für nützlich hielt, bis zum Zerfall der liberalen Parteien. Die immense politische Bedeutung Eduard Laskers anzuerkennen, fand Bismarck nicht einmal bei dessen Tod die Größe, im Gegenteil: Er nahm eine Ehradresse des US-Kongresses zum Anlass, um über seinen verstorbenen parlamentarischen Widersacher im Reichstag ein pietätloses »Totengericht« zu halten.

Aufseiten des politischen Katholizismus und der Arbeiterbewegung ragen zwei Parlamentarier heraus: der Zentrumsführer Ludwig Windthorst, im Urteil Golo Manns einer der »genialsten Parlamentarier, den Deutschland je besaß«, sowie der Sozialdemokrat August Bebel, als Redner laut Friedrich Naumann »ein Naturereignis wie der Ausfluss der Rhone aus dem Genfer See«. Sie alle einte, nicht nur über viele Jahre, zum Teil Jahrzehnte dem Reichstag angehört und ihre jeweiligen politischen Strömungen im Parlament angeführt zu haben. Sie hatten sich auch im rhetorischen Kräftemessen mit Bismarck mindestens als ebenbürtig erwiesen. Die parlamentarische Urgewalt eines Eduard Lasker suchte eine jüdische Zeitung in fantastische Zahlen zu fassen: Allein bis 1877 habe er den stenografischen Berichten zufolge 927 745 328 Worte gesprochen, das waren, wie ausdrücklich vermerkt wurde, 422 mehr als Goethe geschrieben hat und 3129 Mal mehr als in allen Reden Ciceros vorkommen. Auch der Zentrumsführer Ludwig Windthorst galt als Parlamentarier der Superlative. Über 2200 Mal soll er in verschiedenen Parlamenten das Wort ergriffen haben. Die Zeitgenossen würdigten ihn als »Redner-Heroen« von »titanenhafter Kraft«. Während andere das Sitzfleisch ihrer Abgeordnetenkollegen mit längeren Reden strapazierten und auf ein Manuskript angewiesen waren, sprach Windthorst – politisch weitsichtig, ansonsten aber fast erblindet – kurz und prägnant, und das stets frei. Mit dem Reichskanzler musste er gemeinsam gegen ein angeborenes Manko ankämpfen: Während Bismarck im auffälligen Kontrast zu seiner stattlichen Gestalt nur über eine schwache Stimme verfügte, war Windthorst so klein, dass er hinter dem Rednerpult kaum zu sehen war. Deshalb zog er es vor, vom Platz zu sprechen, was ihm die Möglichkeit zur schnellen Intervention und Zwischenfrage gab, meist humorvoll und immer schlagfertig. Damit hat er die parlamentarische Debattenkultur im Kaiserreich zweifellos belebt, bedauerlicherweise aber für den deutschen Parlamentarismus nicht nachhaltig stilbildend gewirkt.

Dass »Opposition Mist« sei, wie Franz Müntefering es einmal ausdrückte, wäre Ludwig Windthorst sicher nie über die Lippen gekommen. Im Festhalten am monarchischen System bildete für ihn das strikte Gegenüber von Regierung und Parlament die Basis seines politischen Denkens. Die Fehde mit Bismarck war ein gefundenes Fressen für unzählige Karikaturen, und vor allem der Kanzler wusste das zu befeuern. »Mein Leben erhalten und verschönern zwei Dinge«, ließ er einmal wissen: »Meine Frau und Windthorst. Die eine ist für die Liebe da, der andere für den Hass.« Dabei war Bismarck durchaus in der Lage, die Leistung seines Gegners zu würdigen. So sei es Windthorst aufseiten des politischen Katholizismus gelungen, »wie Wallenstein (…) eine Armee aus der Erde zu stampfen«. Und später brachte er seine Bewunderung zum Ausdruck für »die Kunstfertigkeit, mit welcher der Kutscher des Zentrums all diese auseinanderstrebenden Geister so elegant zu lenken versteht«. Tatsächlich war Windthorst einer der ersten Berufsparlamentarier, der aus seiner Pension alle Auslagen, einschließlich der Reisekosten und des Briefportos, bestritt – ein taktisch versierter und politisch gewiefter Stratege. Mit unbändigem Elan und souveräner Sturheit verteidigte er die Wahrung von Menschenrechten, insbesondere von Minderheitenrechten, gegenüber preußischen Machtansprüchen. Heute hängen die Porträts der beiden Antipoden im Salon der Parlamentarischen Gesellschaft in Berlin einträchtig nebeneinander, in der sich Ludwig Windthorst vermutlich deutlich wohler fühlen würde als Otto von Bismarck, der seine Missachtung des Parlaments nur selten verbergen konnte und wollte.

Im Reichstag trugen Windthorst und seine Abgeordnetenkollegen einen ungleichen Kampf aus. Denn sie hatten es nicht nur mit dem Nimbus des Reichseinigers aufzunehmen, sie waren auch in ihren parlamentarischen Mitteln eingeschränkt. Die Reichsverfassung gewährte den Abgeordneten zwar Mitwirkungsrechte bei der Gesetzgebung und dem Haushalt. Sie ermöglichte aber weder Einfluss auf die Regierung noch deren wirkungsvolle Kontrolle. Trotzdem hat das Parlament in der »liberalen Ära« der 1870er-Jahre entscheidend daran mitgewirkt, die Gesellschaft zu modernisieren und zu liberalisieren: auf dem Gebiet der Wirtschafts- und Finanzpolitik etwa mit der Währungsvereinheitlichung, der Einrichtung einer Zentralbank und dem Abbau von Zöllen, in der Rechtspolitik beim Zivil- und Prozessrecht. Diese parlamentarischen Erfolge im inneren Einigungsprozess des jungen Kaiserreichs werden bis heute vom Bismarckmythos um die Einigungskriege gegen den äußeren Feind überlagert. Zu Recht beklagten Historiker deshalb, dass es nicht gelungen, ja nicht einmal versucht worden sei, die liberalen Reformleistungen des Parlaments in die national wirkmächtigen Geschichtsbilder einfließen zu lassen. Anders als in der Reformära der napoleonischen Epoche sei der Reformwille nach 1871 nicht von staatlichen Instanzen ausgegangen, sondern aus der Gesellschaft heraus gekommen: »Und der Reichstag war der Ort, an dem er formuliert und in die Politik umgesetzt wurde«, so Dieter Langewiesche. Die Liberalen agierten demnach erstaunlich pragmatisch: Da die Verfassung unter den machtpolitischen Bedingungen formell nicht zu ändern gewesen sei, hätten sie erfolgreich eine »Reformpolitik des stillen Verfassungswandels« verfolgt.

Dies anzuerkennen heißt nicht, die Geschichtsschreibung zu korrigieren. Es bedeutet aber, sich vom vereinfachenden Schwarz-Weiß-Zeichnen zu verabschieden: hier das Genie Bismarck, da das machtlose Parlament. Die Realität des politischen Alltags ist meistens grau, damals wie heute, und es lohnt, die Schattierungen genauer zu betrachten. Bismarck hatte das Parlament für seine Politik benutzen wollen, und als sich die liberale Mehrheit darin nicht länger vom Reichskanzler in den Sattel setzen ließ, um an seiner Leine geführt zu werden, wandelten sich Bismarcks Vorbehalte in tiefe Abneigung. Er beendete die »liberale Ära« und leitete eine konservative Wende ein. »Der deutsche Parlamentarismus war eine Episode und ich in dieser Episode ein Mitspieler. *Never mind.*« Bambergers resignativem Tagebucheintrag von 1887 zum Trotz: Die parlamentarische Bilanz fällt am Ende der Ära Bismarck ambivalent aus. Denn der zwar noch immer geringen operativen Macht des Reichstags stand ein Zugewinn an symbolischer Bedeutung gegenüber. Die Parlamentsberichterstattung der Medien wuchs – im Gegensatz zu heute – beständig. Und auch die Wahlbeteiligung stieg zwischen 1871 und 1890 von 50 auf über 70 Prozent – und sollte bis zum Ersten Weltkrieg auf weit über 80 Prozent steigen. Der Reichstag hatte am Ende der Ära Bismarck also an gesellschaftspolitischer Relevanz gewonnen – und auch an Selbstbewusstsein. Das zeigte sich symbolisch im März 1895, als der Reichstag es ablehnte, Bismarck Geburtstagsglückwünsche zu übermitteln. Der Kaiser reagierte empört auf den Affront, was Harry Graf Kessler zur Notiz in seinem Tagebuch veranlasste: »Ich bin neugierig, wie dem Reichstag dieser Ruck in die Fresse bekommen wird.«

Mit dem Herrschaftsanspruch Wilhelms II. erwuchs der Volksvertretung als symbolischem Ort der Nation eine neue, weit größere Konkurrenz. Den langwierigen Weg zur Stärkung der Parlamentsrechte gingen die Abgeordneten dennoch weiter. Noch kurz vor Kriegsbeginn wurden mit dem informellen Missbilligungsvotum in Verbindung mit dem Interpellationsrecht und der Kleinen Anfrage für den Einzelabgeordneten wesentliche Kontrollrechte der Abgeordneten gestärkt. Den Schritt zur vollen Parlamentarisierung aber tat das Reich erst in der sich abzeichnenden Niederlage im Ersten Weltkrieg – zu einem Zeitpunkt, als die in der Ära Bismarck gründende Parlamentsverachtung gesellschaftlich längst weit verbreitet und tief sitzend war. Die wurde, wie Max Weber hellsichtig erkannt hatte, zur Belastung für die Weimarer Republik und bleibt das Menetekel für die verhängnisvollen deutschen Irrwege im 20. Jahrhundert.

Otto von Bismarck wurde 1815 geboren. Der Wiener Kongress schuf in seinem Geburtsjahr auf der Basis monarchischer Legalität eine europäische Staatenordnung, die dem Kontinent einige Jahrzehnte des Friedens brachte – auf Kosten innenpolitischer Freiheiten, die sich später revolutionär Bahn brachen, und auch auf Kosten nationalstaatlicher Bestrebungen. Dass aus dem Flickenteppich deutscher Partikularstaaten und einem schwachen Staatenbund ein machtvoller Nationalstaat wurde, hat unbestreitbar mit Bismarck als Reichskanzler zu tun. Er war die politisch dominierende Gestalt dieser Epoche. Der freiheitliche demokratische Rechtsstaat aber, die parlamentarische Demokratie, die wir heute längst als schiere Selbstverständlichkeit ansehen, steht auf den Schultern von Parlamentarierpersönlichkeiten vom Format eines Ludwig Windthorst, Eugen Richter oder Eduard Lasker.

Es fällt jedenfalls schwer, sich bei den aktuellen politischen Herausforderungen einen Mann wie Otto von Bismarck im Kreis demokratisch gewählter und parlamentarisch kontrollierter Regierungschefs bei einem Gipfel der Europäischen Union vorzustellen. Das heutige Europa ist auch deshalb so, wie es ist, weil die Nationalstaaten, an deren Gründung und Rivalität Otto von Bismarck maßgeblich beteiligt war, zunehmend an die Grenze ihrer Möglichkeiten gekommen sind. Für die Bewältigung der damit verbundenen Aufgaben sind andere Mittel nötig und inzwischen verfügbar als diejenigen, die der Reichskanzler zu seiner Zeit für angemessen hielt: Blut und Eisen auf dem Schlachtfeld statt Diplomatie und Interessenausgleich in den Parlamenten, die er, heißt es, als »Mondträumereien eines sentimentalen Jünglings« verächtlich gemacht hat.

Zum Träumen besteht auch heute nur selten Anlass. Aber glücklich schätzen dürfen wir uns, dass es den Fortschritt der europäischen Geschichte gibt, ohne die wir die aktuellen Probleme gar nicht hätten, die heute in Konferenzen beraten und in Parlamenten beschlossen werden. Dankbaren Respekt schulden wir deshalb vor allem denen, die sich unter den Bedingungen der Bismarck-Ära für parlamentarische Spielregeln einsetzten. Der Parlamentarismus überdauerte das Kaiserreich, das zwar das Wilhelminische genannt wird, sich aber untrennbar mit Bismarcks Namen verbindet. Er hat Bismarck wenig zu verdanken, seinen Widersachern dagegen sehr viel. 25 Jahre nach der Wiedervereinigung, die als ein historischer Glücksfall nicht Blut und Eisen bedurfte, sondern aus einer friedlichen Revolution der Bürger hervorgegangen ist, können wir uns mit gelassener Souveränität zu diesen demokratischen und parlamentarischen Traditionen Deutschlands bekennen. Und wenn wir sie uns bewusst machen, dann erkennen wir auch, dass der deutsche Parlamentarismus weit weniger mythenarm, ganz sicher aber vitaler ist, als er oft erscheint.

14. »Die Republik der Wichtigtuer«

Über Politik und Medien

Das Verhältnis von Politik und Medien war nie einfach und sollte es im beidseitigen Interesse auch nicht sein. Neben dem klassischen Spannungsverhältnis dieser beiden Professionen stellt die technologische Entwicklung die Medien wie die Politik vor neue Herausforderungen. Im Zeitalter des Internets wird das Verschwinden der Zeitung seit Längerem prognostiziert und von einigen als Menetekel, von anderen als Fortschritt beschrieben.

Eine 2009 von der Friedrich-Ebert-Stiftung vorgelegte Studie hatte den mutigen Titel *Das Verschwinden der Zeitung?* Er wurde immerhin noch mit einem Fragezeichen versehen. Im Fließtext wurde dann aber Klartext geredet: »Das Internet verdrängt zweifellos die klassische Zeitung auf Papier.«

Nun sind die Zahlen und Daten, die in diesem Zusammenhang einschlägig sind, sowohl bei dem einen wie bei dem anderen Medium weitgehend bekannt. Die Sachverhalte sind klar, die Trends sind offensichtlich, und dennoch scheint mir die Schlussfolgerung voreilig. Denn schon die Frage, wie sich denn wohl die Auflagen der Tageszeitungen in Deutschland in einem Jahr entwickeln – unter besonderer Berücksichtigung der besonderen wirtschaftlichen Situation, die besondere Effekte auf das übliche Leseverhalten haben könnte oder auch nicht, ist einigermaßen schwierig zu beantworten. Noch schwieriger dürfte es sein, die Prognose auch nur für das nächste oder übernächste Jahr zu stellen. In US-Expertenkreisen wird vermutet, dass die letzte Papierzeitung spätestens

2043 von der Druckwalze läuft. Da fragt man sich spontan: warum erst 2043? Und warum überhaupt? Jedenfalls scheint mir die Nachricht vom Ableben der Tagespresse doch ein bisschen voreilig.

Offenkundig sieht auch der Bundesverband der Deutschen Zeitungsverleger die Entwicklung nicht ganz so apokalyptisch. Er weist zum einen darauf hin, dass die deutsche Tagespresse das Schicksal regelmäßig sinkender Reichweiten fast durchgängig mit den Zeitungen in Europa und den USA teilt. Das hat den beruhigenden Aspekt, dass es in Deutschland auch nicht schlimmer sei als anderswo, räumt aber indirekt ein: Ein Problem gibt es da schon. Dass sich die Reichweite der großen deutschen Tageszeitungen nach wie vor auf einem hohen Niveau befindet, ist allerdings nicht zu bestreiten. Andererseits bedeutet der Befund, dass 47 Millionen Deutsche über 14 Jahre täglich eine Zeitung in die Hand nehmen, umgekehrt auch, dass es eine hohe zweistellige Millionenzahl von Menschen der erwachsenen Bevölkerung gibt, die täglich ohne eine Tageszeitung auskommt. Ich finde den zweiten Sachverhalt nicht weniger gewichtig als den ersten.

Für mich ist die Frage der Reichweite ohnehin weniger spannend, was wohl auch damit zu tun haben wird, dass ich kein Verleger bin. Sehr intensiv beschäftigen mich dagegen die absehbaren und auch die nicht in vollem Umfang absehbaren Wirkungen des deutlich veränderten Medien- und Kommunikationsverhaltens – zumal es hinreichende Indizien dafür gibt, dass diese Veränderungen nicht nur kaufmännische, sondern auch politische Implikationen haben.

Wenn die Mehrheit der jüngeren Menschen keine Tageszeitung mehr zu brauchen meint, sondern ihren Bedarf an Informationen wie an Unterhaltung, wenn überhaupt, aus dem Internet bezieht, hat diese Veränderung im Kommunikationsverhalten sichtbare und jedenfalls absehbare Folgen, auch und gerade für die Informationsangebote, für die Informationsdichte und damit für das künftige Urteilsvermögen eines wachsenden Teils der deutschen Bevölkerung. Denn jenseits aller Sympathien, die man für dieses oder jenes Medium haben mag: dass die Art der Informationsnachfrage und die Art der Informationsaufnahme bei diesen beiden Medien, Printmedien auf der einen Seite und dem Internet auf der anderen Seite, nicht identisch ist, das ist offenkundig.

Der typische Internetnutzer, der das Internet nicht zusätzlich, sondern anstelle von Printmedien benutzt, fragt Sachverhalte nach, an denen er ein Interesse hat – wobei die statistisch festgestellten Prioritäten der aufgerufenen Seiten für Anbieter wie Nutzer durchaus nicht schmeichelhaft sind. Der Nutzer einer Tageszeitung dagegen reklamiert mit dem In-die-Hand-Nehmen der Zeitung kein spezifisches Informationsbedürfnis, sondern er erwartet ein Informationsangebot. Er setzt sich bewusst dem Risiko aus, mit Informationen konfrontiert zu werden, die andere für wichtig halten. Das mag man für anachronistisch halten, aber es ist jedenfalls etwas anderes als die Informationssuche im Internet. Und dass bei diesen nicht nur im Volumen der durch Klicks ermittelten nachgefragten Informationen, sondern auch in der Art der präsentierten Informationen zwischen den elektronischen und den Printmedien ein nicht nur gradueller, sondern prinzipieller Unterschied besteht, ist nicht zu übersehen und kaum zu überschätzen.

Das Internet ist da, wo es sorgfältig ist, eher lexikalisch als analytisch. Eine Tages- oder Wochenzeitung, die sorgfältig arbeitet, ist eher analytisch als lexikalisch. Es geht aber nicht darum zu entscheiden, welche dieser beiden Attitüden die vernünftigere ist. Mir reicht an dieser Stelle der Hinweis völlig aus: Es ist nicht dasselbe. Und wenn sich das Medienverhalten, das Kommunikationsverhalten einer Gesellschaft im Ganzen ändert – und der Trend ist offenkundig –, ändert sich die Art der Informationsbeschaffung in einer Gesellschaft einschließlich der damit verbundenen Folgen für das Urteilsvermögen. Und wenn dieser Befund nicht vollständig aus der Luft gegriffen oder nicht maßlos übertrieben ist, dann ist er nicht nur für Zeitungen und für Verlage, sondern auch für die Politik relevant.

Die Kommunikationswissenschaftlerin, frühere Staatssekretärin und jetzige Chefredakteurin Miriam Meckel hat in einer großen deutschen Tageszeitung zu diesem Thema geschrieben: »Die Zeitung der Zukunft wird zwei Gesichter haben: ein gedrucktes und ein vernetztes. Die Aktualität (...) wird ins Internet abwandern. Das Netz ist schneller als jedes andere Medium.« Das ist sicher gut beobachtet. Mein einziger Einwand wäre, ob hier wirklich eine zukünftige Entwicklung vermutet oder ein längst eingetretener Zustand beschrieben wird.

Miriam Meckel verbindet diese Beschreibung von Gegenwart und Zukunft mit einem plausiblen und berechtigten Plädoyer für die unverzichtbaren Vorzüge des Printjournalismus: »Eine andere Art des Journalismus wird weiter mit dem gedruckten Wort arbeiten, am Kiosk zu kaufen oder per Abo im Briefkasten zu finden sein. Das sind die Geschichten, die nicht in Häppchen als Schnäppchen im Sekundentakt im Netz platziert werden, sondern die recherchiert, korrigiert, gegengelesen, überarbeitet werden, also weiterhin in einem aufwendigen Prozess entstehen. Sie sind Meisterstücke. Ergebnisse von Individualität, Kreativität und den richtigen verlegerischen Investitionen in Köpfe, die das können.«

Nun wird man nicht jedes Einzelstück deshalb auch gleich für ein Meisterstück halten müssen. Davon abgesehen ist aber der Hinweis durchaus zutreffend, dass es beim sogenannten

Qualitätsjournalismus eben nicht nur um Massenprodukte geht, sondern um begründete Berichterstattungen und Beurteilungen, Kommentierungen, hinter denen in der Regel ein identifizierbarer Kopf steht – mit allen Risiken und Nebenwirkungen.

Die Bundesregierung hat Ende 2008 in ihrem damals vorgelegten Medien- und Kommunikationsbericht mit Blick auf die allgemeine Tendenz des Medien- und Kommunikationsverhaltens geschrieben: »Nach wie vor sind Zeitungen und Zeitschriften Leitmedien, die als solche für die Demokratie unverzichtbare Funktion haben. Das zeigt sich insbesondere daran, dass die Behandlung politischer und gesellschaftlicher Themen in allen elektronischen Medienangeboten tendenziell stagniert oder gar rückläufig ist, während sie im Printbereich quantitativ und qualitativ nach wie vor eine herausragende Stellung hat.« Diese Beobachtung ist nach wie vor aktuell. Tatsächlich sind die unterschiedlichen Quantitäten in den jeweiligen Angeboten augenfällig, und damit ergibt sich genau die politische Implikation, die weit über kaufmännische Kalküle hinaus den Umgang einer Gesellschaft mit Informationen und die Verarbeitung politischer Entscheidungsprozesse bestimmt.

Es gibt übrigens einen statistisch signifikanten Zusammenhang zwischen politischem Interesse und der Häufigkeit und Intensität der Lektüre von Tageszeitungen. Das ist weder eine ermutigende Perspektive für die Verlage noch für die Politik, denn dies kann im schlimmsten Fall bedeuten, dass unter den immer geringeren Zahlen von Abonnenten qualitativ hochstehender Tageszeitungen sich der bescheidene Rest derer rekrutiert, die noch ein politisches Interesse haben. An einer solchen Entwicklung können wiederum die Demokratie und ihre Repräsentanten genauso wenig interessiert sein wie die Zeitungen und ihre Verleger.

Ein Nebenaspekt, der sowohl vonseiten der Politik als auch der Verlage besondere Aufmerksamkeit verdient, ist die erstaunliche Diskrepanz zwischen der Mediennutzung der jungen Generation und ihrer Einschätzung der Glaubwürdigkeit dieser Medien. Je geringer, kleiner, jünger die jeweilige Altersgruppe ist, desto größer ist der Vorsprung des Internet in der Mediennutzung gegenüber anderen Medien – sowohl gegenüber dem Fernsehen als auch gegenüber den Zeitungen. Dennoch nennen in einer 2014 veröffentlichten Umfrage 12- bis 19-Jährige auf die Frage »Welchem Medium würdest du bei widersprüchlicher Berichterstattung am ehesten vertrauen?« 40 Prozent die Tageszeitung, 26 Prozent das Fernsehen, 17 Prozent das Radio und nur 14 Prozent das Internet. Möglicherweise hilft das Nachdenken darüber, warum sich diese subjektive Einschätzung eines Glaubwürdigkeitsgefälles nicht im Kommunikations- und Medienverhalten niederschlägt, auch bei der Beantwortung der Frage weiter, wie junge Menschen künftig für politische Informationen interessiert werden könnten.

Dieser ambivalente Befund zwischen Wertschätzung und Nutzung verschiedener Medien beantwortet natürlich nicht die immer häufiger diskutierte Frage, ob unter Berücksichtigung tatsächlicher oder vermeintlicher Bedrängnisse der Tagespresse Subventionen für wirtschaftlich bedrohte Tageszeitungen bereitgestellt werden sollten. Dazu mag zunächst der Hinweis auf das Bundesverfassungsgericht genügen, das die Presse nach Artikel 5 Abs. 1 des Grundgesetzes grundsätzlich privatwirtschaftlich organisiert sehen will. Dies schließt öffentliche Forderungen nicht kategorisch aus, setzt ihr aber natürliche Grenzen.

Dies gilt auch für das besondere Verhältnis von Politikern und Journalisten: Dass es sich bei Politikern und Journalisten jeweils um Berufe besonderer Art handelt, ist unbestritten. Dass sie hinreichend unterschiedlich sind, um nicht verwechselt zu werden, darf auch als gesichert gelten. Dass sie gelegentlich aber auch erstaunlich vergleichbar sind – übrigens auch und gerade unter Bezugnahme auf das ausgeprägte jeweilige berufliche und politische Selbstbewusstsein – lohnt vielleicht doch einen etwas genaueren Blick. In meiner Beobachtung, dass die beiden Professionen sich, was ihr Selbstbewusstsein betrifft, jedenfalls nicht viel nachstehen, fühle ich mich bestätigt und ermutigt durch eine unbefangene, nachweislich sachverständige Vertreterin der journalistischen Berufe, Tissy Bruns, die viel zu früh verstorbene Berliner Parlamentskorrespondentin und ehemalige Vorsitzende der Bundespressekonferenz, die in ihrem sehr lesenswerten Buch *Republik der Wichtigtuer* Politiker und Journalisten zur gleichen Klasse zählt. Auch nach meiner Beobachtung, haben Politiker und Journalisten zwar unterschiedliche Berufe, aber Berufe mit sehr vergleichbaren Versuchungen: Viele Politiker halten sich für wesentlich wichtiger, als sie in Wirklichkeit sind, manche Journalisten auch. Umgekehrt ist Politik mit Abstand wichtiger, als das offenkundig von einem beachtlichen, eher wachsenden Kreis der Bevölkerung eingeschätzt wird. Ob für die Medien und das Selbstbild von Journalisten nicht die gleiche Beschreibung zutreffen könnte, ist eine sich fast von selbst beantwortete Frage.

Der Mainzer Medienwissenschaftlicher Hans Mathias Kepplinger kommt in einer Studie zu dem Ergebnis, dass fast die Hälfte der Journalisten beklagt, es sei kaum noch möglich, etwas über die Ziele von Politikern zu erfahren, während fast die Hälfte der Politiker findet, es werde regelmäßig falsch berichtet. Dabei gehen fast 80 Prozent aller Befragten davon aus, dass die jeweils andere Gruppe nur eigene Interessen verfolgt:

Politiker verfolgten persönliche und Parteiinteressen, Journalisten hätten Auflage und Quote im Blick. Die Hälfte der Politiker meint, Journalisten sei jedes Mittel recht. 48 Prozent der Journalisten, also wiederum ziemlich präzise die gleiche Größenordnung, hingegen halten Politiker für skrupellos.

Diese Einschätzungen sind sicher nicht frei erfunden, als Verallgemeinerung aber falsch, mindestens stark übertrieben. Ich kenne eine Reihe von Journalisten, denen zur Informationsbeschaffung und Informationsvermittlung nicht jedes Mittel recht ist. Und vielleicht kennt der eine oder andere Journalist sogar einzelne Politiker, die er nicht für skrupellos hält. Journalisten und Politiker tun sich im Übrigen wechselseitig und, über die jeweiligen Professionen hinaus, dem Land und dieser politischen Ordnung auch keinen besonderen Gefallen, wenn sie ohne Not solche Klischees spazieren führen, schon gar nicht dann, wenn sie keine hinreichende empirische Grundlage haben.

Meine ehemalige Bundestagskollegin und heutige Fraktionsvorsitzende der CDU im Landtag Rheinland-Pfalz, Julia Klöckner, hat im Magazin *Cicero* eine besonders mutige Charakterisierung von Journalisten vorgenommen. Sie schreibt: »Journalisten sind eitel, anmaßend, hinterlistig, opportunistisch, selbstverliebt, mitunter unerträglich. Nicht alle natürlich.« So kann man es natürlich auf gar keinen Fall schreiben, selbst wenn man selbst Journalistin war, zumal man wissen muss, dass die Beschreibung der Eigenschaften von Politikern durch Journalisten umgekehrt etwa so lauten könnte: »Politiker sind eitel, anmaßend, hinterlistig, opportunistisch, selbstverliebt, mitunter unerträglich. Nicht alle natürlich.«

Da sind wir dann wieder bei den wohlfeilen Klischees, für die man jeweils abschreckende Beispiele finden mag, die aber als generelle Charakterisierung eben doch nicht taugen. Eine der tröstlichsten und erstaunlichsten Botschaften, die ich in den letzten Jahren zu den Klischees in der wechselseitigen Wahrnehmung und als tapferen Beitrag zu ihrer Überwindung gelesen habe, findet sich in einem Interview in der *Zeit* mit Harald Schmidt, der als populärer Moderator und Entertainer nicht durch eine andächtige Bewunderung von Regierungen und Parlamenten aufgefallen ist: »Eine Zeit lang hielt ich Politiker für Schwätzer, aber das ist Quatsch. Dass es jetzt schon 60 Jahre lang keinen Krieg mehr gegeben hat, verdanken wir langen Verhandlungen, Kompromissen und Pressekonferenzen um vier Uhr morgens.«

Ich nehme seine Bewertung als Indiz dafür, dass dann, wenn es überhaupt die Bereitschaft gibt, nicht nur Vorurteile zu pflegen, sondern Sachverhalte zu beobachten, vielleicht auch die Bereitschaft zur Differenzierung wächst.

Was die empirischen Befunde angeht, möchte ich noch auf einen zweiten Aspekt aufmerksam machen: Es gibt eine durchaus ganz unterschiedliche Einschätzung des wechselseitigen Einflusses auf den jeweils anderen Beruf. Der Einfluss der Politik auf die Medien wird von Journalisten auf einer Skala von 10 Punkten mit einem Mittelwert von 6,2 Punkten höher eingeschätzt als von Politikern. Dagegen ist der Wert extrem hoch, mit dem Politiker den Einfluss der Medien auf die Politik einschätzen, nämlich 8,13, und auch Journalisten halten ihren Einfluss auf die Politik mit 7,04 für signifikant höher, als sie den Einfluss der Politik auf die Medien einschätzen.

Wenn mich mein persönlicher Eindruck nicht trügt, dann ist die allgemeine Situation der Medien und deren direkte und indirekte Wirkung auf das politische Geschehen jedenfalls wesentlich dadurch mitgeprägt, dass bei ruhiger, nüchterner Betrachtung ihrer jeweiligen Wirkungen wohl nicht die Printmedien die Wettbewerbsbedingungen bestimmen, sondern, wenn überhaupt, umgekehrt die elektronischen Medien die präjudizierenden Wirkungen haben. Dies halte ich ausdrücklich nicht für einen Gewinn, und das hat nichts mit einer prinzipiellen Abneigung gegenüber elektronischen Medien zu tun – sei es in der Gestalt des Fernsehens oder des Internets. Es hat vielmehr etwas zu tun mit den Effekten, die sich unter Wettbewerbsbedingungen fast naturwüchsig ergeben und für deren Ausprägungen und – nach meinem Empfinden – abschreckende Wirkungen die inflationäre Vermehrung von Talkshows bezeichnend ist. In diesen Formaten kommt rund um die Uhr, und häufig auch auf mehreren Programmen gleichzeitig, in einer konzentrierten Form das zum Ausdruck, was ich als allgemeinen Trend in den Medien zur Kenntnis nehme und wiederum nicht für eine Errungenschaft halte. Dass inzwischen selbst eine Zeitung, die für sich in Anspruch nimmt, hinter ihr stecke immer ein kluger Kopf, die Aufmerksamkeit ihrer Leser mit bunten Bildern auf der ersten Seite sichern zu müssen glaubt, ist beinahe so etwas wie die notarielle Beurkundung dieses Befundes.

Es gibt seit Langem den zunehmenden Trend des Vorrangs der Schlagzeilen vor den Nachrichten. Es gibt Zeitungen, die haben das inzwischen fast zum Kultstatus entwickelt, und ich muss mit sportlicher Anerkennung zugestehen: mit teilweise pfiffigen Lösungen, die allerdings meinen Vorbehalt nicht ausräumen, dass sie die Aufmerksamkeit des Lesers für eine vereinfachende Zuspitzung und nicht für eine möglichst komplette Nachricht in Anspruch nehmen.

Es gibt die zunehmende Dominanz der Personen vor den Sachverhalten. Dies ist natürlich nicht neu, hat sich aber noch einmal in einer besorgniserregenden Weise verstärkt.

Es gibt die zunehmende Dominanz der Unterhaltung vor der Information und, unter den vorherrschenden Wettbewerbsbedingungen, den zunehmenden Vorrang der Schnelligkeit vor der Gründlichkeit der Übermittlung. Für den Vorrang der Schnelligkeit vor Gründlichkeit gibt es eine Reihe von mal skurrilen, mal ärgerlichen Beispielen. Dass die Begeisterung für einen neuen Bundesminister und insbesondere für die erstaunlich große Anzahl seiner Vornamen sich quer durch die deutsche Medienlandschaft gleich in der Weise niederschlägt, dass ein erfundener und ins Internet gestellter zusätzlicher Vorname ohne Recherche auch von seriösen Medien tagelang übernommen wird, ist ein kleines, eher unbedeutendes Beispiel. Dass, um ein anderes Thema zu nennen, bei dem das Parlament in besonderer Weise involviert ist, aus journalistischem, prominentestem Mund aus einer »Ermächtigung«, also Genehmigung, für staatsanwaltliche Ermittlungen gegenüber Abgeordneten und Journalisten eine »Strafanzeige des Bundestagspräsidenten gegenüber Journalisten« wird, gehört zu den nicht mehr so amüsanten Verirrungen, die ich wiederum keinem anderen Motiv als dem Problem des Vorrangs der Schnelligkeit gegenüber der Sorgfalt zuordnen will.

Karl Kraus, ein Publizist, der unter anderen Bedingungen gearbeitet und geschrieben hat, hat seine Beobachtungen über die Presse der 20er-Jahre in die schöne Formulierung zum Ausdruck gebracht: »Die Zeitungen haben früher das Niveau ihrer Journalisten gehabt, und jetzt haben sie das ihrer Leser.« Ich möchte lieber nicht wissen, was er heute sagen würde.

Und Tissy Bruns macht mit Blick auf tatsächliche und vermeintliche Mutproben darauf aufmerksam, heute koste es wenig »einen Fraktionschef oder Minister in Grund und Boden zu schreiben; Journalisten im 21. Jahrhundert brauchen mehr Zivilcourage, wenn sie ihren Chefredakteuren widersprechen«. Sie hat eine weitere Beobachtung hinzugefügt: »Politiker und politische Journalisten gehören zu den Verlierern der Mediengesellschaft. Die Politiker leiden unter einem Verlust an Gestaltungskraft – etwa wegen der Globalisierung. Wir politischen Journalisten sind Absteiger in der Medienwelt gegenüber dem Boulevard, dem Fernsehen und den noch schnelleren Online-Medien. Und das kompensieren wir durch den berühmten Hauptstadthype. Wir blicken deswegen mit Neid auf das Fernsehen, weil der Ort für das Politische heute sehr flüchtig geworden ist. Ich finde, zulasten der Demokratie.«

Die Beobachtung ist richtig, die Schlussfolgerung mache ich mir ausdrücklich nicht zu eigen: Ich weiß nicht, warum irgendjemand und schon gar Journalisten von Tageszeitungen mit Neid auf das Fernsehen sehen sollten. All die Trends, die ich jedenfalls eher für Fehlentwicklungen als für Errungenschaften halte, lassen sich prototypisch dort verorten, und all das, was wir für das Urteilsvermögen einer aufgeklärten demokratischen Gesellschaft für notwendig halten, finden wir, wenn überhaupt, vor allem in Printmedien.

Weder die Verleger noch die Journalisten und schon gar nicht die Politiker können sich eine Entwicklung erlauben, die zulasten der Demokratie geht. Daran zu erinnern ist wichtig. Dass in diesem für die Freiheit unserer Gesellschaft fundamentalen Zusammenhang Politiker und Journalisten mehr als beinahe alle anderen Berufsgruppen keine exklusive, aber sicher eine herausragende Aufgabe haben, davon bin ich allerdings fest überzeugt.

15. »Der Staat lebt von Voraussetzungen, die er selbst nicht garantieren kann«

Über Politik und Religion

Wie viel Religion erträgt eine moderne, aufgeklärte, liberale Gesellschaft? Und wie viel Religion braucht eine demokratisch verfasste Gesellschaft? Auf den ersten Blick schließen sich diese Fragen beinahe aus, nach meinem Verständnis aber sind sie unabhängig voneinander nicht zu beantworten. Die Klärung des Verhältnisses von Politik und Religion ist eine zentrale Herausforderung unserer modernen Gesellschaft.

Politik und Religion sind zwei unterschiedliche, aber jeweils bedeutende, formell oder informell mächtige, rechtlich oder faktisch bindende Gestaltungsansprüche gegenüber einer Gesellschaft und ihren Mitgliedern. Sie können einander nicht gleichgültig sein, aber sie sind gewiss nicht identisch. Die Unterschiede zwischen diesen beiden Gestaltungsansprüchen sind nicht weniger bedeutsam als die Gemeinsamkeiten.

Religionen handeln von Wahrheiten, Politik von Interessen. Das eine ist so zentral wie das andere, und beides ist offenkundig grundverschieden. Zu den Errungenschaften unserer aufgeklärten Zivilisation gehört die Einsicht in die Aussichtslosigkeit einer abschließenden Beantwortung der Wahrheitsfrage. Diese Einsicht macht Politik nötig und Demokratie möglich. Auf der Basis absoluter Wahrheitsansprüche ist Demokratie als Legitimation von Normen durch Verfahrensregeln gar nicht möglich. Demokratie setzt die Trennung von Religion und Politik voraus, die es allerdings ohne religiös vermittelte Überzeugungen von der Unantastbarkeit der Würde jedes einzelnen Menschen gar nicht gäbe, was wiederum die Komplexität zwischen Zusammenhängen und Unterscheidungen verdeutlicht.

Der legitime Gestaltungsanspruch der Politik wird in der Regel durch Verfassungen definiert, die ihrerseits Ausdruck der Überzeugungen, Orientierungen und Prinzipien sind, die in einer Gesellschaft Geltung beanspruchen. Verfassungen sind nie Ersatz für, sondern immer Ausdruck von Überzeugungen, die in einer Gesellschaft Geltung beanspruchen. Der innere Zusammenhalt einer Gesellschaft wird durch Kultur gestiftet. Märkte halten Gesellschaften nicht zusammen, Geld schon gar nicht, auch Politik nicht. Denn auch ein rechtlich verbindliches Regelsystem entfaltet seine Plausibilität wiederum nur aus den Kontexten, die ihrerseits nicht politisch, sondern kulturell sind. Unter diesem Gesichtspunkt ist der Unterschied zwischen traditionellen und modernen Gesellschaften nicht so fundamental wie gelegentlich behauptet wird. Inneren Zusammenhalt stiften kulturelle Überlieferungen und Überzeugungen. Wenn dieses Mindestmaß an kulturellen Gemeinsamkeiten verloren geht, erodiert der Zusammenhalt einer Gesellschaft.

»Der freiheitliche säkularisierte Staat lebt von Voraussetzungen, die er selbst nicht garantieren kann.« Diese berühmte, allzu häufig genutzte, jedoch meist unvollständig zitierte Bemerkung von Ernst Wolfgang Böckenförde, dem ehemaligen Richter am Bundesverfassungsgericht, bestätigt einen grundlegenden Zusammenhang, den er im folgenden so begründet: »Das ist das große Wagnis, das er um der Freiheit willen eingegangen ist. Als freiheitlicher Staat kann er einerseits nur bestehen, wenn sich die Freiheit, die er seinen Bürgern gewährt, von innen her, aus der moralischen Substanz des Einzelnen und der Homogenität der Gesellschaft reguliert. Andererseits kann er diese inneren Regulierungskräfte nicht von sich aus, das heißt mit den Mitteln des Rechtszwanges und autoritativen Gebots zu garantieren versuchen, ohne seine Freiheitlichkeit aufzugeben und – auf säkularisierter Ebene – in jenen Totalitätsanspruch zurückzufallen, aus dem er in den konfessionellen Bürgerkriegen herausgeführt hat.« Diese Ergänzung enthält mehr Explosivstoff als der längst kanonisierte Eingangssatz, der keinen Streit mehr auslöst.

Das Grundgesetz ist ein besonders prominentes, prägnantes, schwer überbietbares Beispiel für die allgemeine Erfahrung, dass Verfassungen nie Ersatz für, sondern immer Ausdruck von kulturellen Überzeugungen einer Gesellschaft sind. Das Grundgesetz ist – von der Präambel über den Grundrechtekatalog bis es sich dann in die zum Teil extrem detaillierten Einzelregulierungen verliert – ein hoch ideologischer, tief religiös geprägter Text mit einer Reihe normativer Ansprüche für die Gestaltung einer modernen Gesellschaft. Bereits das in der Präambel reklamierte Bewusstsein der »Verantwortung vor Gott und den Menschen« muss nicht in einer Verfassung stehen – steht aber in unserer Verfassung. Und dass der nicht nur erste, sondern, nach Übereinstimmung aller Verfassungsexegeten auch zentrale Satz unserer Verfassung: »Die Würde des Menschen ist unantastbar«, nicht einen empirisch gesicherten Sachverhalt wiedergibt, sondern, wenn überhaupt, aus der entgegengesetzten Erfahrung eine Norm herleitet, begründet eine der erstaunlichsten, eindrucksvollsten und spektakulärsten Verfassungsversionen, die wir überhaupt kennen. Würden Verfassungen nicht Überzeugungen ausdrücken, sondern nur Erfahrungen wiedergeben, müsste der Satz eigentlich lauten »Die Würde des Menschen ist angreifbar« – ein Nachweis, der nirgendwo gründlicher geführt worden ist als in unserer Geschichte. Weil wir jedoch wissen, dass es genau so war, erklären wir in unserer Verfassung, dass es umgekehrt sein muss. Jürgen Habermas verweist seit seiner berühmten Dankesrede bei der Verleihung des Friedenspreises des Deutschen Buchhandels immer wieder auf die Bedeutung von religiösen Überzeugungen für das Selbstverständnis und die innere Stabilität moderner Gesellschaften. In seiner Aufsatzsammlung *Zwischen Naturalismus und Religion. Philosophische Aufsätze*, veröffentlicht im Jahr 2005, schreibt er: »Religiöse Glaubensüberlieferungen und religiöse Glaubensgemeinschaften haben seit der Zeitenwende von 1989/90 eine neue bis dahin nicht erwartete politische Bedeutung gewonnen.« Niemand bestreitet ernsthaft seine Feststellung, dass die Bedeutung der Religion und ihre politische Inanspruchnahme auf der ganzen Welt gewachsen sei. Deshalb erscheine, welthistorisch betrachtet, Max Webers westlicher Rationalismus als der eigentliche Sonderweg. So gelangt er zu der für manche erstaunlichen Schlussfolgerung: »Der liberale Staat darf die gebotene institutionelle Trennung von Religion und Politik nicht in eine unzumutbare mentale und psychologische Bürde für seine religiösen Bürger verwandeln.« Allerdings müsse er von ihnen die Anerkennung des Prinzips der weltanschaulich neutralen Herrschaftsausübung erwarten. »Jeder muss wissen und akzeptieren, dass jenseits der institutionellen Schwelle, die die informelle Öffentlichkeit von Parlamenten, Gerichten, Ministerien und Verwaltungen trennt, und zu der er in diesem Zusammenhang eben auch Religion und Kirchen, aber ebenso Überzeugungen rechnet, nur säkulare Gründe zählen.«Das gleicht einem intellektuellen Spagat auf dem Hochtrapez. Aber genau da befinden wir uns gewissermaßen, kultur- und zivilisationsgeschichtlich betrachtet: Wir haben eine Trennung vorgenommen, die wir längst für unabdingbar halten und die es ohne jene Kulturgeschichte gar nicht gäbe, die dieser Trennung vorausgegangen ist, eine

Trennung, deren Relevanz und Stabilität ohne die Lebendigkeit dieser kulturellen Zusammenhänge auch schwerlich zu erklären ist. Gerade unter diesem Gesichtspunkt wirkt die souveräne Schlussfolgerung eines religiös ungebundenen Beobachters und Kommentators wie Jürgen Habermas umso nachdrücklicher, dass auch und gerade der säkulare Staat sich den genannten Quellen der Sinnstiftung nicht versperren darf.

Aus westlicher Perspektive erscheint die Säkularisierung als der unvermeidliche Preis der Moderne. Weltweit aber sind die Religionen nie aus der Politik verschwunden. »Religion hat sich niemals von Politik prägnant unterscheiden lassen«, stellt der renommierte evangelische Theologe Friedrich Wilhelm Graf kurz und bündig fest. Wir erleben vielmehr nicht nur eine erstaunliche globale Revitalisierung der Bedeutung von Religionen im öffentlichen Raum, sondern auch eine bemerkenswerte, teilweise erschreckende Politisierung und Instrumentalisierung von Religion mit fundamentalistischen Ansprüchen. Wir haben es heute also, idealtypisch gesprochen, mindestens mit zwei sehr unterschiedlichen Formen von Religiosität in Zeiten der Globalisierung zu tun. Die eine ist die persönliche Religiosität im Rahmen respektierter rechtsstaatlicher Demokratie als geschütztem Raum persönlicher Entfaltung, und die andere ist die politisierte Religion mit fundamentalistischen Machtansprüchen, die inzwischen eine bemerkenswerte Ausdehnung weltweit erreicht hat.

In diesem Zusammenhang sei auf ein Dilemma aufmerksam gemacht, das sich zunehmend dort auftut, wo die Revitalisierung von Religion im öffentlichen Raum mit dem gleichzeitigen Anspruch auf Liberalisierung und Demokratisierung traditioneller Gesellschaften verbunden ist. Es hat für die 2010/11 zuerst in Tunesien, dann in Ägypten und schließlich mit einer scheinbar unwiderstehlichen Kettenreaktion in den nordafrikanischen arabischen Staaten einsetzende Entwicklung, die bis heute anhält, sehr früh den Begriff des »Arabischen Frühlings« gegeben. Auf diesen Begriff wäre man vermutlich nicht gekommen, wenn sich damit nicht die treuherzige Vorstellung verbunden hätte, dass auf einen frühen Frühling ein strahlender Sommer folgt. Inzwischen gibt es manche Indizien dafür, dass der Sommer ausfällt und wir uns dort längst in einem stürmischen Herbst befinden, der schnell auch in einen kalten Winter umschlagen könnte. Jedenfalls wird hier fast paradigmatisch das Dilemma deutlich, das sich aus dem absoluten Wahrheitsanspruch von Religion einerseits und dem Liberalisierungsanspruch mit dem Ziel der Etablierung demokratischer statt autoritärer Strukturen andererseits ergibt, das aber nur dann eingelöst werden kann, wenn niemand Wahrheitsansprüche als Legitimation für sein Handeln reklamieren darf. Dies führt im Übrigen nach meinem subjektiven Eindruck auch eine Reihe von durchaus ernst zu nehmenden Persönlichkeiten in dieser Region, die persönlich von der Notwendigkeit und Möglichkeit einer Liberalisierung ihrer eigenen Gesellschaft überzeugt sind, in ein schwer lösbares Dilemma. Durch die Wahlerfolge der eigenen Partei sind sie mit Erwartungen der eigenen Anhänger konfrontiert, die das genaue Gegenteil als Ergebnis der Demokratisierungsprozesse fordern, nämlich die Etablierung des Islam als Staatsreligion. Damit verbunden ist dann die Verweigerung einer Unterscheidung zwischen staatlicher und religiöser Normsetzung und die Forderung nach unmittelbarer Geltung religiös begründeter Wahrheitsansprüche als staatliches Recht.

Mein Eindruck ist, dass wir es gegenwärtig mit zwei großen, ähnlich weit verbreiteten Missverständnissen zum Verhältnis von Politik und Religion zu tun haben. Das eine ist die Anmaßung, religiöse Glaubensüberzeugungen für unmittelbar geltendes Recht zu nehmen und im wörtlichen wie im übertragenen Sinne zu exekutieren. Das andere ist die Arroganz, freundlicher formuliert: die Leichtfertigkeit, religiöse Überzeugung für überholt, belanglos oder irrelevant zu erklären. Der zweite Irrtum ist kaum weniger gefährlich als der erste. Er ist in unseren Breitengraden weiter verbreitet als der erste, und nicht wenige, teilweise namhafte deutsche Intellektuelle haben sich in der guten Absicht der Zurückweisung des ersten Irrtums an der Verbreitung des zweiten Irrtums wortmächtig beteiligt. Religion ist aber nicht belanglos, ganz sicher nicht irrelevant. Aus der richtigen Zurückweisung fundamentalistischer Ansprüche darf nicht die Irrelevanz religiöser Überzeugungen geschlussfolgert werden, weil der aufgeklärte liberale Staat auf religiöse Bezüge nicht verzichten kann und darf.

Es gibt bemerkenswerte empirische Befunde zum Verhältnis von Glaube und Kirche bzw. von Politik und politischen Institutionen in Deutschland. Dazu gehören einige interessante Parallelen, die nach meinem Eindruck die Kirchen gerne bei der Politik wahrnehmen und die Politik gerne bei den Kirchen, beide aber ungern bei sich selber. Ich beginne mit einem statistischen Hinweis zu der vorhin zitierten Homogenitätsvermutung von Böckenförde, dass in der Gesellschaft, in der wir in Deutschland heute leben, noch gut zwei Drittel der Menschen einer Religionsgemeinschaft angehören, keine 60 Prozent davon mehr den beiden großen christlichen Religionsgemeinschaften. Man kann, je nachdem, die nach wie vor beachtliche Mehrheit interessant finden oder die wachsende Minderheit. Belanglos ist beides nicht. Die Vermutung, diese Gesellschaft sei religiös homogen, ist statistisch damit gleich in doppelter Weise widerlegt, weil selbst unter denen, die einer Religionsgemeinschaft angehören, die Heterogenität weiter zugenommen hat und die vermeintliche Homogenität zunehmend verloren gegangen ist. Nun gibt es wiederum eine Reihe von Untersuchungen, die sich mit der Frage beschäftigen, wie es denn über die förmliche oder erklärte Zugehörigkeit zur Religion hinaus um die von der Religion vermittelten Glaubensüberzeugungen bestellt ist. Dabei fällt auf, dass es in einer Gesellschaft, die sich rein statistisch gesehen mit Blick auf religiöse Bindungen so signifikant verändert hat wie die bundesdeutsche Gesellschaft in den letzten sechzig Jahren, unter besonderer Berücksichtigung der vergangenen zwanzig bis dreißig Jahre, es eine überragende Akzeptanz der Bedeutung christlicher Werte für eine moderne Gesellschaft gibt. Sämtliche Untersuchungen aus jüngerer Zeit führen zu dem Ergebnis, dass rund die Hälfte aller Befragten ausdrücklich erklären, Deutschland sei stark oder sehr stark durch das Christentum geprägt, die kulturelle Verankerung der Deutschen im Christentum reiche weit über die religiöse Bindung oder das offene Bekenntnis hinaus. Besonders einschlägig wird es dann, wenn solche allgemeinen Fragen in der Weise konkretisiert werden, ob man sich beispielweise vorstellen könne, anstelle eines christlichen Feiertags einen islamischen Feiertag einzuführen, um bei dem zahlenmäßigen Überangebot christlicher Feiertage für eine signifikante Minderheit ein Äquivalent zu schaffen. Hohe, stabile Mehrheiten weisen diese Vorstellung kategorisch zurück.

Mit diesem Befund kontrastiert in eindrucksvoller Weise eine dramatisch zurückgehende Kirchenbindung. Das heißt, diese große Gruppe von Menschen, die für sich Religion im Allgemeinen durchaus nicht für belanglos erklärt, die auch christliche Traditionen und Wertüberzeugungen nach wie vor für wichtig hält, hat ein erstaunlich dünnes, dürftiges, sich weiter ausdünnendes Verhältnis zu den Institutionen, die diese

Glaubensüberzeugungen verwalten: Die Kirchenbindung macht nur noch einen deprimierend kleinen Anteil derjenigen aus, die für sich persönlich wie für die Gesellschaft Glaubensüberzeugungen für prinzipiell bedeutend halten.

In der Politik haben wir im Grunde einen ähnlichen Befund. Wir haben ein ganz sicher nicht rückläufiges Interesse an Politik, es gibt sogar ein deutlich messbares, mindestens reklamiertes, erweitertes Partizipationsinteresse an Politik. Nie war der Kreis der Menschen so groß wie heute, die zumindest behaupten, sie wollten an politischen Entscheidungsprozessen beteiligt werden. Wenn es dann konkret wird, dünnt sich das auch wieder erkennbar aus, aber dass es heute ein geringeres Interesse an Politik, oder ein geringeres Engagement für Politik gäbe als früher, dies wird man schwerlich behaupten können. Zugleich ist aber nicht nur die Attraktivität, sondern auch das Vertrauen in politische Institutionen dramatisch zurückgegangen.

Die Politik macht insofern eine ähnliche Erfahrung wie die Kirchen, dass nämlich ihre jeweilige »Kundschaft« die Relevanz des Produkts ausdrücklich bestätigt, aber mit den Handelsorganisationen möglichst nichts mehr zu tun haben will. Parlamente, Regierungen, Verfassungsinstitutionen, insbesondere Parteien haben ein dramatisch niedriges Ansehen. Dies ist jedoch kein exklusiver Befund für die Politik, sondern ein genereller gesellschaftlicher Tatbestand. Davon betroffen sind auch Wirtschaft und Unternehmen, vor allem die Banken. Auch im Sport gibt es einen dramatischen Vertrauensverlust bei unverändertem Interesse gerade in den Sportarten, deren Seriosität man nicht mehr vertraut. Und natürlich sind auch die Kirchen von einem solchen Vertrauensverlust in einer beachtlichen Weise betroffen. Der Punkt, auf den es mir aber ankommt, ist, dass nach meinem Eindruck sowohl die Kirchen als auch die Parteien auf diesen dramatischen Vertrauensverlust und die erschreckende Bindungsaufgabebereitschaft ihrer jeweiligen Kundschaften reflexhaft reagieren. Die Parteien in der Weise, dass sie als Erklärung eine sogenannte Politikverdrossenheit ausgeben und die Kirchen einen angeblichen Glaubensverlust. Ich finde beides zu vordergründig formuliert. Politikverdrossenheit ist die Sammelbezeichnung frustrierter Verwalter politischer Institutionen für die Bindungsverweigerung der von ihnen angesprochenen Kundschaft. Auf ähnlich preiswerte Weise versuchen die Kirchen, sich über Bindungsverlust in den eigenen Reihen hinwegzumogeln, indem sie sagen, alle Behauptungen eines grundlegenden Reformbedarfs verfehlten den eigentlichen Kern des Problems: einen angeblichen Glaubensverlust. Wir müssen nur den Glauben wiederherstellen, dann kommt die Bindung wieder zustande. Ich halte das bestenfalls für gut gemeint, aber weder für eine zutreffende Analyse noch für eine praktikable Strategie.

Dies führt fast folgerichtig zu einem zunehmend schwierigeren Verhältnis zwischen Kirchen und politischen Institutionen, als dies aufgrund der unterschiedlichen Aufgaben ohnehin unvermeidlich wäre. Meiner Ansicht nach ist das Verhältnis zwischen Kirchen auf der einen Seite und politischen Institutionen auf der anderen Seite aber nicht einmal wirklich gestört. Es ist vielmehr durch eine merkwürdige Mischung aus Sprachlosigkeit, Kommunikationsverweigerung, Patronage und wechselseitiger Bevormundung gekennzeichnet. Fast überall da, wo es darauf ankäme, dass diese Kommunikation möglichst eng und möglichst souverän stattfindet, lassen sich die Störfälle beobachten, die ich angedeutet habe: Schwangerschaftskonfliktregelung, Präimplantationsdiagnostik, Beschneidung, Kopftücher, Kruzifixe im öffentlichen

Raum, usw. Es gibt eine Reihe von Fragen, bei denen der religiöse Zusammenhang offenkundig oder unbestreitbar ist und bei denen die einen wie die anderen sich aus ihrer jeweiligen Verantwortung gar nicht herausmogeln können, selbst wenn sie es wollten. Dennoch hat man nicht immer den Eindruck, dass die Kommunikation zwischen Politik und Kirche reibungslos funktioniert.

Natürlich ist bei Weitem nicht jede politisch bedeutsame Frage auch ethisch schwierig oder von herausragender Bedeutung. Mein Eindruck ist allerdings, dass die ethisch relevanten Fragen in jüngerer Zeit eher zunehmen als abnehmen. Dies hat wiederum keine andere Ursache als den Fortschritt von Wissenschaft und Medizin, demgegenüber sich sowohl die Politik als auch die Kirchen als Adressaten sehen, die auf die damit verbundenen Veränderungen reagieren müssen. Ein objektiver Regelungsbedarf ergibt sich allein durch die breite gesellschaftliche Einsicht, dass keineswegs alles, was möglich ist, auch erlaubt sein müsse. Aber jenseits dieser allgemeinen Einsicht, für die wir hohe stabile Mehrheiten haben, teilt sich die Gesellschaft in viele unterschiedliche Gruppen, sobald aus der allgemeinen Einsicht heraus die konkrete Frage beantwortet werden muss, was bitte schön nicht erlaubt sein solle und wer wo welche Grenze zu ziehen habe. An dieser Stelle wird die längst verloren gegangene Homogenität in unserer Gesellschaft, auch was die kulturelle Identität betrifft, ganz besonders offenkundig. Ich finde deshalb ebenso beachtlich wie ermutigend, dass es bei einem Thema wie der Beschneidung von Knaben, um ein Beispiel aus der jüngeren Vergangenheit zu nehmen, vergleichsweise schnell gelingt, in der politischen Klasse eine breite Mehrheit für eine Regelung herbeizuführen, die einen religiös begründeten Anspruch in einer säkular verfassten Gesellschaft trotz berechtigter Einwände durchsetzbar macht. In diesem Zusammenhang sei Papst Benedikt XVI. zitiert, der in seiner denkwürdigen Rede vor dem Deutschen Bundestag nicht nur seinerseits die Ambivalenz zwischen Wahrheitsansprüchen und Interessenausgleich angesprochen hat – eine Ambivalenz, die unter dem Gesichtspunkt der, wie er betont, zentralen Aufgabenstellung jedes Staates, Gerechtigkeit zu ermöglichen, eine nie rundum einlösbare Aufgabenstellung darstellt. Er hat auch von den grundlegenden anthropologischen Fragen gesprochen, und dies mit dem Hinweis verbunden: »Was in Bezug auf die grundlegenden anthropologischen Fragen das Rechte ist und geltendes Recht werden kann, liegt heute keineswegs einfach zutage. Die Frage, wie man das wahrhaft Rechte erkennen und so der Gerechtigkeit in der Gesetzgebung dienen kann, war nie einfach zu beantworten. Und sie ist heute in der Fülle unseres Wissens und unseres Könnens noch sehr viel schwieriger geworden.« Dieser Satz gefällt mir besonders gut. Umso mehr ärgert es mich als engagierten Katholiken, dass mich meine Bischöfe regelmäßig mit der umgekehrten Attitüde adressieren, wonach doch selbst bei den komplexesten Fragen die ethisch einzig richtige Lösung offenkundig sei, die aber von der Politik in einer Mischung aus Höflichkeit, Ignoranz und Arroganz verweigert werde. Was wiederum jenen soeben erwähnten *circulus vitiosus* der Sprachlosigkeit und der Kommunikationsverweigerung dauerhaft in Gang setzt.

Wir leben längst nicht mehr in einer homogenen Gesellschaft, und es gibt keine erkennbare Aussicht, dass diese wiederhergestellt werden könnte, schon gar nicht, dass wir bereit wären, den Preis dafür zu zahlen, unter dem sie alleine wiederhergestellt werden könnte. Deswegen müssen wir uns auf der einen Seite mit der Unvermeidlichkeit des Abschieds von einer kulturell homogenen Gesellschaft anfreunden, und gleichzeitig das Missverständnis der Beliebigkeit vermeiden, als bedeute Multikulturalität, dass alles zugleich und nichts mehr wirklich gelte. Wir müssen uns auch, was offenkundig in Deutschland noch schwerer fällt als anderswo, ganz ruhig und nüchtern mit der lebenswirklichen Erfahrung auseinandersetzen, dass ohne ein Mindestmaß von Einheit Vielfalt nicht zu ertragen ist. Dies hat interessanterweise einen bekennenden Muslim wie Navid Kermani zu der erstaunlichen Schlussfolgerung veranlasst, die Grundrechte als Menschenrechte nicht nur als Errungenschaft der westlichen Zivilisation, sondern als universale Menschenrechte offensiv einzufordern. An dieser Stelle dürfte eine liberale Gesellschaft nicht verhandlungsfähig sein.

Aus den genannten Gründen plädiere ich für eine sorgfältige Trennung und zugleich für eine intelligente Verbindung von Politik und Religion, von Glauben und Handeln. Natürlich ist Religion zunächst eine reine Privatangelegenheit, aber sie hat immer auch gesellschaftliche Bedeutung. Sie muss nach ihrem Selbstverständnis mehr sein als eine reine Privatangelegenheit, und sie ist nach allen historischen Erfahrungen, die nicht nur wir, sondern auch andere Gesellschaften gemacht haben, immer mehr als eine Privatangelegenheit. Diesseits und jenseits Europas haben wir inzwischen viele eindrucksvolle, in der Regel eher abschreckende Beispiele dafür, dass die demonstrative Absage an religiöse Orientierungen eine Gesellschaft weder moderner noch humaner macht, was uns das Spannungsverhältnis zwischen Politik und Religion erhält, das uns ständig lästig ist.

Wie viel Religion erträgt eine aufgeklärte liberale Gesellschaft? Hoffentlich mindestens so viel, wie eine demokratisch verfasste Gesellschaft im Interesse ihrer Selbsterhaltung braucht.

16. Kluge Hirten und eine aufgeklärte Herde

Über Toleranz und Dialog, Reformation und Ökumene

»Alle Religionen sind gleich und gut, wenn nur die Leute, die sich zu ihnen bekennen, ehrliche Leute sind. Und wenn Türken und Heiden kämen und wollten das Land bevölkern, so würden wir ihnen Moscheen und Kirchen bauen.« Dieser Satz ist nicht ganz so aktuell, wie er sich anhört. Er stammt von Friedrich dem Großen. Friedrich II. hat diese Bemerkung übrigens auf die Anfrage seines Direktoriums gemacht, ob ein Katholik Bürger einer preußischen Stadt werden dürfe. Diese Frage mindestens kann inzwischen als geklärt gelten.

Religion ist ein großes Thema des 21. Jahrhunderts. Diese nicht sonderlich originelle Feststellung ist überhaupt nur deshalb nötig, weil der Hinweis auf Befindlichkeiten moderner Gesellschaften immer wieder mit der Vermutung verbunden ist, der Preis der Modernität sei der Verlust an Religiosität, mindestens aber die freiwillige, mutwillige, leichtfertige, unauffällige Aufgabe religiöser Orientierung. Tatsächlich ist Religion keineswegs nur ein großes Thema dieses Jahrhunderts. Religion ist ein großes Thema der Menschheit. Weder das soziale Gefüge noch das Zusammenleben von Menschen noch die politische Verfassung einer Gesellschaft sind ohne religiöse Bezüge zu begreifen, Kulturen schon gar nicht. Die menschliche Zivilisation ist durch Religionen geprägt. Deshalb ist friedliches Zusammenleben von Menschen, Völkern, Nationen und Kulturen überhaupt nur möglich auf der Basis von Verständnis, Verständigung und Toleranz zwischen den Religionen. Ohne Dialog kann es diese Verständigung nicht geben. Es besteht deshalb ein Interesse an diesem Dialog, sogar wenn die Religionen selbst dieses Interesse nicht hätten – und sie hatten es auch nicht immer. Wir werden in Europa, insbesondere in Westeuropa, um eine nüchterne neue Bewertung der Bedeutung von Religionen in der Weltgesellschaft des dritten Jahrtausends nicht herumkommen. Der Blick von Pakistan und Afghanistan über die arabischen Staaten und Nordafrika bis zu den Vereinigten Staaten macht überdeutlich, dass die Zeit der Religionen sicher nicht vorbei ist, sondern die Bedeutung religiöser Orientierungen für gesellschaftliches wie auch für politisches Handeln eher zugenommen hat.

Christentum und Islam sind mit jeweils über einer Milliarde Anhängern die größten Religionsgemeinschaften dieser Erde: Fast ein Drittel der Menschheit sind Christen oder Muslime. Beide Religionen sind mit dem Judentum von ihren eigenen Quellen her stärker verbunden, als im Selbstverständnis der Gläubigen wie in der Selbstdarstellung ihrer Religionen oft erkennbar ist. Die Migrationen der jüngeren Vergangenheit, die in der überschaubaren Zukunft wohl eher zu- als abnehmen werden, und die damit verbundene Begegnung, gelegentlich auch Konfrontation von Religionen und Kulturen führt international wie national zu neuen Herausforderungen.

Deshalb ist die Ermutigung zum Dialog richtig, für die Herausforderung der Gegenwart reicht sie allein nicht aus. Die Ansprüche sind hoch, sie erfordern mehr als guten Willen. Wer eine Auseinandersetzung mit den großen Kulturen der Welt ernsthaft will und einen Dialog mit und zwischen den Weltreligionen gewissenhaft betreiben will, muss wissen, worauf er sich einlässt. Der jüdisch-christlich-muslimische Trialog muss mehr sein als ein multikultureller Small Talk, mehr auch als die Freude an Vielfalt – oft verbunden mit dem fröhlichen Missverständnis: Alles ist möglich, alles ist gleich, alles ist gleich gültig und folglich gleichgültig. Der Blick auf das Gemeinsame darf die Sicht auf Unterschiede nicht trüben. Trialog bedeutet nicht Bagatellisierung der Wahrheitsfrage. »Und wenn Gott gewollt hätte, hätte er euch zu einer Gemeinde gemacht, einer einzigen. Aber er wollte euch in dem prüfen, was er euch gegeben hat, so wetteifert um die guten Dinge«, heißt es in der fünften Sure des Korans.

Offensichtlich muss man von Zeit zu Zeit daran erinnern, dass es gar keinen Dialog zwischen Religionen gibt, schon gar keinen Trialog. Dialoge gibt es nur zwischen Menschen. Diese müssen zur Kommunikation bereit sein, die Eigenständigkeit des jeweils anderen wahren und der doppelten Versuchung zur Dramatisierung wie zur Banalisierung widerstehen. Für beides gibt es genügend Beispiele.

Mit Blick auf die jüngeren Herausforderungen unserer Gesellschaft durch Zuwanderung aus einem anderen Kulturkreis mit anderen religiösen Prägungen ist es nur fair, darauf hinzuweisen, dass wir uns in Europa lange schwergetan haben und in Deutschland bis heute schwertun, die Ebenbürtigkeit des Islam als Kultur anzuerkennen. Eine nüchterne Betrachtung dessen, was wir als Dialog versuchen, sollte die Einsicht einschließen, dass die Aufforderung zur Toleranz in der Regel aus einer Attitüde kultureller Überlegenheit erfolgt. Dafür gibt es Gründe, aber dass dies den Dialog nicht erleichtert, sondern erschwert und nicht selten auch beendet, bevor er ernsthaft begonnen hat, ist kaum zu bestreiten. Die gelegentlich merkwürdige Verbindung von Mutlosigkeit und Ängstlichkeit auf der einen und lautstarkem Selbstbewusstsein auf der anderen Seite ist bei genauem Hinsehen übrigens auch im Gespräch der christlichen Konfessionen untereinander gelegentlich zu beobachten. Die »Luther-Dekade« als gemeinsame Annäherung an den 500. Jahrestag der Reformation macht dies immer wieder deutlich.

Viele engagierte Katholiken und Protestanten in diesem Land wissen, dass es und warum es die Reformation in Deutschland gegeben hat. Sie haben auch keinen Zweifel daran, dass die Reformation mit Blick auf die damaligen Verhältnisse als Versuch der Erneuerung der Kirche notwendig und überfällig war, dass sie aber keineswegs zwangsläufig zur Kirchenspaltung hätte führen müssen, zu der es gekommen ist, weil auch damals religiöse Auseinandersetzungen für politische Zwecke instrumentalisiert wurden. Mindestens diese Begründung ist offenkundig entfallen. Die Frage ist, ob es andere ernsthafte Begründungen gibt, die fast 500 Jahre nach der damaligen Auseinandersetzung die Aufrechterhaltung der Trennung rechtfertigen oder gar notwendig machen.

Offensichtlich ist, dass katholische und evangelische Christen viel mehr verbindet als unterscheidet. Unbestritten ist, dass es unterschiedliche Positionen im Verständnis von Amt, Abendmahl und Kirchen gibt. Rechtfertigen aber diese Unterschiede die Aufrechterhaltung der Trennung? Ich glaube das nicht. Für mich ist die Kirchenspaltung der große Anachronismus unserer Zeit. Sie ist ein Zustand, der buchstäblich aus der Zeit gefallen ist: eine sich selbst verselbstständigende Entwicklung, die ihre Anlässe und Ursachen längst hinter sich gelassen hat, aber mit verzweifeltem Ernst an den Strukturen festhält, die Folgen der damaligen Ursachen sind.

Viele engagierte Christen teilen die Überzeugung, dass die Zeit gekommen ist, diesen Skandal der real existierenden Christenheit endlich zu überwinden, und sie wissen, dass man dieses Anliegen nicht allein den Kirchenleitungen überlassen darf. »Die Sorge um die Wiederherstellung der Einheit ist Sache der ganzen Kirche, sowohl der Gläubigen als auch der Hirten, und geht jeden an, je nach seiner Fähigkeit, sowohl in seinem täglichen christlichen Leben wie auch bei theologischen und historischen Untersuchungen«, erklärt unmissverständlich das in der dritten Sitzungsperiode des Zweiten Vatikanischen Konzils verabschiedete Dokument *Unitatis redintegratio.*

Dieses Anliegen und diese Aufforderung haben katholische und evangelische Christen aus Politik und Wirtschaft, Wissenschaft, Kultur und Sport in einer ökumenischen Initiative aufgegriffen, der sich inzwischen fast zehntausend Menschen mit Name und Adresse angeschlossen haben. Es hätte diese Initiative – »Ökumene jetzt!« – nicht gegeben, wenn sie nicht den Eindruck gehabt hätten, dass sie nötig sei. Es hätte sie auch nicht gegeben, wenn wir sie für aussichtslos gehalten hätten. Ich bin fest überzeugt, die Wiederherstellung der Einheit wird kommen, nicht zuletzt weil ich glaube, dass am Ende der Heilige Geist stärker ist als die Theologen. Ich fürchte allerdings, dass diese Einheit später kommt, als es möglich wäre, weil wir bedauerlicherweise die Begabung entwickelt haben, uns an Zweit- und Drittrangigkeiten festzuhalten und das Wesentliche aus dem Auge zu verlieren.

Fünfzig Jahre nach dem Ende des Zweiten Vatikanischen Konzils scheint die Distanz zwischen den Konfessionen eher gewachsen, der Abstand eher größer, das Festhalten am Status quo eher breiter geworden zu sein. Ich habe damals, 1962 bis 1965, das Konzil als Kirche im Aufbruch wahrgenommen, als eine Öffnung zur Welt und in die Welt, als Versuch der Verbindung ewiger Wahrheiten mit modernen Entwicklungen und aktuellen konkreten Problemen und Herausforderungen. Ich sah in der Stärkung der Bischöfe und damit der Ortskirchen ein wichtiges und notwendiges, überfälliges Signal. Und natürlich fand ich bedeutsam die Entdeckung der Laien und die Ermutigung zu einer aktiven, nicht rein dekorativen Rolle in der katholischen Kirche. Ich war fasziniert von der Brillanz der Theologie, die ich bis dahin als Wissenschaft gar nicht entdeckt hatte und von der ich mir nicht hatte vorstellen können, dass sie ähnlich spannende und aufregende Aufschlüsse vermitteln kann wie Philosophie, Soziologie und andere Geisteswissenschaften. Für mich war die Konzilszeit so etwas wie eine große, auf Dauer gesetzte Denkfabrik in meiner Kirche. Sie war der organisierte Versuch, über den eigenen Glauben und seine Bedeutung in der Welt von heute nachzudenken. Dies hat mich sehr beeindruckt und in mancherlei Weise inspiriert. Es hat mich auch in einem hohen Maße motiviert, und nie ist meine Identifikation mit meiner Kirche so groß gewesen wie in jenen drei Jahren.

Es gibt hinreichend Indizien dafür, dass sich viele engagierte Katholiken mit dem Zustand der Kirche, die sie fünfzig Jahre nach dem Ende des Zweiten Vatikanischen Konzils erleben, nicht mehr in gleicher Weise identifizieren können wie mit der Kirche des Aufbruchs, der Erneuerung, der Mission in der Welt von heute, die sie noch immer in lebhafter Erinnerung haben. Der Eindruck der Stagnation ist ausgeprägter als der des Aufbruchs. Da entsteht immer wieder, vielleicht zu Unrecht, der Eindruck vom Vorrang theologischer Dogmatik vor der Seelsorge, von der wieder zunehmenden Dominanz der Amtskirche gegenüber dem Laienapostolat, der römischen Kurie gegenüber den Ortskirchen.

Viele registrieren mit Enttäuschung die Eindämmung des Engagements von Laien, insbesondere von Frauen. Vermutlich werden Kirchenhistoriker das 20. und das frühe 21. Jahrhundert einmal als die große verschenkte Zeit beschreiben, in der es eine riesige Bereitschaft insbesondere von Frauen gab, die die Amtskirche nicht wollte, jedenfalls nicht abgeholt hat. Und es erhöht die Freude am kirchlichen Engagement eben nicht, wenn sich der Eindruck verfestigt, dass die Integration der Piusbrüder in Rom für wichtiger gehalten wird als die des Vereins engagierter katholischer Laien »donum vitae« zur Förderung des Schutzes des menschlichen Lebens. Mich beunruhigt der Eindruck, dass es eher so etwas wie eine auf Dauer gesetzte Angststarre gibt als die selbstbewusste Bereitschaft zum Aufbruch.

Martin Luther hat einmal gesagt: »Anfechtung ist die notwendige Kehrseite des Glaubens. Wer nicht angefochten wird, kann auch nicht glauben.« Und die wunderschöne Kurzfassung dieser gleichen Bemerkung lautet: »Anfechtungen sind Umarmungen Gottes«. Das hätte auch der große katholische Theologe Eugen Biser so formulieren können. »Jesus«, so der vielzitierte Satz von Eugen Biser, »Jesus hat uns Gott als den bedingungslos liebenden Vater erschlossen.«

Im Vergleich zu dieser Wahrnehmung tritt die Kirche den Gläubigen immer wieder als strenge Aufsicht eines göttlichen Vermächtnisses entgegen. Das ist für mich schon fast eine ausreichende Erklärung dafür, warum immer mehr Menschen nicht so sehr Probleme mit ihrem Glauben, sondern immer mehr Probleme mit ihrer Kirche haben.

Natürlich muss die Kirche den Glauben bewahren, aber sie kann ihn nur bewahren, indem sie ihn immer wieder neu in einer sich verändernden Welt versteht, erläutert und vermittelt. Die Kirche muss sich auf die moderne Welt einlassen, wenn sie ernst genommen werden und ihren Auftrag wahrnehmen will. Ganz offensichtlich hängt die Frage nach der Autorität der Kirche in diesen dramatischen Prozessen der Veränderung auch von ihrer Fähigkeit und ihrer Bereitschaft zur geschichtlichen Aktualisierung der Kirche Jesu Christi ab. Dazu gehören ganz wesentlich die Bereitschaft und die Fähigkeit, Neues wahrzunehmen und zuzulassen, das bislang noch nicht zur Entfaltung kommen konnte.

Im vierten Kapitel der dogmatischen Konstitution über die Kirche, *Lumen Gentium*, wird das Apostolat der Laien als Teilhaber an der Heilssendung der Kirche ausdrücklich bekräftigt. Meine Kurzfassung dieses Kapitels lautet: Die Kirche der Zukunft braucht kluge Hirten und eine aufgeklärte Herde, die sich ihrer eigenen Verantwortung bewusst sind und von dieser Verantwortung Gebrauch machen. Das ist nicht immer bequem, schon gar nicht immer gemütlich. Aber es ist die Aufgabe der Kirche in der Welt von heute, jedenfalls die Aufgabe der Christen: Unbefangen und mutig, offensiv und geduldig im Dialog mit dem Denken der Neuzeit den Glauben leben und ihn in dieser Welt lebendig halten.

17. Vom Guten, Wahren und Schönen. Und von der Demokratie

Über Politik und Wissenschaft

Obwohl beide Professionen zweifellos ihre jeweils eigene Sprache haben und brauchen, sind die Schwierigkeiten im Verhältnis von Politik und Wissenschaft im Kern nicht Probleme der Verständigung, der Sprache also, sondern der jeweiligen Aufgaben und Ansprüche.

Die Wissenschaft will wissen, was ist und warum es so ist, die Politik will ändern, was ist oder bewahren, was sich zu verändern droht. »Politik« – so Peter Graf Kielmansegg in einem Vortrag über Politikberatung vor der Heidelberger Akademie der Wissenschaften – »folgt den Imperativen des Machterwerbs und der Machterhaltung, so wie sie in den Regeln des demokratischen politischen Prozesses angelegt sind: Alle paar Jahre müssen Wählermehrheiten im Wettbewerb gewonnen werden. Wissenschaft folgt, pathetisch formuliert, dem Imperativ der Wahrheit. Sie ist unbedingt verpflichtet auf ein Regelsystem, nach dem über Gewissheit und Ungewissheit von Erkenntnis entscheiden wird.«

Albert Einstein verdanken wir neben der wissenschaftlich herausragenden großen Relativitätstheorie auch die kleine, aber aufschlussreiche Frage: »Wie kommt es, dass mich niemand versteht und jeder mag?« Von niemandem verstanden und von allen gemocht: der Traum aller Politiker, schon gar im Wahlkampf. Tatsächlich befinden sich Wissenschaftler gegenüber Politikern in der insoweit doppelt luxuriösen Lage, dass sie weder jeder verstehen noch jeder mögen muss. Für die Wissenschaft und ihre Befunde ist geradezu unerheblich, ob sie verstanden und völlig gleich-gültig im wörtlichen Sinne, ob sie gemocht werden.

Dennoch ist die Reichweite der Wissenschaft und ihrer praktischen Möglichkeiten ebenso, wenn auch anders begrenzt wie diejenige der Politik. Beide befinden sich in einer wechselseitigen Abhängigkeit: Weder kann die Politik sich gänzlich und dauerhaft von wissenschaftlichen Erkenntnissen isolieren, noch ist die Wissenschaft unabhängig von den Ressourcen, die ihnen politische Institutionen gewähren oder verweigern.

Mit der beispiellosen Menge an heute verfügbaren Daten und Informationen, darauf gestützten mehr oder weniger seriösen Analysen und damit verbundenen Optionen in Form von Handlungsempfehlungen ist nicht nur eine »Demokratisierung des Expertenwissens« eingetreten, sondern zugleich eine »Politisierung der wissenschaftlichen Politikberatung«. So schreibt der Soziologe Peter Weingart: »Die Politisierung wissenschaftlichen Wissens in der politischen Arena hat den Niedergang der Autorität der wissenschaftlichen Experten zur Folge. Dieser Autoritätsverfall der wissenschaftlichen Experten spiegelt sich in der allgemeinen Demokratisierung der Gesellschaft wider, in der privilegiertes Wissen nicht mehr als Kriterium des sozialen Status gilt.«

Die Politikberatung ist allerdings keine Erfindung der Neuzeit. Es gibt sie so lange wie die Politik – mit allen Risiken und Nebenwirkungen. Senecas Verhältnis zum römischen Kaiser Nero, das mit dem angeordneten Selbstmord seines politischen Beraters endete, ernüchtert ebenso wie die wechselhafte Florentiner Lebensgeschichte Niccolò Machiavellis. Die Theorie wirkt häufig eindrucksvoller als ihre Umsetzung in der Praxis. Das Verhältnis von Herrschern und Ratgebern, von Politikern und Wissenschaftlern ist keineswegs nur von andächtiger gegenseitiger Bewunderung gekennzeichnet. Vielmehr gibt es ein tiefes wechselseitiges Misstrauen, das nicht zuletzt von der Vermutung geprägt ist, für die jeweiligen Aufgaben genau die Qualifikationen nicht zu haben, die für ihre sorgfältige Erledigung besonders wichtig sind. Ganz falsch ist dieser Verdacht übrigens nicht.

Zur Verdeutlichung dieser nicht nur subjektiven Reibungen zwischen Politikern und Wissenschaftlern, die sich weder allein auf Eitelkeiten noch auf Empfindlichkeiten zurückführen lassen, will ich einige prominente Stimmen zitieren und kommentieren, die sich mit dem objektiv schwierigen Verhältnis von Politik und Wissenschaft auseinandersetzen. Ich beginne mit dem Freiburger Biologen Hans Mohr und seiner interessanten, aber keineswegs unbestrittenen Empfehlung: »Was wir derzeit am dringendsten bräuchten in unserem Land, sind neue Verfassungsartikel, die dem Umstand gerecht werden, dass in der modernen Welt jedwede ›gute‹ Politik nur in enger Bindung an das wissenschaftlich gesicherte Wissen möglich ist. Ähnlich wie in Großbritannien, wo ein Wissenschaftler als ›Chief Scientific Adviser‹ mit Kabinettsrang gewährleistet, dass die Stimme der Wissenschaft bei wichtigen politischen Fragen Gehör findet, könnte eine vergleichbare Institution auch in der Bundesrepublik Deutschland installiert werden.«

Ich persönlich glaube, dass eine solche Institution weder schaden noch wirklich nützen würde, auch wenn Mohr als »gesundes Verhältnis von Politik und Wissenschaft« zu Recht »ein reziprokes Vertrauensverhältnis unter dem Schirm der demokratischen Rechtsordnung« postuliert: »Das Vertrauen der Politik in die Sachkompetenz und Unbestechlichkeit der Wissenschaft und das Vertrauen der Wissenschaftler darauf, dass die Politik im modernen demokratischen Staat das Sachwissen als Grundlage von Entscheidungen respektiert.«

Tatsächlich lassen sich für Einkommen wie Sozialhilfe, Steuersysteme und Steuersätze, für Alternativen der Energieversorgung oder der Verkehrsinfrastruktur wissenschaftliche Befunde als Grundlage von Entscheidungen heranziehen, die ihrerseits wissenschaftlichen Ansprüchen weder genügen können noch entsprechen müssen, weil sie notwendigerweise politischen Charakter haben. Für alle Fragen der in einer konkreten Gesellschaft geltenden rechtlichen Bedingungen für das Entstehen wie das Beenden menschlichen Lebens gilt das in besonders auffälliger Weise. Dank der Fortschritte der Wissenschaft verfügen wir heute über erstaunliche Optionen am Anfang wie am Ende des Lebens, die sich gleichwohl oder gerade deshalb für juristische, schon gar verfassungsrechtliche Festlegungen regelmäßig nicht eignen, jedenfalls nicht unmittelbar daraus ergeben. Aber auch vergleichsweise banale Herausforderungen der Wirtschaftspolitik sind selbst mit aufwendigen wissenschaftlichen Methoden nur sehr begrenzt zu bewältigen, wie wir nicht erst seit der jüngsten großen Finanz- und Wirtschaftskrise wissen.

»Die Politik – nicht die Wissenschaft – muss entscheiden, was richtig und was falsch ist, was verantwortbar und was unverantwortlich ist«, erklärte der damalige Bundespräsident Johannes Rau in einer Tischrede beim Wissenschaftsrat – und hatte damit beinahe recht. Natürlich muss die Politik verantwortlich entscheiden, kann aber eben nicht festlegen, was richtig und was falsch ist, aus dem einfachen Grund, weil sie es nicht weiß. Deshalb organisiert Politik ein Verfahren, um festzulegen, was in einer Gesellschaft gilt. Das – möglichst demokratisch ermittelte – Ergebnis gilt, ist aber nicht unbedingt richtig.

Die frühere Bundestagspräsidentin Rita Süßmuth, die eigene Erfahrungen aus der Wissenschaft in ihre politische Laufbahn einbrachte, hat zum Ausdruck gebracht, »dass die Rationalität, dass die Vernunft, die in der Wissenschaft gepflegt wird – obwohl dort natürlich auch nicht immer alles nur vernünftig ist –, in der Weise auf die Politik nicht übertragbar ist. In der Politik hat man nämlich mit anderen Bedingungen des Handelns zu tun. Erkenntnis kann man z. B. nicht eins zu eins in Handeln umsetzen: Es gibt die Frage der Zumutbarkeit im Hinblick auf die Wählerschaft, es gibt die Zumutbarkeit im Hinblick auf die Radikalität des Schrittes auch für denjenigen oder diejenige, die ihn selbst vornehmen muss.« Die Vermittelbarkeit und damit die Durchsetzbarkeit eines Anliegens oder einer Absicht sind für die Politik ebenso unverzichtbar wie sie für wissenschaftliche Erkenntnisse unerheblich sind. Deshalb muss sich der Politiker immer wieder um Kompromisse bemühen, die der Wissenschaftler grundsätzlich vermeiden sollte. »Als ich jung war, glaubte ich, ein Politiker müsse intelligent sein. Jetzt weiß ich, dass Intelligenz wenigstens nicht schadet.« Dieser Stoßseufzer des hoch angesehenen Parlamentariers Carlo Schmid, dessen Klugheit ebenso unbestritten war wie sein politischer Instinkt, verdeutlicht die relative Bedeutung der einen wie der anderen Begabung.

Auch Paul Kirchhof hat als Wissenschaftler, Verfassungsrichter und Schatten-Finanzminister seine eigenen Erfahrungen gemacht: »Der politische Wettbewerb unterscheidet sich grundlegend von dem Wettbewerb in Kunst und Wissenschaft. Das erfährt ein Wissenschaftler, der sich mit seinem Fachprogramm am Wahlkampf beteiligt. Im Wettstreit um den Wähler kämpft jeder für sich, will Macht erwerben oder erhalten, den Konkurrenten überbieten und ausstechen. Der Kandidat kämpft in eigener Sache, rückt sich in das Licht des Tüchtigen, Erfolgversprechenden, Entscheidungskräftigen und Sozialen, verweist den Gegner in das Dunkel des Widersprüchlichen,

Halbherzigen, der Kälte und auch der Unredlichkeit. Die Wettbewerber werfen wechselseitig Schatten aufeinander, beschädigen damit die Zunft der Politiker insgesamt, säen Misstrauen gegen Politik, Herrschende und ihre Machenschaften.«

Hier kommt wohl auch eine Enttäuschung über die tatsächlichen Verhältnisse in der Welt der Politik zum Ausdruck, der die scheinbar heile Welt der Wissenschaft als leuchtendes Beispiel entgegengehalten wird: »Der Wissenschaftler hingegen – ebenfalls ehrgeizig und um Anerkennung bemüht – kämpft mit dem Argument, durch das er die Fachöffentlichkeit, also seine potentiellen Mitbewerber, ansprechen will. Deshalb bindet er sich in Form und Stil, sucht, den Konkurrenten nicht zu verletzen, sondern zu beeindrucken, weist das bessere Wissen des anderen nicht zurück, sondern übernimmt es als Grundlage seiner eigenen Forschungen. So entwickelt sich in der Wissenschaft Vertrauen, in der Demokratie Misstrauen.«

Ganz so einfach ist es vielleicht doch nicht. Die Idealtypen, wie wir von Max Weber wissen, eignen sich hervorragend zur Verdeutlichung von Unterschieden, kommen aber als theoretische Konstrukte in der Realität nicht vor. Nicht erst seit dem sogenannten Historikerstreit ist offenkundig, dass ein Streit über Politik immer auch ein politischer Streit ist, auch wenn er unter Wissenschaftlern ausgetragen wird. Und was den Umgang mit Klimawandel und Umweltrisiken betrifft oder gezielte genetische Veränderungen von Pflanzen, Tieren und Menschen, sind Vertrauen und Misstrauen längst nicht mehr säuberlich verteilt auf die beiden rivalisierenden und kooperierenden Professionen.

Für Reichskanzler Otto von Bismarck war die Sache sehr übersichtlich: »Die Politik ist keine Wissenschaft, wie viele der Herren Professoren sich einbilden, sondern eine Kunst.« Für den sehr viel staatskritischeren Heinrich Böll ist auch diese

Lesart entschieden zu einfach: »Politik ist weder eine Wissenschaft noch eine Kunst, sie ist nicht einmal ein Handwerk, sie ist ein von Tag zu Tag sich neu orientierender Pragmatismus, der bemüht sein muss, die Macht und deren Möglichkeiten übereinander zu bringen.« Das ist zwar nicht sehr freundlich formuliert, aber keineswegs grob falsch.

Immerhin verfügen Deutschlands Hochschulprofessoren über ein traditionell hohes Ansehen, das zwar nach neuen Umfragen etwas rückläufig ist, während der ohnehin zweifelhafte Ruf der Politiker weiter auf einem sehr niedrigen Niveau verharrt. Wirklich tröstlich ist das für niemanden, nicht einmal für die Demoskopen. Wenn der kluge Spötter Peter Ustinov, der zu keinem der beiden Berufe gehört, recht behält, wird die letzte Stimme, die man hört, bevor die Welt explodiert, die Stimme eines Experten sein – mit der Auskunft: »Das ist technisch unmöglich.« Ähnlich beruhigende, aber ganz und gar nicht zutreffende Botschaften waren von manchen Finanzexperten zur Verfassung der internationalen Kapitalmärkte zu hören. Nach den beispiellosen Turbulenzen des Jahres 2009 mit den dramatischen Zusammenbrüchen renommierter Banken leuchtet die ironische Bemerkung des vielfach preisgekrönten Politikwissenschaftlers Alfred Grosser noch mehr ein, Politologen seien diejenigen, die hinterher immer sagen, wieso man vorher habe wissen können, wie eine Sache ausgegangen sei.

Tatsächlich weiß man es vorher in der Regel nicht und schon gar nicht genau. Die Politiker nicht und die Wissenschaftler auch nicht. Aber beide haben ihren – allerdings unterschiedlichen – Anteil an den bestehenden Verhältnissen und den Möglichkeiten, sie zu ändern. Sie erweitern ihre Erkenntnisse wie ihre Gestaltungsspielräume nicht, wenn sie die Verschiedenartigkeit ihrer Ziele wie ihrer Methoden verkennen oder bestreiten.

Die klassische Frage der Wissenschaft wie der Religion ist die Frage nach der Wahrheit. Die Aussichtslosigkeit einer abschließenden Beantwortung dieser Frage ist zugleich die Voraussetzung für Demokratie. Das zentrale Prinzip demokratischer Entscheidung, nämlich die Mehrheitsentscheidung, hat zur logischen Voraussetzung, dass es keinen Wahrheitsanspruch gibt, jedenfalls nicht als Legitimation politischer Macht. Über Wahrheiten lässt sich nicht abstimmen. Wenn ich mich einer Abstimmung unterwerfe, hat die Rationalität dieses Verhaltens zur logischen Voraussetzung, dass ich für meine Position genauso wenig einen Wahrheitsanspruch reklamieren kann wie für die anderen Positionen, die ihr entgegengesetzt werden. Es gehört zu den ebenso weitverbreiteten wie bedenklichen Verirrungen der politischen Kultur in Deutschland, dass sich Mehrheiten immer wieder gerne einreden, das Vorhandensein dieser Mehrheit sei gleichzeitig auch der Nachweis für die Richtigkeit der eigenen Position. Das Gegenteil ist richtig, hätte man die Richtigkeit der eigenen Position nachweisen können, wäre die Abstimmung unnötig, unsinnig gewesen. Wir haben es hier insofern eher mit der Perversion von Logik zu tun beziehungsweise mit der Transformation einer legitimen Position in politische Propaganda.

Die Einsicht in die Aussichtslosigkeit einer abschließenden Beantwortung der fundamentalen Frage nach der Wahrheit macht die ewige Suche nach Gewissheiten natürlich nicht obsolet, wohl aber den Anspruch auf Wahrheit als Legitimation für gesellschaftliches oder politisches Handeln. Diese Einsicht zu bewahren und zu vermitteln, ist nicht nur Aufgabe der Wissenschaft. Es gibt aber keine zweite Einrichtung, die so vital auf diesen Zusammenhang angewiesen ist wie die Hochschulen und die Akademien. Diese zentrale Einsicht wieder ins Bewusstsein zu heben und sie gegen manche Denkfaulheit, Manipulationsversuche und Propaganda als eine, wenn nicht *die* unaufgebbare Errungenschaft unserer Zivilisation zu vertreten, das ist die große Aufgabe der Wissenschaft in einer freiheitlichen, demokratischen Gesellschaft.

18. Von Werten und Preisen, *windfall-profits* und Flurbereinigungen

Über Politik und Kultur

Zu Kulturstaat und Bürgergesellschaft, dem ebenso komplizierten wie nicht auflösbaren Spannungsverhältnis von Politik und Kunst, gibt es beachtliche und besorgniserregende Befunde, ermutigende wie unerfreuliche Entwicklungen.

Jede kritische Bestandsaufnahme kann und muss von einer unbestreitbaren Tatsache ausgehen: Es gibt viele große Kulturnationen, aber es gibt nur wenige Staaten, die für Kunst und Kultur so viele Mittel einsetzen wie Bund, Länder und Gemeinden in Deutschland. In Deutschland werden über 90 Prozent der Kulturausgaben, jedenfalls in einem anspruchsvollen Verständnis von Kultur, aus staatlichen Haushalten aufgebracht. Weniger als 10 Prozent kommen von Privatpersonen, Stiftungen, gemeinnützigen Organisationen und Sponsoren, deren Beitrag zur Finanzierung von Aktivitäten und Initiativen hoch willkommen und in vielen Fällen auch völlig unverzichtbar ist, deren Anteil an der Gesamtfinanzierung der deutschen Kulturszene aber meist überschätzt wird.

In absoluten Beträgen stellen die öffentlichen Haushalte von Bund, Ländern und Gemeinden in Deutschland etwa 9 bis 10 Milliarden Euro pro Jahr für die Kunst- und Kulturförderung zur Verfügung. Dazu kommen noch etwa 1,5 Milliarden Euro für die auswärtige Kulturpolitik, also für die Vermittlung deutscher Kunst und Kultur im Ausland. Das ist eine Menge Geld – und doch durchaus übersichtlich. Denn umgerechnet auf die Köpfe dieses Landes sind das gerade einmal 130 Euro pro Jahr, die sich übrigens sehr ungleichmäßig über das Land verteilen, mit einem ebenso auffälligen Ost-West- wie Süd-Nord-Gefälle.

Diesem Hinweis auf die Größenordnung sei ein zweiter Hinweis hinzugefügt: Öffentliche Ausgaben müssen sich rechtfertigen, Kulturausgaben selbstverständlich auch. Zur Konsolidierung öffentlicher Haushalte sind Kulturetats aber völlig ungeeignet. Dafür ist nämlich ihr Anteil an den Gesamtausgaben zu gering und ihre Bedeutung zu hoch.

Relativ zu den Gesamtausgaben der öffentlichen Haushalte betragen die Kulturausgaben in Deutschland 1,7 Prozent. Weniger als 1 Prozent beim Bund, der verfassungsrechtlich eigentlich auch keine Zuständigkeit hat, etwas weniger als 2 Prozent bei den Ländern, etwas mehr als 2 Prozent bei den Gemeinden. Der Anteil der Kulturausgaben in dem gerade vorgetragenen Sinn an unserem Brutto-Inlands-Produkt beträgt überschaubare 0,4 Prozent. Das ist keine Größenordnung, bei der Künstler und Kulturfreunde in psychedelische Stimmung geraten, es ist aber eben auch keine Größenordnung, bei der Kämmerer und Finanzminister ernsthaft in Depressionen verfallen müssten.

Kunst- und Kulturförderung sind eine öffentliche Aufgabe, jedenfalls in Deutschland. Das ist nicht so selbstverständlich wie es uns erscheint, weil es bedeutende Länder gibt, die aus durchaus beachtlichen Gründen Kunst- und Kulturförderung zwar für wünschenswert, ganz sicher aber nicht für eine öffentliche Aufgabe halten – mit handfesten Folgen für die Struktur der jeweiligen Kulturlandschaft. Das in Deutschland im Kern unangefochtene Verständnis von Kultur als einer Gemeinschaftsaufgabe öffentlicher Hände würde es übrigens in dieser Form vermutlich nicht geben, wenn es nicht durch die komplizierte deutsche Geschichte über Jahrhunderte so gewachsen wäre, in einer beinahe unübersehbaren Zahl von

Klein- und Kleinststaaten, die sich erst spät zum Nationalstaat vereint haben. Ökonomisch gesprochen ist der deutsche Kulturstaat gewissermaßen der *windfall-profit* der deutschen Kleinstaaterei. Ohne Letztere würde es diesen Kulturstaat so gar nicht geben.

Das Selbstverständnis als Kulturstaat bedeutet aber nicht, dass die Zuständigkeit für Kunst und Kultur in erster Linie beim Staat zu suchen und dort verankert wäre. Aber es kommt in diesem Selbstverständnis die über Jahrhunderte gewachsene Überzeugung zum Ausdruck, dass die Förderung von Kunst und Kultur ganz wesentlich eine öffentliche Aufgabe ist – wodurch sich Deutschland in seinem Selbstverständnis in mancherlei Weise von anderen Staaten und Gesellschaften innerhalb der Europäischen Gemeinschaft und darüber hinaus unterscheidet. Und weil es so ist – und übrigens auch nur so lange, wie das so bleibt –, ist die flächendeckende Versorgung mit Konzerten, Theatern, Museen und Bibliotheken in Deutschland besser als in irgendeinem anderen Land der Welt.

Man könnte zu dieser von vielen Kunst- und Kulturfreunden weltweit immer wieder gerühmten, bewunderten, nicht selten auch beneideten deutschen Kunst- und Kulturlandschaft jetzt viele eindrucksvolle Zahlen vortragen. Ich begnüge mich mit dem Hinweis, dass wir in Deutschland nach den Datenbanken des deutschen Musik-Informationszentrums allein über 10 000 Initiativen und Institutionen im Musikbereich haben. Deutschland ist das Land mit der weltweit größten Anzahl professioneller Musiker, Musikpädagogen, Laiengruppierungen, Musikstudenten, Musikschülern, übrigens auch Musikkritiker, denen Georg Kreisler in seinem einschlägigen Titel einen sprachlich wie musikalisch schwer überbietbaren Ausdruck verschafft hat.

Es gibt in Deutschland gegenwärtig mehrere Tausend Museen und Bibliotheken, weit über hundert Schauspiel- und Tanzensembles, über 130 öffentlich getragene Sinfonieorchester und über 80 Musiktheater – man muss lange laufen auf diesem Globus, um einen ähnlichen Bestand zu finden. Allerdings gehört zur ganzen Wahrheit: In den letzten zwanzig Jahren ist die Zahl der Planstellen in deutschen Orchestern um etwa 20 Prozent zurückgegangen. Das hat nicht nur, aber insbesondere mit der »Flurbereinigung« in der früheren DDR zu tun, wo in bemerkenswert kleinen Regionen und Städten ein erstaunlich großes Angebot an professionellen Ensembles bestanden hatte, mit denen wiederum – das muss man fairerweise einräumen – die Finanz- und Wirtschaftskraft der jeweiligen Städte und/oder Länder nicht korrespondierten.

»Orchesterlandschaft« gehört zu den schönen deutschen Worten, die sich schwerlich in eine andere Sprache übersetzen lassen – unter anderem deshalb, weil sich zur deutschen Orchesterlandschaft auch nach der »Flurbereinigung« im Osten weltweit kein Pendant findet. Deutschlands Orchesterlandschaft blüht auch und gerade dank unserer fabelhaften Rundfunksinfonieorchester, die es anderswo auch nicht gibt (jedenfalls nicht in dieser Menge und dieser Qualität) und deren Existenz sich aus dem Kulturauftrag der gebührenfinanzierten Sender herleitet. Auch in diesem wichtigen Sektor öffentlich-rechtlicher Kulturförderung liegen beachtliche Errungenschaften und besorgniserregende Entwicklungen nahe beieinander.

Nun soll wider alle künstlerischen Empfehlungen und kulturpolitischen Verantwortlichkeiten ab 2016 eines dieser Orchester verschwinden. Die Fusion des SWR-Sinfonieorchesters Baden-Baden/Freiburg und des Radiosinfonieorchesters Stuttgart ist beschlossene Sache – von Aufsichtsgremien, die zweifellos zuständig sind, aber offensichtlich nicht hinreichend kompetent. Mir ist jedenfalls aus jüngerer Zeit von keinem öffentlich-rechtlichen Sender, der das Privileg der Gebührenfinanzierung seinem gesetzlichen Informations- und Bildungsauftrag verdankt, eine ähnlich unsensible Fehlentscheidung und ein so verheerendes kulturpolitisches Signal in Erinnerung. Dass in der Musikwelt das Entsetzen groß und einhellig ist, kann nicht wirklich überraschen. Als bekennender Musikliebhaber und öffentlich-rechtlicher Gebührenzahler schließe ich mich diesem Entsetzen ausdrücklich an.

Die beschlossene Fusion ist mindestens unter zwei Aspekten fatal und deshalb von exemplarischer Bedeutung: Erstens geht, wie immer in solchen Fällen, ein Stück kultureller Vielfalt verloren, wenn zwei traditionsreiche, auch international renommierte Klangkörper zwangsweise verschmolzen werden. Mir ist auch kein einziges Beispiel bekannt, dass eine Orchesterfusion die Verbesserung der Qualität zur Folge gehabt hätte. Auf die Idee kann nur jemand kommen, der selten ein Orchester gehört und sicher nie in einem solchen gespielt hat. Dabei muss man im konkreten Fall im Blick haben, dass es sich unter den allesamt hervorragenden deutschen Rundfunk-Sinfonieorchestern um zwei Klangkörper mit ausgesprochen individuellem Charakter und Profil handelt, darunter mit dem SWR-Sinfonieorchester Baden-Baden und Freiburg um das national herausragende und auch international hoch anerkannte Ensemble für zeitgenössische Musik. Mehrere Hundert Werke zeitgenössischer Komponisten hat dieses Orchester uraufgeführt, und wer weiß, wie viele dieser Kompositionen nie aufgeführt worden wären, wenn es dieses Orchester nicht gegeben hätte. Nun soll es ausgerechnet in dem Jahr, in dem es siebzig Jahre alt wird, als eigenständiger Klangkörper aufhören zu existieren, obwohl alle Sachverständigen geradezu beschwörend erklären, dass es in seiner besonderen Funktion unersetzlich ist.

Der zweite unheilvolle Aspekt dieser Fusion ist die Tatsache, dass ein öffentlich-rechtlicher Sender ganz bewusst ausgerechnet seine Orchesterförderung zurückfährt. Nun kann man durchaus darüber streiten, ob die Unterhaltung von Orchestern zum Kerngeschäft von Rundfunkanstalten gehört – interessanterweise streiten die Gremien nie darüber, ob die Unterhaltung zu ihren Kerngeschäften gehört. Etwa fünf Millionen Euro sollen laut Berichten mit der Fusionierung beider Orchester eingespart werden. Das ist gemessen am Gesamtbudget für den Sender nicht viel, für das Orchester aber existenziell. Die Entscheidung ist nicht nur, wie immer in solchen Fällen, ein Debakel für die betroffenen Orchester, die Musiker, die Städte, in denen die Orchester beheimatet sind, für die Konzertbesucher; auch für die Sender sind die Folgen schwerwiegend. Die drastische Kürzung in einem Sektor, der die Gebühren rechtfertigt, verschärft nämlich die ohnehin vorhandenen Legimitationsprobleme der öffentlich-rechtlichen Sender – zumal in anderen Bereichen, in denen sich uns der besondere Bezug der Rundfunkanstalten zu ihrem gesetzlichen Auftrag nicht in gleicher Weise erschließt, immer wieder sehr viel höhere Summen ausgegeben werden. Zweifellos spricht die Übertragung von Sportereignissen, von Unterhaltungsformaten oder der unzähligen Talkshows eine größere Menge von Zuschauern an. Für sie gibt es aber bei den privaten Rundfunk- und Fernsehanstalten hinreichend Angebote. Deshalb finden künstlerisch anspruchsvolle Literatur-, Theater- oder Musikproduktionen entweder im gesetzlich verankerten öffentlich-rechtlichen Rundfunk statt oder gar nicht. Wodurch unterscheidet sich eigentlich der Südwestfunk von anderen

Rundfunk- und Fernsehanstalten, wenn er nicht irgendein, sondern ein Orchester aufgibt, das es nirgendwo sonst in Deutschland gibt?

Ich verkenne weder die wirtschaftlichen Notwendigkeiten und die damit verbundenen Sparmaßnahmen noch die veränderte Wettbewerbslage der öffentlich-rechtlichen Sender, deren Programmangebote längst immer stärker von den Privaten präjudiziert werden. Die Programmgestaltung wird immer stärker durch die Quote bestimmt, immer seltener durch einen besonderen Kultur- und Bildungsauftrag, den die öffentlich-rechtlichen Sender aber gesetzlich haben.

Die Rundfunkanstalten müssten Folgendes bedenken: Je weiter ein öffentlich-rechtlicher Sender sich von seinem im Staatsvertrag geregelten Auftrag entfernt, je weniger er sich vom üblichen Massenangebot unterscheidet, desto dünner wird die Rechtfertigung für Gebühren. Längst ist eine Überprüfung überfällig, inwieweit der öffentlich-rechtliche Rundfunk seinem Kulturauftrag noch in seiner ganzen Breite nachkommt. Jedenfalls stelle ich mit Unverständnis fest, dass die öffentlich-rechtlichen Anstalten zunehmend dabei sind, genau den Ast abzusägen, auf dem sie sitzen.

Die deutsche Kunst- und Kulturszene ist aber so vital, so stabil, so historisch gewachsen, dass sie manche Fehleinschätzung und Verirrung gewiss überstehen wird. Nach meiner festen Überzeugung ist die deutsche Kulturlandschaft weniger in ihren Blüten bedroht als vielmehr in ihren Wurzeln. Längst notleidend geworden ist der Zustand kultureller Bildung in diesem Land. Ich denke etwa an die Fehlzeiten musisch-ästhetischer Bildung in unserem öffentlich-rechtlichen Schul- und Bildungssystem, an die scheinbare Selbstverständlichkeit, mit der erleichtert zur Kenntnis genommen wird, dass nach mehreren Jahren, in denen überhaupt kein Musikunterricht erteilt werden konnte, dieser nun fachfremd erteilt wird – weil für diesen Teil der Ausbildung nicht die gleiche Professionalität als selbstverständliche Voraussetzung reklamiert wird, die für jeden Sprachunterricht, für jede technische oder naturwissenschaftliche Unterweisung für unverzichtbar gehalten wird.

Der Staat ist nicht für Kunst und Kultur zuständig, sondern für die Bedingungen, unter denen sie stattfinden und sich entfalten können. Die wichtigste Aufgabe des Staates gegenüber Kunst und Kultur ist die Sicherung freier Gestaltungs- und Entfaltungschancen. Welche Gedichte und Romane geschrieben, welche Theaterstücke in welchen Kulissen wie inszeniert werden, welche Bilder gemalt und welche Skulpturen geschaffen werden, welche Ausstellungen konzipiert werden, geht die Politik nichts an. Politik hat mit Urheberrecht zu tun, nicht mit Literatur, mit Künstlersozialversicherung, nicht mit bildender Kunst. Der Zweck der Kulturpolitik ist Kultur – nicht Politik.

Darum ist die wahrscheinlich wichtigste Qualifikation eines Kulturpolitikers die Einsicht in die eigene Bedeutungslosigkeit, die Souveränität, hartnäckig und fröhlich daran zu arbeiten, dass andere die notwendigen Bedingungen für die Entfaltung ihrer Kreativität haben.

Das Verhältnis von Politik und Kunst ist sicher nicht einfach. Politik und Kunst sind keine natürlichen Zwillinge. Ihr Verhältnis gilt allgemein als schwierig. Es muss geradezu gespannt sein, um nicht unter Verdacht zu geraten. Völlig unabhängig von wechselseitigen Sympathien oder Antipathien beteiligter Künstler oder Politiker geht es im Kern um die Unvereinbarkeit der jeweiligen Orientierungen: Die Politik muss zu Kompromissen bereit und in der Lage sein, die Kunst nicht. Die Kunst riskiert mit der Bereitschaft zum Kompromiss ihre innere Legitimation, welche die Politik umgekehrt verspielt, wenn sie im ideologischen Eifer ihre Fähigkeit zum Konsens durch Relativierung von Interessen verliert. Politik ist nicht mit ästhetischen Kriterien zu organisieren. Kunst dagegen kann nicht nach politischen Gesichtspunkten stattfinden. Bemühungen, sich über diese eigenen Gesetzlichkeiten hinwegzusetzen, führen fast zwangsläufig zu offener oder verdeckter Zensur, Propaganda oder Protektion, für die es auch und gerade in der jüngeren deutschen Geschichte viele abschreckende Beispiele gibt.

Nirgendwo, in keinem anderen Bereich der Gesellschaft, ist die Distanz zum Staat so groß und so demonstrativ und zugleich die Erwartung der Alimentierung durch den Staat so ausgeprägt wie im Bereich von Kunst und Kultur. Das scheint intellektuell weder besonders originell noch moralisch von bestechender Größe, es ist aber eine weitverbreitete Attitüde. Worauf es aber in diesem Zusammenhang ankommt: Sie ist berechtigt! Die Kunst hat einen Anspruch gegenüber dem Staat, jedenfalls dann, wenn er ein Kulturstaat sein will, nicht aber der Staat gegenüber Kunst und Kultur. Mit anderen Worten: Der Kunst kann der Staat egal sein, dem Staat die Kunst nicht. Und die Kultur schon gar nicht!

Vom Komponisten Wolfgang Rihm gibt es den schönen Satz: »Wenn es eine Tradition gibt, der ich mich angehörig fühle, so ist es diese: Kunst als Freiheit zu verstehen. Aus Freiheit entstanden, zur Freiheit verpflichtet.« Das ist präzise der Zusammenhang zwischen Kultur, Staat und Bürgergesellschaft. Jedenfalls sollte es der Zusammenhang sein. Eine freiheitliche Gesellschaft benötigt sowohl eine demokratisch gewählte Regierung und ein politisch verantwortliches Parlament als auch eine aktive Bürgergesellschaft. Das eine kann das andere nicht ersetzen. Wenn diese wechselseitige Unverzichtbarkeit in der Verbindung und Zuordnung von Bürgerengagement und verfassten demokratischen Institutionen im Allgemeinen zutrifft, dann gilt dieser Zusammenhang in besonderer Weise für den Bereich von Kunst und Kultur. Kunst als Freiheit verstanden. Aus der Freiheit entstanden. Und zur Freiheit verpflichtet.

19. Macht und Ohnmacht. Alles nur Theater?

Über Politik und Literatur

Es ist fast 2500 Jahre her, seit König Ödipus zum ersten Mal die Bühne betreten hat. Nachdem er das Rätsel der Sphinx gelöst hatte, den amtierenden König, den er weder kannte noch erkannte und auch nicht kennen konnte, auf dem Weg in die Stadt im Handgemenge erschlagen und die verwitwete Königin geheiratet hatte, wurde Ödipus Machthaber von Theben. Aus seiner Stadt war er unmittelbar nach der Geburt ausgesetzt und dem Tod preisgegeben worden, um ihn dem Spruch des Orakels zu entziehen, das ihm geweissagt hatte, den Vater zu töten, die Mutter zu heiraten und mit ihr Kinder zu zeugen, die seine Geschwister waren.

Als Theben nach langer, erfolgreicher Regierung des Ödipus unter einer verheerenden Seuche litt, welche die Strafe der Götter dafür war, dass sie – nach einem erneuten Orakel – den Mörder des alten Königs in ihren Mauern beherbergte, erklärte dieser den Schuldigen, wer immer es sei, für vogelfrei bis er erkannte, dass er selber es war, den er suchte, und er verstümmelte sich selbst. Er übernahm die Verantwortung für eine Schuld, die er nicht hatte, weil er nicht wissen konnte, was er tat. Unglücklich, verflucht, von den Göttern verhasst, von den Menschen verlassen, die er vom Unheil errettet hatte und deren unangefochtener Held er gewesen war.

Alles nur Theater?

Der Althistoriker Christian Meier beschreibt in seiner grandiosen Studie über »Ödipus und Orest. Vom Umgang mit Verantwortung« den zeitgeschichtlichen Kontext: Sophokles' *Ödipus* wurde um das Jahr 427 v. Chr. in Athen am Fest der großen Dionysien erstmals und nur ein einziges Mal aufgeführt, wie es den Regeln dieses jährlichen Festes entsprach. Die Stadt befand sich zu diesem Zeitpunkt seit einigen Jahren im Krieg. Auf dem Meer herrschte ihre Flotte, und auch die Stadt war, der langen Mauern wegen, die sie mit ihren Häfen verbanden, nahezu unangreifbar. Attika aber, das Umland, in dem der größere Teil der Bürger zu leben pflegte, war seit den jährlichen Einfällen der Spartaner weitgehend verlassen, Wohnungen und Ölbäume als Quelle des Lebensunterhalts zerstört. Erst vor Kurzem hatte eine schreckliche Seuche rund ein Drittel der Bürger dahingerafft. Perikles, der über lange Jahre unangefochtene Staatsmann der Stadt, war gestorben, kurz nachdem die Epidemie abgeflaut war.

Sophokles' *Ödipus* ist der theatralische Kommentar zur damals aktuellen politischen Lage.

Christian Meier beschreibt es folgendermaßen: »Der Ödipus des Sophokles hatte sehr viel geleistet, und er wusste es. Er war außerordentlich klug, aufgeklärt, genau und verantwortungsbewusst. Wohl mochte er – wie man es damals und eben nicht nur damals, bei Politikern beobachtet – jenen Verkettungen anheimfallen, in denen eine Fehleinschätzung die andere gebiert. Aber er konnte sich daraus auch wieder, und schneller als andere, befreien. Sehr vieles an ihm, so wie Sophokles ihn zeichnet, erinnert an Perikles. Die Tragödie hört sich wie ein Nachruf auf den großen, bedeutenden Staatsmann Athens an, und es spricht vieles dafür, dass sie es war. Wenn Perikles im ›König Ödipus‹ Modell gestanden hat, läuft die Aussage darauf hinaus, dass der große, kluge, hochverdiente, wenn auch wie ein Alleinherrscher regierende Mann, ohne es zu wissen, die Weltordnung gestört hatte. Er hatte soviel Nutzen wie Schaden gestiftet. Sophokles hat das nicht gesagt, aber die attische Bürgerschaft konnte das Stück kaum anders verstehen. Man hatte Perikles zuletzt viele Vorwürfe gemacht wegen des Kriegs zu dem er geraten hatte. Das Erlebnis der Pest hatte sich mit dem Gedanken an den Krieg durchdrungen – wie wenn Perikles auch daran schuld gewesen wäre; und mindestens hatte die Überfüllung der Stadt mit den Evakuierten das Ausmaß der Krankheit sehr vergrößert. Doch Perikles hatte zu seinem Beschluss gestanden, vermutlich weil er ihn nach wie vor für richtig hielt. Und nun sah man Ödipus vor sich, wie er sein Unglück in überwältigender Größe und Klarheit ertrug, wie er für eben das, was er getan hat, geradestand, auch wenn es so ganz anders ausgekommen war, als er wissen konnte.«

Über Macht lässt sich nicht reden, ohne auch über Ohnmacht zu sprechen:

– die Ohnmacht der Besiegten und Beherrschten gegenüber den Machthabern;

– die Ohnmacht der Mächtigen gegenüber einem Schicksal, das nie nur ihr eigenes ist;

– über Macht und über Freiheit und wie das eine mit dem anderen zu vereinbaren ist.

Macht ist verführerisch und zugleich verdächtig. Wer mächtig ist, ist unbeliebt – spätestens dann, wenn er von seiner Macht Gebrauch macht.

Erträglich sind Mächtige nur, wenn sie scheitern.

Deshalb wird Macht im Theater akzeptiert, eher und leichter als in der Wirklichkeit: Im Theater ist das Scheitern gesichert, das tragische Ende adelt die umstrittensten Verhältnisse und ihren flüchtigen Glanz.

Das Publikum will seine Helden leiden sehen. Das gilt für den Fußballplatz wie für das Theater, es gilt schon gar für die Politik – bis hin zur genüsslichen Ausbreitung privater Familientragödien, die das Unterhaltungsbedürfnis des Publikums rücksichtslos bedienen, wenn es denn schon kein Informationsinteresse oder Aufklärungsbedürfnis der längst Entmachteten mehr gibt.

Macht ist nicht nur ein Phänomen der Politik, sondern ebenso der Wirtschaft, der Wissenschaft, der Kultur und der Kirchen. Macht – in der Definition Max Webers –, verstanden als die Möglichkeit, den eigenen Willen auch gegen Widerstände durchzusetzen, gibt es im gesellschaftlichen wie im privaten Leben. Gestalten zu wollen, für richtig und wichtig Gehaltenes durchzusetzen, ohne Macht zu haben, läuft auf die eigensinnige Vorstellung hinaus, dass das Leben keine Bedingungen haben sollte.

Was macht Macht so besonders, wenn sie politisch ist? Vor allem der Anspruch der Legitimität und die damit verbundene Zumutung, Macht sei nicht nur unvermeidbar, sondern auch unverzichtbar.

Auch eine legitime Herrschaft trennt, jedenfalls gefühlt und nicht nur virtuell, zwischen Herrschern und Untertanen. Auch der Rechtsstaat eliminiert nicht Gewalt, sondern legitimiert sie durch die Bedingungen einer Verfassung. »Alle Staatsgewalt geht vom Volke aus. Sie wird vom Volke in Wahlen und Abstimmungen und durch besondere Organe der Gesetzgebung, der vollziehenden Gewalt und der Rechtsprechung ausgeübt.« (GG Art. 20.2)

Die Erfahrung der Gewalt, also der Unterwerfung unter einen fremden Willen, wird nicht dadurch gemütlicher, dass die Herrscher durch Wahl legitimiert sind und ihre Herrschaft befristet ist. Gewalt findet nicht nur durch Mord und Totschlag statt, durch physische Gewalt, sondern auch durch Rechtsakte, die z. B. ganze Territorien preisgeben, die für Millionen Menschen Heimat gewesen sind; legal erworbenes

Vermögen durch Steuern vergemeinschaften und damit der persönlichen Verfügung entziehen; Rechtsansprüche auf Leistungen, z. B. Sozialleistungen, verringern oder beseitigen; staatliche Souveränitätsrechte auf supranationale Institutionen übertragen; Staatsbürger durch Wehrpflicht zum Dienst an der Waffe verpflichten oder als Soldaten unter Einsatz ihres Lebens nicht nur zur Verteidigung des eigenen Landes in Militäreinsätze schicken.

Demokratien – unter den gleichzeitigen Postulaten von Freiheit und Gleichheit – ertragen Unterschiede nur ungern: am ehesten noch Unterschiede der Intelligenz, von der die meisten Menschen genug mitbekommen zu haben glauben, schwerer schon Einkommens- und Vermögensunterschiede, die oft für ungerecht und deshalb schwer erträglich gehalten werden, am wenigsten Unterschiede an Macht und Einfluss.

Die Macht der Mächtigen ist im System eines demokratischen Rechtsstaates als legitim definiert und wird in der konkreten subjektiven Betroffenheit als Ohnmacht empfunden.

Erträglich ist Macht in der Regel nur dann, wenn sie sich als Dienstleistung camoufliert oder als Schauspiel – im wörtlichen wie im übertragenen Wortsinn. Unerträglich wird sie als Pose, als Demonstration der Überlegenheit, der einen gegenüber den anderen, der demütigenden Unterscheidung zwischen Herrschern und Beherrschten.

Macht wird erst sympathisch, wenn sie verloren geht.

Fürstenhochzeiten und Krönungszeremonien sind populär, weil ihre Hauptdarsteller nicht Macht zur Schau stellen, sondern deren Verlust: die dekorative, pompöse Machtlosigkeit; Ohnmacht in ihrer schönsten Verkleidung, die viel Geld kostet, aber niemandem wehtut.

Eine vergleichbare Inszenierung tatsächlicher Machthaber wird in liberalen Gesellschaften nicht mehr toleriert: weder in den USA, einem Land ohne feudale Traditionen, noch in Frankreich, das seine Feudalherrscher spektakulär gestürzt hat, noch in Deutschland, das die Übertreibungen absolutistischer Monarchien in seinen Territorialstaaten weniger kannte, dafür aber in Gestalt des Nationalsozialismus den historischen Nachweis führte, dass die Exzesse eines transformierten und pervertierten republikanischen Systems die Herrschaftsverhältnisse von Feudalstaaten an einer beispiellosen Zuspitzung von Macht und Ohnmacht durchaus zu überbieten in der Lage sind.

Alles nur Theater? Nein, nüchterne, teilweise blutige Wirklichkeit.

Die Literatur hat das Thema im Griff, das Leben nicht.

Das Theaterpublikum mag die Herrscher, weil es vorher weiß, dass sie scheitern: König Ödipus und King Lear, Othello und Macbeth, Don Carlos und Wallenstein, Maria Stuart und Penthesilea, der Prinz von Homburg und Danton.

Urs Widmer hat in seiner Prosafassung von Shakespeares Königsdramen die Relativität von Macht so formuliert: »Es gab eine Zeit, da stand man, je mächtiger man war, desto näher an seinem Grabe.« Die Zeiten – scheint es – sind vorbei. Aber sie bleiben aufschlussreich, nicht nur als dramatische Epoche einer lange zurückliegenden Geschichte, sondern als Dokumente beinahe zeitloser Ambitionen und Intrigen im ewigen Kampf um Macht und Herrschaft.

Widmer unterschlägt in der Beschreibung der Ereignisse die Einsicht nicht, die sich aus abgeschlossenen historischen Ereignissen auch für die Gegenwart oder gar für die Zukunft gewinnen lässt. Eine dieser Einsichten hat er als Frage formuliert: »Warum bleiben immer die übrig, von denen die Geschichte dann berichtet. Wo ist die Geschichte, die von denen spricht, von denen niemand spricht?« Die Frage ist ganz sicher nicht beantwortet, schon gar nicht überzeugend.

Die notwendige Auseinandersetzung wird heute weniger in der Literatur als vielmehr in den Medien fortgesetzt. »Mit Macht drängt der Bürger zur Macht. Er will nicht mehr Objekt politischen Handelns sein, er misstraut dem politischen Fachpersonal und bezweifelt dessen Kompetenz und dessen Entschlossenheit, dem Gemeinwohl zu dienen. Deswegen will sich der Bürger einmischen, er hätte die Demokratie gerne ein bisschen oder viel direkter«, diagnostiziert Thomas Schmitt in der *Welt*.

Diese Diagnose ist nicht neu, der Trend auch nicht und die Zahlen, die das belegen, werden immer unmissverständlicher. Neun von zehn befragten Deutschen und anderen Bürgerinnen und Bürgern dieses Staates halten die Demokratie für eine gute Regierungsform. Acht derselben zehn Deutschen haben den Eindruck, dass auf die Interessen des Volkes kaum noch Rücksicht genommen wird, zwei von zehn glauben, dass das Volk in Deutschland wirklich etwas zu sagen hat, und weniger als einer von zehn glaubt, dass durch Wahlen die Politik in starkem Maße mitzubestimmen sei.

Bei dem Befund lohnt es nicht zu streiten, ob die Zahl der Befragten ausreicht, um in tolerablen Messgrößen statistische Unsicherheiten ausschließen zu können. Es ist eine Misstrauenserklärung gegenüber der empfundenen Realität eines politischen Systems, das man gleichzeitig gegenüber denkbaren Alternativen nach wie vor und um Längen für überlegen hält. Die Bereitschaft, selbst aktiv zu werden, ist durchaus vorhanden und hängt nach der Selbstauskunft der Befragten wesentlich von der eigenen Betroffenheit bei konkreten Problemen ab, während gleichzeitig die ausdrückliche Erwartung an die Politik ist, dass persönliche Interessen selbstverständlich zurückgestellt werden müssten. Macht und Ohnmacht.

Es führt kein Weg an der Einsicht vorbei, dass weder Parteien noch Parlamente, weder Regierung noch Opposition sich auf dem Höhepunkt ihres öffentlichen Ansehens befinden. Es gibt viel unzutreffende, aber zweifellos auch manche berechtigte Kritik am Zustand unseres politischen Systems. Das, was wir zum Funktionieren gerade eines demokratischen Systems, eines auf Repräsentation beruhenden Systems politischer Entscheidungen am dringendsten brauchen, droht am stärksten verlorenzugehen: Vertrauen.

Das gilt nicht nur für die Politik und die Politiker, es gilt für Unternehmer, für Banker, für Sportler, für Funktionäre unterschiedlichster Bereiche, es betrifft die Medien und macht auch vor den Kirchen nicht halt. Eine zugespitzt unfreundliche Formulierung dieses Befundes könnte lauten: Niemand traut irgendjemandem mehr wirklich. Jedenfalls ist ein auf Dauer gesetztes Unbehagen, wenn nicht ein auf Dauer gesetztes Misstrauen längst ausgeprägter als das wechselseitige Grundvertrauen, das die Abhängigkeiten leichter ertragen lässt, die sich in einer modernen Gesellschaft zwischen allem und jedem in vielfältiger und unvermeidlicher Weise ergeben. Niemand von uns ist als Solist überlebensfähig, geschweige denn in der Lage, auch nur einen Bruchteil des gewohnten Lebensstandards zu erhalten. Die wechselseitigen Abhängigkeiten haben dramatisch zugenommen, sind geradezu der Preis der zivilisatorischen Entwicklung, und gleichzeitig nimmt das Misstrauen in die Redlichkeit der Beteiligten ständig zu.

Es gibt gemütlichere Situationen als diese, auch wenn sie sich ganz offenkundig für dramaturgische Bearbeitungen im Theater nicht so gut eignen wie Mord und Totschlag, Stammesfehden, Rosenkriege oder Auseinandersetzungen zwischen rivalisierenden Fürstenhäusern. Der Befund ist deswegen umso beachtlicher, da wir nicht über eine vorübergehende

Schlechtwetterfront reden, sondern über einen schleichenden Klimawandel auch und gerade im Verhältnis der Bürger zu ihren Repräsentanten. Ein Wandel, der sich bei genauem Hinsehen schon seit einer beachtlich langen Zeit in einem besorgniserregend stabilen Trend bemerkbar macht. Dass auch Demokratien ausbluten und erodieren können, das wissen wir Deutschen seit dem Scheitern der Weimarer Republik. Jedenfalls sollten wir es wissen. Am mangelhaften Verfassungstext ist die Weimarer Republik nicht gescheitert. Am unzureichenden Einsatz der Demokraten schon sehr viel eher.

Auch nach den Erfahrungen der letzten Jahre seit und nach den großen historisch beispiellosen Veränderungen, die es in ganz Europa und damit auch in Deutschland gegeben hat, haben wir die Erkenntnis gewonnen, dass die Demokratie im Normalzustand offenkundig weniger Leidenschaft erzeugt als eine Diktatur im Ausnahmezustand, und die Bereitschaft, sich für Normalzustände zu engagieren selbst bei engagierten Bürgerrechtlern nach erfolgreicher Revolution mit einer erstaunlichen Geschwindigkeit zurückgeht. Deswegen wird man sich aber nur schwerlich den Ausnahmezustand als Dauerzustand wünschen, um Leidenschaften auf Dauer zu setzen.

Das Thema ist für alle Beteiligten diesseits und jenseits politischer Ämter schwierig. Es geht auch nach keiner Seite nahtlos auf. Die Menschen, seit es sie gibt, sind vorrangig entweder an der Wiedergewinnung dessen interessiert, was sie verloren haben, oder auf der Suche nach dem, was sie noch nie hatten und unbedingt zu brauchen meinen, am wenigsten aber an den jeweils bestehenden Verhältnissen. Der Status quo ist bestenfalls langweilig, selten aufregend, also wenig attraktiv. Ihn zu bewahren und zu verteidigen, vermittelt keine Motivation.

Václav Havel, der Theatermacher im Präsidentenamt, hat zwanzig Jahre nach der großen unblutigen Revolution, die den mittel- und osteuropäischen Staaten Freiheit, Demokratie und Rechtsstaat gebracht hat, seine Wahrnehmung so formuliert: »Solange wir um die Freiheit kämpfen mussten, kannten wir unser Ziel. Jetzt haben wir die Freiheit und wissen nicht mehr so genau, was wir wollen.«

Wissen wir, was wir wollen? Oder wollen wir nicht, was wir wissen? Die Fragen richten sich nicht nur an die Politik, sondern an die ganze Gesellschaft. Wir sind das Volk. Über uns wird verhandelt, wenn über Macht verhandelt wird. Und über Freiheit. Das ganz große Welt-Theater.

20. Kapitalismus und Demokratie in Zeiten der Globalisierung

Über Politik und Wirtschaft

Bevor Menschen damit begonnen haben, Staaten zu gründen, haben sie Handel getrieben. Und wo immer sie Grenzen vorgefunden haben – geografische oder technische – haben sie den Ehrgeiz entwickelt, diese Grenzen hinter sich zu lassen. Aber für unsere Zeit kann man wohl mit Fug und Recht behaupten, dass wir in einer Welt leben, in der es keine Grenzen mehr gibt – jedenfalls keine, die sich nicht überwinden ließen und die nicht täglich mit einer unglaublichen Geschwindigkeit tatsächlich überwunden und überboten werden. Die beiden wesentlichen Voraussetzungen für das, was wir heute – im Unterschied zu einem Welthandel, der schon eine wesentliche Ursache für die Gründung der Hansestädte etwa in der mittelalterlichen deutschen Geschichte gewesen ist – unter einer globalen Welt verstehen, sind nach meinem Verständnis zwei fundamentale Veränderungen, deren Zusammenwirken diese grenzenlose Welt erst ermöglicht hat: Mobilität und Information. Wir verfügen heute über technische Möglichkeiten, die uns in die Lage versetzen, nahezu jeden beliebigen Platz in der Welt in spätestens 24 Stunden zu erreichen. Und wir verfügen heute über technische Möglichkeiten der Informationsvermittlung und des Informationsaustausches, die zur Folge haben, dass jede erhältliche Information prinzipiell zeitgleich an jedem Platz der Welt verfügbar ist. Die Verbindung dieser beiden Aspekte hat die Globalisierung erst möglich gemacht. Dadurch ist sie auch unvermeidlich geworden.

Auch das Verhältnis zwischen Kapitalismus und Demokratie hat sich in Zeiten der Globalisierung ständig neu entwickelt. In seiner berühmten *Theorie des kommunikativen Handelns*, einem seiner philosophischen Standardwerke, hat Jürgen Habermas geschrieben: »Zwischen Kapitalismus und Demokratie besteht ein unauflösliches Spannungsverhältnis; mit beiden konkurrieren nämlich zwei entgegengesetzte Prinzipien der gesellschaftlichen Integration um den Vorrang.« Diese Beobachtung ist sicher richtig, aber unvollständig. Ich glaube, dass auch und gerade bei sorgfältiger und kritischer Betrachtung der Gemeinsamkeiten und der Unterschiede zwischen einer wettbewerbsgesteuerten Wirtschaftsordnung auf der einen Seite und einer demokratischen politischen Ordnung einer Gesellschaft auf der anderen Seite ihre Gemeinsamkeiten relevanter sind als die Unterschiede. Beiden Systemen, der Wirtschaftsordnung Markt und der politischen Ordnung Demokratie, liegt das gleiche Strukturprinzip zugrunde, nämlich im Wettbewerb Ergebnisse zustande kommen zu lassen, nach nicht identischen, aber strukturell ähnlichen Verfahren.

Wir machen nicht erst zu Beginn des 21. Jahrhunderts die gelegentlich ernüchternde Erfahrung, dass auch in stabilen demokratischen Systemen Fehlentwicklungen und Fehlleistungen möglich sind und dass sie auch in höchsten Rängen von Politik und Wirtschaft stattfinden können. Aber wir sollten mit dem notwendigen richtigen Hinweis auf diese Möglichkeit nicht den Blick auf die Erfahrung verstellen, dass unter den bisher bekannten politischen wie ökonomischen Systemen es keine ausgewiesenen Alternativen gibt, die schneller und wirkungsvoller faktische Fehlentwicklungen und Fehlleistungen als solche offenbaren und Veränderungen erzwingen. Diese Fähigkeit, Transparenz zu erzwingen, Fehlentwicklungen zu identifizieren, Irrtümer zu korrigieren und falsche Entwicklungen abzustellen, ist keinesfalls ein zweitrangiges Merkmal für die tatsächliche Leistungsfähigkeit von Ordnungssystemen.

Der Umgang mit moralischen Ansprüchen gegenüber kodifizierten Systemen ist eine besonders delikate Herausforderung. Ich bin, wie der bedeutende Sozialethiker Oswald von Nell-Breuning, der Überzeugung, dass man diejenigen politischen und ökonomischen Systeme allen anderen Varianten vorziehen sollte, die die geringsten Ansprüche an die individuelle Moral stellen. Diese zunächst verblüffende Auskunft, die man selbst auf den zweiten Blick für einen Anflug von Zynismus halten könnte, ist bei genauerem Hinsehen sehr gut durchdacht. Ein System, ob in der Wirtschaft oder in der Politik, das nur dann funktioniert, wenn alle Beteiligten hohe moralische Ansprüche an ihr eigenes Verhalten und insbesondere natürlich an das Verhalten anderer stellen, funktioniert in der Regel überhaupt nicht. Denn es zahlt Prämien an diejenigen, die sich diesem erwarteten Moralkodex nicht beugen und nur den eigenen Vorteil verfolgen. Dieses Dilemma stellt geradezu unlösbare Aufgaben an den Gesetzgeber: Eine Gesellschaft, die moralische Ansprüche kodifizieren muss, die in gesetzliche Verpflichtungen umsetzen muss, was sie an sozialem Verhalten von ihren Mitgliedern erwartet, hat die Schlacht schon verloren, die auf dem Feld der Gesetzgebung gar nicht gewonnen werden kann.

Gleichwohl haben wir Anlass darüber nachzudenken, ob in unserem Wirtschafts- wie in unserem politischen System, die beide aus guten Gründen so verfasst sind wie beschrieben, das Maß auch und gerade an moralischen Standards, an Verhaltensmustern, gesichert ist – ohne dass Verfassungsinstitutionen wie Wirtschaftsunternehmen zwar nicht notwendigerweise ihre Funktionsfähigkeit, ganz sicher aber ihre

Glaubwürdigkeit riskieren. Deswegen möchte ich ein paar Bemerkungen machen zum Verhältnis von Gleichheit und Ungleichheit als zwei sich besonders heftig im Weg stehenden Orientierungen nicht nur, aber insbesondere moderner Gesellschaften, die sich normativ durch den Gleichheitsgrundsatz und statistisch durch ein eher wachsendes Maß an Ungleichheit auszeichnen. Wie gehen Gesellschaften damit um, dass sie das Prinzip der Gleichheit aller Menschen als Verfassungsprinzip wie eine Fahne vor sich hertragen und gleichzeitig im täglichen Leben, in den tatsächlichen Lebensverhältnissen der Menschen ein immer höheres Maß an tatsächlicher Ungleichheit, wenn schon nicht bewirken, so doch zumindest tolerieren?

Ich persönlich glaube nicht, dass es ein generelles Bedürfnis nach Gleichheit der tatsächlichen Lebensverhältnisse gibt. Vielmehr habe ich den Eindruck, dass die allermeisten Menschen mit dieser gerade erwähnten statistischen Ungleichheit relativ gut zurande kommen. Ungleichheit ist eine der größten Vorzüge der Schöpfung. Die Menschheit befände sich in einer völlig anderen Verfassung, wenn es Ungleichheit mit ihren stimulierenden Wirkungen einschließlich der Frustrationserfahrungen nicht gäbe. Ungleichheit wird aber immer dann ein Problem, wenn es keinen plausiblen Zusammenhang mehr gibt zwischen individueller Leistung und individuellem Einkommen, meinetwegen auch Exklusivität eines Angebots oder einer Leistung und damit verbundenem Einkommen oder Vermögen, sondern wenn der Eindruck entsteht, dass selbst bei verweigerter Leistung oder bei nachgewiesenen Fehlleistungen die Bezahlungen oder Abfindungen besonders üppig ausfallen.

Dabei geht es nicht um eine theoretische Fallkonstellation, sondern um die Lebenswirklichkeit. Das Problem sind die zunehmend aus dem Lot geratenen Einkommensproportionen. Das Verhältnis der Vorstandsgehälter zu den Einkommen der übrigen Beschäftigten desselben Unternehmens hat sich in einer erstaunlichen Weise verselbständigt. In Deutschland ist das Verhältnis der durchschnittlichen Pro-Kopf-Einkommen zwischen Vorstand und Mitarbeitern der Dax30-Unternehmen von 1987 bis 2008 vom 14- auf das 49fache gestiegen, wobei der Anstieg ab Mitte der 90er-Jahre deutlich höher ist als in den Jahren zuvor. Nach einer im März 2010 veröffentlichten Studie sind die Gehälter der Vorstandsmitglieder dieser Unternehmen dabei selbst gegenüber der zweithöchsten Hierarchieebene noch um durchschnittlich das zwanzigfache höher. Nach den veröffentlichten Unternehmensbilanzen waren die Bezüge der Vorstandsvorsitzenden 2014 im Durchschnitt mehr als 20-mal so hoch wie diejenigen des Bundespräsidenten und der Bundeskanzlerin. Noch frappierender sind die Differenzen im globalen Maßstab. In zahlreichen Unternehmen lassen sich teilweise absurde Einkommensrelationen beobachten. So bekam in den Vereinigten Staaten der Vorstandsvorsitzende von Wal Mart 2005 mit 17,5 Millionen Dollar rund 900-mal so viel wie das Durchschnittseinkommen der Beschäftigten seines Unternehmens.

Selbst als Verfechter der Unvermeidbarkeit wie der Unverzichtbarkeit von Ungleichheit finde ich für diese Relationen keine überzeugende Begründung und auch nicht für die viel zitierten »Boni« von Investmentbankern, die für ein ohnehin ordentliches Festgehalt mit Geldern spekulieren, die ihnen nicht gehören, im Erfolgsfall fürstlich honoriert werden und bei gescheiterten Geschäften von Bürgschaften und Einlagen der Steuerzahler unterstützt werden, um nach staatlich verhindertem Kollaps scheinbar unbelehrt und unberührt ihre finanziellen Wetten wieder aufzunehmen und mit neuen Boni vergüten zu lassen. Alles spricht für die Vermutung, dass die haushohe Mehrheit der Menschen aller real existierenden Gesellschaften für solche Relationen keine nachvollziehbare Begründung findet. Was übrigens unter den Bedingungen einer demokratisch verfassten Gesellschaft einschlägige Folgen hat. Für die Einschätzung der Angemessenheit von Relationen ist nämlich weder das Selbstbewusstsein der Vorstandsmitglieder maßgeblich noch die Großzügigkeit von Aktionärsversammlungen, entscheidend sind die Mehrheitsverhältnisse in der Wählerschaft. Deswegen kann ich nur dringlichst empfehlen, die Erosionen an Glaubwürdigkeit und Akzeptanz ernst zu nehmen, die längst stattfinden.

Die Verteilung von Einkommen und Vermögen empfinden in Deutschland fast zwei Drittel der Bevölkerung als ungerecht. So hoch war der Anteil nie. Noch bei einer vergleichbaren Untersuchung vor wenigen Jahren waren es etwas über 50 Prozent, die Vorbehalte gegenüber der Gerechtigkeit der Verteilungsrelationen angemeldet haben. Und was vielleicht noch aufschlussreicher ist: Differenziert man die Skepsis der Befragten nach Parteipräferenzen, dann wird es nicht gänzlich überraschen, dass über 90 Prozent der Anhänger der Linkspartei die Einkommens- und Vermögensverteilung in Deutschland als ungerecht empfinden. Bei der SPD und bei den Grünen-Wählern sind es rund drei Viertel, bei den Wählern der Union und bei den Wählern der FDP etwa zwei Drittel. Mit anderen Worten: Bei den Wählerinnen und Wählern aller in deutschen Parlamenten vertretenen politischen Parteien beträgt die Einschätzung einer ungerechten Einkommens- und Vermögensverteilung in Deutschland mindestens zwei Drittel: Virtuell ist das eine verfassungsändernde Mehrheit.

Ich glaube, dieser Vertrauensverlust hat viel zu tun mit der grundlegenden Veränderung, die in den vergangenen drei, vier

Jahrzehnten in Zeiten der Globalisierung im Verhältnis der beiden Produktionsfaktoren Arbeit und Kapital eingetreten ist. Seit Anfang der 70er-Jahre gibt es einen völlig eindeutigen statistischen Trend, dass die Wertschöpfung in unserer Volkswirtschaft, übrigens in allen anderen entwickelten Volkswirtschaften in einer sehr ähnlichen Weise, nicht mehr durch zusätzlichen Arbeitseinsatz zustande kommt, sondern durch die Verbindung von Kapitaleinsatz und Technologie, von Kapital und Wissen. Der Anteil der Arbeit an der Wertschöpfung moderner Volkswirtschaften befindet sich seit Jahrzehnten im Sinkflug. Und wir machen auch seit Jahren die ernüchternde Erfahrung, dass weder Arbeit verlässlich Wachstum schafft noch Wachstum sicher Arbeit. Der Zuwachs des Volksvermögens entfällt seit den 70er-Jahren ganz überwiegend auf Unternehmensgewinne und Kapitalerträge, während der Anteil der Arbeitseinkommen stagniert.

Auch das Verhältnis von Unternehmen und Unternehmern hat sich in einer bemerkenswerten Weise verändert, naturgemäß viel stärker in den größeren als in den kleineren und mittleren Unternehmen. Aber der Typus des persönlich und mit seinem Vermögen haftenden Unternehmers wird immer mehr zur seltenen Ausnahme, und der Typus des smarten Managers, der die Rentabilitätsinteressen des jeweiligen Unternehmens befördert, dominiert die Szene. Das ist mehr als eine marginale Veränderung der Rahmenbedingungen, zumal der zweite Typus von Unternehmern aus wiederum naheliegenden Gründen ein ganz anderes Verhältnis zu seinem Unternehmen hat, mit dem ihn zunächst nicht mehr als ein Fünf-Jahres-Vertrag verbindet, übrigens bei statistisch nachweisbar immer kürzeren tatsächlichen Verweildauern im jeweiligen Unternehmen. Den Manager verbindet in der Regel fast nichts mit dem Produkt des jeweiligen Unternehmens. Er hat ein vitales Interesse an den Bilanzen, die auch in immer kürzeren Fristen auf internationalen Kapitalmärkten Gegenstand intensiver Bewertungen sind.

Wie soll man den Arbeitnehmern erklären, dass ihr Arbeitsplatz nicht gehalten werden kann, wenn weder das Produkt, das sie anbieten, am Ende seines Lebenszyklus angekommen ist, noch die Firma, die dieses Produkt herstellt, einen signifikanten Einbruch des eigenen Marktanteils oder eine negative Veränderung von Umsätzen oder Erträgen hinnehmen muss, wenn ganz im Gegenteil die Bilanz genau dieses betroffenen Unternehmens steigende Marktanteile, steigende Umsätze, Rekordgewinne ausweist und pro Beschäftigten des Standortes einen hohen Gewinn? Wie soll die Politik, bei der die Probleme dann regelmäßig abgeladen werden, den Arbeitnehmern erklären, dass ihr Arbeitsplatz leider nicht zu retten sei? Außer mit dem allerdings zutreffenden Argument, dass sich die Rentabilitätsinteressen in Zeiten der Globalisierung in der Weise verselbständigt haben, dass die Prioritäten ein für allemal in dieser Reihenfolge zementiert sind. Wenn dies aber die ehrliche und einzige Botschaft ist, dann möchte ich die nächsten Umfragen über das Ansehen von Marktwirtschaft am liebsten gar nicht mehr lesen.

Das, was in der Politik Mehrheiten als Mindestvoraussetzung für die Gültigkeit von angestrebten Entscheidungen sind, ist im Bereich der Wirtschaft – schon gar im Bereich des Finanzsystems – das Vertrauen. So lautet ein schöner Werbespruch der Deutschen Bank von Anfang der 90er-Jahre: »Vertrauen ist der Anfang von allem.« Man könnte hinzufügen: Misstrauen ist der Anfang vom Ende. Dies wissen wir nicht erst seit Beginn der Turbulenzen auf den internationalen Finanzmärkten. Seitdem gibt es eine neue Einsicht – und eine neue Versuchung. Beides hängt unmittelbar mit den Erfahrungen zusammen, die wir im Zusammenhang mit der Finanz- und Wirtschaftskrise gemacht haben.

Zu den voreiligen Verallgemeinerungen gehört die Behauptung, wir hätten im Bereich der Finanzmärkte zu wenig Regulierung. Ich glaube nicht, dass diese Verallgemeinerung zutrifft. Wir haben bei deutschen Banken und Finanzinstitutionen im Branchenvergleich ein beachtliches Maß an Regulierung, möglicherweise an der einen oder anderen Stelle sogar zu viel. Seit der großen Weltfinanzkrise hat der Deutsche Bundestag mehr als zwanzig einschlägige Gesetze geändert oder beschlossen.

Aber wahr ist offenkundig, dass ein immer größerer Teil der Finanztransaktionen aus den nationalen Märkten längst auf globale Märkte ausgewandert und mit dieser Auswanderung aus den jeweiligen nationalen Regulierungen und nationalen Aufsichtssystemen ausgeschieden ist.

Dies hat sich nicht naturwüchsig, unbeabsichtigt entwickelt, sondern war Bestandteil einer gezielten Strategie, die am Ende in einer der eindrucksvollsten Kapitulationserklärungen, die es in der Wirtschaftsgeschichte der Menschheit bisher gegeben hat, ihren Höhepunkt fand: Die Banken haben sich wechselseitig das Misstrauen erklärt.

Da liegt die erste wichtige Einsicht, von der ich sehr hoffe und auch erwarte, dass sie sich über die Schockerfahrung der Finanz- und Wirtschaftskrise hinweg bewahren und umsetzen lässt: Die Einsicht, dass eben nicht dann der Gipfel der ökonomischen Leistungsfähigkeit erreicht ist, wenn der letzte Rest staatlichen oder politischen Einflusses erfolgreich eliminiert ist, sondern dass die Märkte Rahmenbedingungen brauchen, dass die Wirtschaft nicht ohne und nicht gegen staatliche Regelungen erfolgreich operieren kann.

Eine selbstkritische Betrachtung kann allerdings nicht übersehen, dass in keiner anderen Branche unserer Volkswirtschaft ein vergleichbarer Ehrgeiz zu erkennen war, staatliche Regelungen bis auf ein Minimum zurückzuführen und ihnen dort, wo sie vorhanden sind, erfolgreich auszuweichen – mit einem desaströsen Zwischenergebnis, das überhaupt nur dadurch zu lindern war, dass der Staat in seiner Zuständigkeit wiederentdeckt und als letzter Notanker angerufen wurde.

Ich rate dringend dazu, sich mit Wirkungszusammenhängen auseinanderzusetzen, die zwischen der betriebswirtschaftlichen Rationalität vieler Entscheidungen und ihren ungewollten politischen Wirkungen eine zunehmend größere Diskrepanz entstehen lassen, die am Ende die Aufrechterhaltung der Ordnung gefährdet, in der überhaupt solche Zusammenhänge im wörtlichen und übertragenen Sinne »gemanagt« werden können. Ich verkenne nicht, dass es sowohl in vielen Unternehmen wie in den Verbänden eine Reihe von bemerkenswerten Bemühungen gibt, diesem Problem, diesen Entwicklungen zu Leibe zu rücken. Dazu gehört ganz sicher auch der Versuch, über einen *Corporate Governance Kodex* unterhalb von gesetzlichen Regelungen Ansprüche zu formulieren, von denen man – mit gesundem Menschenverstand – vermuten könnte, dass sie der Glaubwürdigkeit und damit der Akzeptanz von Unternehmen und von Systemen behilflich sind. Aber es lässt sich nicht übersehen, dass die Popularität dieses Kodexes in der deutschen Wirtschaft dort am höchsten war, wo sie eher folgenlos blieb und umgekehrt die Zögerlichkeit beziehungsweise Verweigerung prompt an den Stellen am ausgeprägtesten war, an denen die sich daraus hergeleiteten Verpflichtungen waren und handfest wurden: bei der Offenlegung der individuellen Gehälter sowie den großzügigen Abfindungen und den eher bescheidenen Haftungsregelungen für Manager. Da bleibt noch manches zu tun.

»Freiheit, die sozialökonomisch oder politisch nicht in ein umfassendes Ordnungssystem eingespannt und damit gebändigt ist, oder auch Freiheit, die um keine moralische Bindung weiß, wird immer im Chaotischen entarten«, hat Ludwig Erhard schon gewusst. Wir hätten zur Chaostheorie völlig neue empirische Befunde sammeln können, wenn es zur Bekämpfung der Finanz- und Wirtschaftskrise 2009 nicht rechtzeitig die politische Intervention gegeben hätte, die der mit Abstand größere Teil der unmittelbar verantwortlichen Finanzakrobaten mit großem Fleiß jahrelang für ausdrücklich unerwünscht gehalten hat.

Dass 2014 die zwanzig größten Banken in Europa und in den USA für unzulässige Finanzgeschäfte zusammen fast 47 Milliarden Euro an Strafen zahlen mussten, verdeutlicht, dass Märkte und gerade auch Wettbewerbssysteme verlässliche und verbindliche Rahmenbedingungen brauchen und deswegen eine bessere Zuordnung von politischen und ökonomischen Kompetenzen eine unverzichtbare Voraussetzung für die Funktionsfähigkeit einer Wettbewerbswirtschaft ist. Nicht zu übersehen ist aber auch die Versuchung, wieder von einer Übertreibung in die nächste zu fallen und nun wieder alles Heil in stärkerem staatlichen Einfluss und einem größeren Umfang an Regulierung zu suchen.

Tatsächlich geht es zum ersten Mal in der Geschichte der Menschheit darum, im globalen Maßstab belastbare Rahmenbedingungen zu vereinbaren und durchzusetzen, ohne deren Vereinbarung eine Wiederholung dessen, was die Weltwirtschaft an den Rand des Abgrunds geführt hat, gewiss nicht ausgeschlossen werden könnte.

Dass im Übrigen jemand mit der Reputation und dem operativen Gewicht von Alan Greenspan, dem langjährigen Präsidenten der amerikanischen Notenbank, in einer Anhörung des amerikanischen Kongresses zur Bankenkrise ausdrücklich zu Protokoll gibt, er habe sich in seiner Einschätzung der Selbstheilungskräfte des Marktes gründlich geirrt und müsse eine Korrektur seiner eigenen »ideologischen Vorstellungen von Marktwirtschaft« vornehmen, würde ich mir in der Kategorie der nachhaltigen Einsichten wünschen, die es hoffentlich nicht nur in der amerikanischen Administration, sondern auch in der Europäischen Gemeinschaft und im Konzert der großen Volkswirtschaften dieser Welt gibt.

Dass es so gekommen ist, wie es gekommen ist, hat mit Fehlentwicklungen und Versäumnissen sowohl in der Wirtschaft als auch in der Politik zu tun. Die Einsicht, dass beide für die Zukunft daraus Konsequenzen ziehen müssen, ist mit Abstand wichtiger als die Frage, wer von beiden mehr Verantwortung dafür hat oder rechtzeitiger diese oder jene Fehlentwicklung vielleicht hätte vermeiden können. Im Kern geht es um die überzeugende Aufarbeitung der doppelten Erfahrung, dass in Zeiten der Globalisierung weder der einzelne Staat die Wirtschaft steuern kann, noch umgekehrt die Ökonomie ihrer Eigendynamik überlassen werden darf.

Peter Sloterdijk hat in seinem Buch *Im Weltinnenraum des Kapitals* folgenden denkwürdigen Satz formuliert: »Die Haupttatsache der Neuzeit ist nicht, dass die Erde um die Sonne, sondern dass das Geld um die Erde läuft.« Er hat nicht von der »Hauptsache«, sondern von der »Haupttatsache« gesprochen – und aus guten Gründen das eine vom anderen unterschieden. Es empfiehlt sich sehr, dies im Gedächtnis zu behalten.

Für andere Systeme mag gelten, dass sie jedenfalls über eine gewisse Zeit auch ohne Vertrauen funktionieren. Für Demokratie und Wettbewerbssysteme gilt das genaue Gegenteil. Sie haben so lange Bestand, wie eine stabile Mehrheit der in der Regel nicht unmittelbar beteiligten Menschen den Eindruck hat, dass es im Großen und Ganzen fair und gerecht zugeht. Und wenn sie diesen Eindruck verlieren, warum auch immer, dann ist das der unauffällige Anfang eines absehbaren Endes.

21. Zwischen Krieg und Frieden

Über Politik und Militär

Die Fragestellung nach der Rolle einer Armee in einem demokratischen Verfassungsstaat ist uns inzwischen gut vertraut und mit der Geschichte der Bundesrepublik Deutschland eng verbunden. Dabei geht es nicht nur, aber in besonderer Weise um die Rolle des Parlaments, das in unserer politischen Ordnung eine auffällig stärkere Rolle hat, nicht nur, was seine Zuständigkeiten in Personal- und Sachentscheidungen im Allgemeinen angeht, sondern insbesondere, was seine Aufgabenstellungen und Kompetenzen und Verantwortlichkeiten mit Blick auf Militäreinsätze betrifft.

Wie hat man sich das Verhältnis einer Armee zu einem Parlament in einem Verfassungsstaat vorzustellen? Der allgemeine Hinweis betrifft die Einsicht, dass relevante politische Entscheidungen fast nie voraussetzungslos getroffen werden können. Sie finden nie an einem »grünen Tisch« statt, wo man sich mit akademischen Entscheidungsalternativen unter Anstrengung der Vernunft auf ein am Ende möglicherweise beweisfähiges Ergebnis zubewegen könnte. Vielmehr kommen relevante politische Entscheidungen immer unter Bedingungen zustande, die in kürzer oder länger zurückliegenden Zeiten für heutige Entscheidungen bereits gesetzt worden sind. Militärisch gesprochen: immer in »vermintem Gelände«. Jedenfalls nie auf einer grünen Wiese, wo man gewissermaßen beliebige Truppen an beliebigen Stellen aufmarschieren lassen könnte. Vielmehr findet man immer ein historisch besetztes Gelände vor, und aus diesem bestimmt sich der Aktionsradius – unter Berücksichtigung vorgefundener Präjudizierungen. Dass sich die relevanten politischen Entscheidungsoptionen, die es in Deutschland nach dem Zweiten Weltkrieg gegeben hat, aus solchen Präjudizien heraus bestimmt haben, wird man nicht übersehen können. Allein der Umstand, dass es nach dem Zweiten Weltkrieg gleich zwei deutsche Staaten gab und dass diese jeweils hochgerüsteten Militärsystemen angehörten, zählt zu den präjudizierten Lagen, die es in Deutschland nach 1945 gab und die naturgemäß die Entscheidungsoptionen deutscher Politik über Jahrzehnte geprägt haben.

Am 27. Mai 1952 wurde in Paris der Vertrag über die Europäische Verteidigungsgemeinschaft von den Außenministern Frankreichs, Italiens, der Beneluxstaaten und der Bundesrepublik unterzeichnet. In Deutschland vom Bundeskanzler, weil ein damals noch nicht souveräner deutscher Teilstaat sich einen eigenen Außenminister nicht einmal erlauben konnte. Dass es überhaupt zu dieser erstaunlichen Konstruktion gekommen ist, hat unmittelbar mit der politischen wie militärischen Lage zu tun, die wir nach dem Zweiten Weltkrieg in Gestalt von zwei sich zunehmend formierenden, organisierenden, institutionalisierenden und hochgerüsteten Bündnissystemen vorgefunden haben. Diese Verteidigungsgemeinschaft ist nie zustande gekommen, weil der zwischen den sechs Regierungen – den gleichen, die wenige Jahre später mit den Römischen Verträgen die Grundlage für die Europäische Wirtschaftsgemeinschaft gelegt haben – geschlossene Vertrag im Französischen Parlament, der *Assemblée Nationale*, nicht ratifiziert worden ist. Damit war er gescheitert, bevor er jemals auf seine Leistungsfähigkeit getestet werden konnte. Der Vorgang illustriert im Übrigen die Bedeutung von Parlamenten in Verfassungsstaaten mit Blick auf Einsatzmöglichkeiten und -bedingungen von bewaffneten Streitkräften an einem markanten historischen Beispiel.

Bedeutend ist dieses Vertragswerk aber insbesondere, weil es den weitreichendsten Souveränitätsverzicht vorsah, den es bis dahin jemals zwischen souveränen Nationalstaaten gegeben hat und der auch deswegen nicht zustande kam. Für uns Deutsche war das eine vergleichsweise einfache Übung, denn da wir keine Souveränität hatten, fiel der Verzicht nicht wirklich schwer. Für die Deutschen waren der Weg nach Europa und die Integration in europäische Strukturen der Königsweg zur Wiederherstellung internationalen Ansehens sowie staatlicher Souveränität. Für die Franzosen war das eine völlig andere Geschichte. Und die Briten haben das ohnehin aus der Perspektive eines interessierten Beobachters verfolgt, der damals keinen Augenblick ernsthaft darüber nachgedacht hat, ob er an solchen europäischen Konstruktionen vielleicht selber beteiligt werden könnte oder müsste.

Einen vergleichbaren Souveränitätsverzicht mit nachhaltigen massiven Folgen hat es erst durch die Einführung des Euro und den damit verbundenen Verzicht auf nationale Währungen innerhalb einer inzwischen entwickelten, etablierten, inhaltlich und geografisch expandierenden Europäischen Gemeinschaft gegeben. Was wiederum zeigt, dass politische Entscheidungen – exekutive wie legislative – nicht voraussetzungslos stattfinden, sondern immer auch auf Voraussetzungen treffen, die vorher, aus welchen Gründen und wie bewusst auch immer, geschaffen worden sind.

Am 27. Mai 1959 lief das Berlin-Ultimatum ab. Dass dieses Ultimatum, das die Aufforderung der Sowjetunion an die Westmächte zum Inhalt hatte, eine Umwandlung Westberlins in eine selbstständige politische Einheit, zu einer sogenannten Freien Stadt Berlin, innerhalb einer definierten Frist zu realisieren, beinahe folgenlos ablief, hat offenkundig wiederum kausal mit der Veränderung der Lage zu tun, die in der Zwischenzeit durch die Gründung der NATO und durch einen eigenen Verteidigungsbeitrag Deutschlands in Gestalt der Bundeswehr geschaffen war.

Auch wenn sich nur noch ein ganz kleiner Teil der deutschen Bevölkerung an die Debatten erinnern kann, die damals in Deutschland – und nirgendwo länger, intensiver und leidenschaftlicher als im Deutschen Bundestag – zur Frage der deutschen Wiederbewaffnung und einer damit verbundenen Einführung der Wehrpflicht geführt wurden, so wird jedem einleuchten, dass diese nicht voraussetzungslos stattgefunden haben. Die Debatte im Bundestag war vielmehr in hohem Maße durch die Verhältnisse präjudiziert, die nach dem Zweiten Weltkrieg entstanden waren, der nicht wie ein Naturereignis über Deutschland gekommen, sondern von Deutschen verursacht worden war.

Das Verhältnis von Militär als einem Teil staatlicher Ordnung und anderen staatlichen Institutionen – Regierungen, Parlamenten, soweit vorhanden auch Verfassungsgerichten – findet immer in historischen Kontexten statt. Dafür gibt es kaum ein treffenderes Beispiel als die jüngere deutsche Geschichte.

Zum Verhältnis von Politik und Militär treffen wir in der Welt von heute höchst unterschiedliche Konstruktionen an. Selbst wenn man unter der großen Zahl von Staaten (in den Vereinten Nationen sind inzwischen rund zweihundert mehr oder weniger selbstständige Staaten organisiert) nur diejenigen etwas genauer betrachtet, die demokratischen Ansprüchen genügen, findet man unter den real existierenden Demokratien dieser Welt erstaunlich unterschiedliche Verhältnisse. Aber man findet weltweit kein zweites Beispiel, in dem die

Verankerung einer Armee im demokratischen Staat in einer solchen Weise konstruktiv parlamentarisch formalisiert und legitimiert wird und damit dem Zugriff oder der Disposition der Exekutive entzogen wird wie in Deutschland. Dass das so ist, hängt mit den Entstehungsbedingungen unserer Verfassung und ihrer Vorgeschichte zusammen. In den letzten Jahren sind zwar manche Länder mehr oder weniger auffällig dem deutschen Modell gefolgt, aber noch immer überbietet kein zweites Land die deutsche Regelung mit Blick auf die tatsächlichen und verfassungsrechtlichen Einflussmöglichkeiten des Parlaments in Bezug auf Militäreinsätze.

Die hessische Stiftung »Friedens- und Konfliktforschung« hat 49 Demokratien weltweit auf diese Frage untersucht: »Wie sieht es aus mit den Möglichkeiten parlamentarischer Einflussnahme auf Militäreinsätze? Wie wird das Verhältnis von Militäreinsätzen zur Zuständigkeit von Verfassungsorganen organisiert?« Das Ergebnis dieser Studie: In mehr als der Hälfte der Demokratien weltweit gibt es überhaupt keine Parlamentsvorbehalte, sondern dort sind Militäreinsätze nach wie vor – einer historischen Rollenverteilung folgend – Aufgabe der Exekutive. Eine parlamentarische Mitwirkung findet, wenn überhaupt, nur auf dem Umweg von Einflussnahme auf Budget, Haushaltsrecht und anderen legislativen Optionen statt. Aber eine formale, rechtlich zwingende, belastbare, einklagbare parlamentarische Beteiligung an Militäreinsätzen ist in mehr als der Hälfte der existierenden Demokratien der Welt nicht vorhanden. Gerade einmal in 12 dieser 49 untersuchten Staaten gibt es überhaupt einen Parlamentsvorbehalt, darunter nur in wenigen NATO-Staaten. Das sind – außer Deutschland – Dänemark, Litauen, die Türkei, neuerdings in einer modifizierten Form auch Spanien und Frankreich. In der EU haben außerdem noch Österreich, Irland, Schweden und Finnland einen solchen Parlamentsvorbehalt, aber die sind alle keine NATO-Mitgliedstaaten. Und es gibt die beiden neutralen Länder Japan und Schweiz. Damit ist die Liste der Staaten, in denen es überhaupt so etwas wie einen Parlamentsvorbehalt gegenüber Militäreinsätzen gibt, auch schon komplett. In den USA gibt es seit den 1970er-Jahren die sogenannte *War Powers Resolution*, eine rechtswirksame Entscheidung des amerikanischen Kongresses. Sie regelt die Zustimmungserfordernisse für amerikanische Militäreinsätze in der Weise, dass der Präsident ohne vorherige Zustimmung des Kongresses Truppen entsenden darf, allerdings innerhalb von sechzig Tagen die Zustimmung des Kongresses dafür einholen muss. Das könnte man auf den ersten Blick für gleichwertig halten, denn am Ende braucht eben auch der amerikanische Präsident die Zustimmung des Kongresses. Aber nicht nur die Militärs werden sofort erkennen, dass diese Unterscheidung alles andere als marginal, sondern prinzipiell ist. Bei einer Verfassungsordnung, bei der ein Militäreinsatz schon fünfzig Tage stattgefunden haben kann, mit dem damit verbundenen finanziellen, logistischen, politischen Aufwand, bei dem die ersten Toten in der Zwischenzeit schon in die Heimat zurückgebracht werden mussten, bevor sich das Parlament zum ersten Mal mit der Frage beschäftigen kann, wird dasselbe Thema unter prinzipiell anderen Bedingungen diskutiert als in einer Verfassungsordnung, bei welcher der erste Soldat seinen Fuß erst dann außer Landes setzen darf, wenn das Parlament diesem Einsatz zugestimmt hat. Auch daraus folgt noch nicht unbedingt, dass die deutsche Regelung besser ist als die anderer Länder. Aber sie ist jedenfalls anders.

Wir haben in Deutschland die historisch begründete, verfassungsrechtliche Lage, welche die Einflussmöglichkeiten des Parlaments nicht nur klassischerweise wie in anderen funktionierenden Demokratien darauf bezieht, dass das Parlament das Budgetrecht hat und damit über die Haushalte aller Ministerien und damit auch über den Haushalt des Verteidigungsministeriums bestimmt. Das Parlament entscheidet damit nicht nur über das Geld, das dem Verteidigungsminister zur Verfügung steht, sondern indirekt auch über die Grundstrukturen der Organisation der Bundeswehr: beispielsweise über Mannschaftsstärken und damit verbundene Standorte, deren Größenordnung und Entwicklungsperspektiven sowie über alle militärischen Ausrüstungen und Beschaffungen.

Wenn wir über Kontinuitäten und Diskontinuitäten der Politik reden und die sich daraus ergebenden Implikationen für das Verhältnis von Politik und Militär, dann finden wir in der Nachkriegszeit besonders handfestes Anschauungsmaterial. Die Bundeswehr wurde in der Zeit, als unser Land und Europa geteilt waren und sich zwei Bündnissysteme – buchstäblich bis an die Zähne bewaffnet – an einer innerdeutschen Grenze gegenüberstanden, für die Aufgabe, für die sie konzipiert und aufgebaut worden war, nämlich für die Landesverteidigung, scheinbar gar nicht gebraucht. Zum 50. Geburtstag der Bundeswehr erschien in der *Zeit* ein bemerkenswerter Leitartikel mit der erstaunlichen Überschrift: »Nicht kämpfen kann diese Armee gut«. Das war natürlich – militärisch formuliert – »scharf daneben«, sollte aber in einer saloppen journalistischen Weise zum Ausdruck bringen, dass es nie zu Kampfeinsätzen der Bundeswehr gekommen ist, jedenfalls für den nach dem Verfassungstext einzigen Zweck, den die Bundeswehr hatte, nämlich das eigene Land zu verteidigen. Das ist zutreffend, aber doch eine reichlich statische Betrachtung dynamischer politischer Prozesse. Denn dass wir in den Jahren 1989/90 in Deutschland und Europa eine wundersame und wunderbare friedliche Revolution erlebt haben, das hängt natürlich auch mit der Existenz der Bundeswehr zusammen. Auch wenn sie, Gott sei Dank, nicht für die Landesverteidigung kämpfen musste, hat sie doch allein durch den glaubwürdigen Nachweis, dass sie dazu, wenn es denn sein müsse, zweifellos jederzeit in der Lage gewesen wäre, wesentlich dazu beigetragen, dass es zu diesem Kampfeinsatz gar nicht kommen musste. Dass es im Übrigen im Vollzug der Deutschen Einheit gelungen ist, mit der Nationalen Volksarmee eine komplette, hochgerüstete deutsche Armee beinahe geräuschlos aufzulösen und in Restbeständen in eine andere vorhandene Armee zu integrieren – bei Drittelung des addierten gemeinsamen Personalbestands und unter Anwesenheit von damals Zigtausenden Soldaten einer im eigenen Land stationierten Besatzungsarmee – das gehört zu den Wundern der jüngeren Geschichte, die wir alle längst für eine schiere Selbstverständlichkeit halten. Als sei das immer genau so vorgesehen gewesen.

Inzwischen haben wir eine gründlich veränderte Situation: Zwar sind nach wie vor 90 Prozent einer drastisch kleineren deutschen Armee an deutschen Standorten stationiert, aber 90 Prozent der öffentlichen Aufmerksamkeit richten sich auf die Standorte außerhalb Deutschlands, an denen diese Armee im Einsatz ist, teilweise im Kampfeinsatz. Zu den zwar nicht verdrängten, aber sicher immer noch nicht wirklich restlos aufgearbeiteten gründlichen Veränderungen gehört der Umstand, dass diese Armee nach der Verfassungslage einen Auftrag wahrzunehmen hat, der sich scheinbar erledigt hat, während sie tatsächlich Aufträge übernimmt, die die Verfassung gar nicht vorsieht und die sich erst aus unserer politischen Wahrnehmung von Bündnisverpflichtungen, Weltlagen und internationaler Verantwortung ergeben. Man muss sich nicht wirklich wundern, dass es dazu in einer freien demokratischen

Gesellschaft sehr unterschiedliche Auffassungen gibt: Ob das überhaupt sein muss, ob es in diesem Ausmaß sein muss und ob es in der Weise, in der wir es tun, wirklich erfolgversprechend ist. Dabei verniedlicht der richtige Hinweis auf die gegenwärtig insgesamt mehr als ein Dutzend Auslandseinsätze der Bundeswehr und auf aktuell weniger als 3000 im Ausland eingesetzte Soldaten die tatsächliche Größenordnung. Wenn man den Stand 2015 nimmt, dann haben inzwischen über 377 000 Soldatinnen und Soldaten irgendwann im Laufe dieser Zeit im Ausland Dienst geleistet. Diese Zahl ist größer als die Sollstärke der Bundeswehr! Auch das verdeutlicht Proportionen, die in der Realität ein bisschen anders sind als ein schlichter Blick auf die Statistik.

Es gibt durchaus Meinungsverschiedenheiten darüber, ob diese Auslandseinsätze durch den Verfassungstext gedeckt sind. Folgerichtig hat diese Frage das Bundesverfassungsgericht beschäftigt. Seine Schlüsselentscheidung ist das berühmte »*Out-of-area-Urteil*« vom 12. Juli 1994. In diesem Text findet sich zum ersten Mal – jedenfalls in einem relevanten Rechtsdokument – der Begriff »Parlamentsarmee«. In der Debatte über die Wiedereinführung des Wehrdienstes in den 1950er-Jahren mag der Begriff in Parlamentsdebatten oder publizistischen Beiträgen vorgekommen sein. Aber als Terminus ist die besondere Verbindung des Parlaments zur Armee und umgekehrt, die besondere Abhängigkeit der Armee von parlamentarischen Entscheidungen erst seit diesem Urteil aus Karlsruhe einschlägig. Das Bundesverfassungsgericht hat damals aus der deutschen Verfassungstradition seit 1918 und einem der Wehrverfassung zugrundeliegendem Prinzip die Notwendigkeit eines »konstitutiven Parlamentsbeschlusses beim Auslandseinsatz der Bundeswehr« hergeleitet. Der Kernsatz des damaligen Verfassungsgerichtsurteils lautet: »Für den militärischen Einsatz von Streitkräften ist dem Grundgesetz das Prinzip eines konstitutiven Parlamentsvorbehalts zu entnehmen.« Ob dem Grundgesetz dieser Grundsatz zu entnehmen ist, oder ob das Bundesverfassungsgericht diesen Grundsatz ins Grundgesetz hineingelesen hat, darüber gibt es wiederum einen famosen Streit der Verfassungsjuristen. Ein sozialdemokratischer Kollege im Bundestag hat das in einem Kommentar so bezeichnet: »Die Erfindung des konstitutiven Parlamentsvorbehalts ist ein verfassungspolitischer Geniestreich.« Wie auch immer: Dies ist die gültige, übrigens auch unangefochtene Rechtslage, die zu der soeben geschilderten, in Deutschland verfassungsrechtlich und verfassungspolitisch abgesicherten Situation führt. Bei uns entscheidet das Parlament darüber, ob überhaupt und wenn ja, wie viele Soldaten an welchem Platz der Welt ihren Auftrag wahrzunehmen haben. Keine dieser vier Fragen, ob überhaupt, wo, wie viele, welchen Auftrag wahrzunehmen haben, kann bei uns abschließend von der Regierung beantwortet werden. Umgekehrt kann das Parlament keinen Militäreinsatz veranlassen. So sehr die Regierung davon abhängig ist, dass ein Vorschlag für einen Militäreinsatz die konstitutive Zustimmung des Bundestags findet, so wenig kann der Bundestag anstelle der Regierung einen Militäreinsatz herbeiführen, nicht einmal mit einem einstimmigen Beschluss. Das ist eine kluge Balance von Einflüssen und Verantwortlichkeiten, die ich auch im Lichte der Erfahrungen der letzten Jahre für gut begründet und bewährt halte.

Seit der zitierten Entscheidung des Bundesverfassungsgerichts aus dem Jahr 1994 hat es keinen einzigen Einsatz gegeben, der nicht nach diesem Verfahren entschieden worden wäre, mit der kleinen Ausnahme einer kurzfristigen militärischen Hilfsoperation in Albanien 1997. Damals wurden in einem wenige Stunden dauernden Hubschraubereinsatz hundert Personen aus einer Bürgerkriegslage befreit. Selbst bei einer ausgeprägten parlamentarischen Leidenschaft würde man bei einer solchen nicht vorhersehbaren Lage kaum eine Sondersitzung des Bundestags als Voraussetzung für einen Einsatz reklamieren wollen, zumal der sich nach der Sondersitzung vermutlich längst erledigt hätte. Das ist auch der Grund dafür, warum es im Parlament in den letzten Jahren zunehmend selbstkritische Debatten darüber gegeben hat, ob wir es mit der förmlichen Einflussnahme nicht gelegentlich übertreiben. Denn wir stecken – gerade wegen der Gleichzeitigkeit der Militäreinsätze und ihrer regelmäßigen Befristung – in einem Legitimierungsmechanismus, der selbst bei marginalen oder gar keinen Veränderungen dennoch die gesamte legislative Entscheidungsmechanik in Gang setzt. Dies wurde schließlich Gegenstand des Parlamentsbeteiligungsgesetzes, in dem nicht nur die üblichen Verfahren festgelegt, sondern auch die Regelungen enthalten sind, unter welchen marginalen Veränderungen es einer vorherigen Zustimmung des Bundestags zur Verlängerung von Einsätzen nicht bedarf. Für den Ersteinsatz ist allerdings immer die Zustimmung des Bundestags erforderlich. Die unverzichtbare Entscheidung des Bundestags über die Entsendung deutscher Soldaten hat nicht zuletzt diesen Grund: Nicht die Bundeswehr soll sich rechtfertigen müssen, sondern das Parlament.

Der allererste Militäreinsatz, Kriegseinsatz, an dem die Bundeswehr in ihrer Geschichte nach den großen Veränderungen in Europa beteiligt war, war der im ehemaligen Jugoslawien, als der damalige Serbenführer Milošević den auseinanderfallenden Teilstaaten mit militärischen Mitteln seine Vorstellungen eines großserbischen Reichs aufzwingen wollte. Die Entscheidung, ob überhaupt und unter welchen Bedingungen sich deutsche Soldaten an diesem Einsatz beteiligen sollten – einschließlich der schwierigen völkerrechtlichen Fragen der Mandatierung –, musste bei uns im Oktober 1998 getroffen werden, wenige Wochen nach einer Bundestagswahl, deren Ergebnis die Abwahl der amtierenden Bundesregierung war, ohne dass die neue Regierung bereits im Amt gewesen wäre. Damals hat die noch geschäftsführend im Amt befindliche Regierung mit dem Bundeskanzler Helmut Kohl, dem Außenminister Klaus Kinkel, dem Verteidigungsminister Volker Rühe und den Repräsentanten der neuen Regierung mit dem damaligen niedersächsischen Ministerpräsidenten Gerhard Schröder und dem künftigen Außenminister Joschka Fischer über die Frage gesprochen, ob und wie in einer solchen Zeit des schwebenden Übergangs von der einen zu der anderen Regierung eine Frage von diesem Gewicht mit möglichst breiter parlamentarischer Mehrheit entschieden werden könnte. Für mich persönlich gehört es zu den in keinem deutschen Schulbuch verzeichneten Sternstunden des deutschen Parlamentarismus, dass dieses Parlament in der Übergangszeit zwischen einer aus dem Amt scheidenden und einer völlig anders zusammengesetzten neuen Regierung nicht irgendeine Entscheidung, sondern die Entscheidung über den ersten Kriegseinsatz deutscher Soldaten nach dem Zweiten Weltkrieg nahezu einstimmig beschlossen hat. Und natürlich hätten wir beim Thema deutsche Militäreinsätze im Ausland möglicherweise eine völlig andere öffentliche Diskussionslage, wenn diese ersten Militäreinsätze mit deutscher Beteiligung nicht in der Verantwortung einer Bundesregierung hätten durchgeführt werden müssen und können, die nach ihrer Zusammensetzung ganz sicher nicht unter dem Verdacht besonderer Militärfreundlichkeit stand. Die Frage, wie die Debatten in Deutschland gelaufen wären, wenn eine andere Regierung im Amt und die tatsächliche neue Regierung in der Opposition gewesen wäre, beantwortet sich fast von selbst.

Allerdings macht auch dieser spekulative Hinweis deutlich: Die Frage, ob und unter welchen Bedingungen wie viele deutsche Soldaten mit welchem Auftrag irgendwo in der Welt ihren Einsatzbefehl erhalten, ist notwendigerweise Gegenstand des Streits einer öffentlichen Auseinandersetzung, nicht nur, aber insbesondere im Parlament, und natürlich ist jede Auseinandersetzung nicht nur im Fall Afghanistan nicht bloß zulässig, sondern völlig unverzichtbar. Dabei ist auch immer wieder abzuwägen, ob der jeweilige Einsatz nicht nur gerechtfertigt, sondern auch aussichtsreich ist, was nicht dasselbe ist, und ob die Bedingungen, unter denen die Aussichten dieses Einsatzes vergrößert werden könnten, politisch, militärisch, finanziell gestemmt und verantwortet werden können. Dazu gehört auch die seit langem anstehende Klärung der für unsere Bündnispartner verlässlichen Beteiligung deutscher Soldaten in integrierten militärischen Stäben und Verbänden unter Aufrechterhaltung der parlamentarischen Entscheidungskompetenz. Dass bei uns am Ende Parlamente darüber entscheiden, ob Einsätze stattfinden, wann und wo und wie, ist nicht die Garantie dafür, dass die richtigen Entscheidungen getroffen werden, genauso wenig wie die Behauptung, dass gleiche Entscheidungen, die von Regierungen getroffen werden, ganz sicher fehlerhafter wären.

Es liegt einfach in der Struktur einer Entscheidungsfindung, dass getroffene Einsatzentscheidungen eine stärkere Neigung zur Selbstrechtfertigung entwickeln als eine aus streitigen Diskussionen mit Pro und Kontra und leidenschaftlichen Befürwortern und Gegnern erwachsene Entscheidung, die sich selbst in viel stärkerem Maße in Zweifel zieht. Der wesentliche Vorzug der parlamentarischen Entscheidung besteht nicht darin, dass sie prinzipiell »richtiger« ist, sondern darin, dass solche Fragen, die buchstäblich über Tod und Leben entscheiden können, nicht allein Entscheidungen einer Regierung sein sollten, sondern eines Parlaments und damit der Vertretung des Volkes, in der alle relevanten politischen Gruppierungen mit ihren jeweiligen Lebenserfahrungen und Einschätzungen zu Wort kommen.

Ich persönlich glaube, dass das Verhältnis von Parlament und Armee in Deutschland ebenso beispiellos wie beispielhaft ist. Der Deutsche Bundestag weiß, dass er sich auf diese Armee verlassen kann, und die Soldaten sollten wissen, dass sie sich auf ihr Parlament verlassen können.

22. Die Freiheit ist stark. Aber ist sie auch sicher?

Vom Umgang der Politik mit dem Terrorismus

»Nous sommes tous Charlie«

Zu Beginn des Jahres 2015 wurde Frankreich von brutalen terroristischen Anschlägen erschüttert. Siebzehn Menschen wurden mitten in Paris skrupellos ermordet, andere zum Teil lebensgefährlich verletzt: Journalisten, Künstler und Polizisten, die für die Republik ihren Dienst taten, unter ihnen ein Muslim sowie vier Franzosen jüdischen Glaubens. Die Ereignisse haben weltweit schockiert und empört, denn viele Menschen haben sofort verstanden: Der Mordanschlag von Paris galt nicht allein einer bestimmten Zeitung und den Menschen, die sie machen, er galt der Freiheit der Meinung und der Presse. Er war ein demonstrativer Angriff auf die freie und offene Gesellschaft, auf unsere geschriebene und ungeschriebene Verfassung, unsere Überzeugungen und unsere Werte.

Wir fühlen uns mit unseren französischen Freunden verbunden im Schmerz und in der Trauer um die Opfer, aber auch in der Entschlossenheit, dieser Herausforderung gemeinsam zu begegnen. Franzosen und mit ihnen Menschen überall in der Welt, auch viele Deutsche, geben seit Tagen eine ebenso entschiedene Antwort auf diesen Angriff auf die Grundlagen unseres gesellschaftlichen Zusammenlebens. Die demonstrativ erhobenen Stifte und Plakate als Zeichen für das freie Wort, die millionenfach geteilte Parole »*Je suis Charlie*«, »Ich bin Journalist, bin Jude, bin Polizist, bin Ahmed« vermitteln die unmissverständliche Botschaft: »*Nous sommes tous Charlie.*« Wir alle sind gemeint. Wir lassen uns nicht einschüchtern, und schon gar nicht werden wir die Prinzipien aufgeben, die seit der Französischen Revolution gemeinsame Grundlage der europäischen Zivilisation geworden sind: Freiheit, Gleichheit, Brüderlichkeit.

Wir sind überzeugt: Wenn es Freiheit geben soll, muss sie für alle gelten. Wenn es Gleichheit geben soll, muss sie für alle Menschen gleiche Rechte und Pflichten bedeuten, unabhängig von Herkunft, Glaube und Geschlecht. Wenn Brüderlichkeit mehr ist als ein Wort, muss sie sich in Solidarität für die Schwächeren, die Ärmeren, die Benachteiligten in unseren Gesellschaften ausdrücken.

Demokratie ist die in Europa gewachsene Verfassung der Freiheit. Aber wir wissen auch, zumal aus unserer langen schwierigen eigenen Geschichte, dass Freiheit nur möglich ist, wenn Zweifel erlaubt sind: Zweifel an dem, was wir kennen, was wir gelernt haben, was wir wissen und zu wissen glauben, was wir zu glauben gelernt haben. Der Zweifel ist der Zwillingsbruder der Freiheit. Ohne Zweifel an tradierten Positionen und Kritik an bestehenden Verhältnissen gibt es weder Fortschritt noch Freiheit. Deshalb hat die Freiheit der Meinung, der Rede, der Kunst und nicht zuletzt der Presse eine herausragende, unaufgebbare Bedeutung für die Lebensbedingungen in unseren demokratisch verfassten Gesellschaften. Deshalb werden wir sie von niemandem zur Disposition stellen lassen.

Diese Entschlossenheit braucht es über den Tag hinaus; denn die Bedrohung ist nicht eingebildet, sie ist real, jederzeit und überall, auch bei uns. Wir werden in Staat und Gesellschaft stärker als bisher vorbeugend handeln müssen, wollen wir verhindern, dass junge Männer und auch Frauen für den Islamismus und Dschihadismus anfällig werden und frustriert, verblendet und verführt von Deutschland aus für eine menschenverachtende Ideologie in einen gottlosen Krieg ziehen.

Mit Kulturkampf hat Terrorismus sicher nichts zu tun, mit Religion schon gar nicht. Unser Gegner ist nicht der Islam, sondern der Fanatismus, nicht Religion, sondern Fundamentalismus.

Wir dürfen auch nicht übersehen, dass es längst einen erbitterten Machtkampf in der islamisch geprägten Welt gibt, der wenig mit Religion, aber viel mit platten Herrschaftsansprüchen zu tun hat. Wer in Deutschland die angebliche »Islamisierung des Abendlandes« auf öffentlichen Straßen und Plätzen proklamiert, betreibt Demagogie statt Aufklärung. Wer wirklich an Aufklärung interessiert ist, muss sich als Christ fragen, ob er Muslimen vorurteilslos und aufgeschlossen gegenübertritt und ihnen einen gleichberechtigten Platz in unserer Gesellschaft ermöglicht. Wem unter den Muslimen über rhetorische Floskeln hinaus tatsächlich an Aufklärung gelegen ist, muss sich mit der Frage auseinandersetzen, warum noch immer im Namen Allahs Menschen verfolgt, drangsaliert und getötet werden. Diese Herausforderung begegnet uns allerdings nicht nur als unerklärliche und unentschuldbare Tat verirrter einzelner Fanatiker. Auch mit staatlicher Autorität wird im Namen Gottes gegen Mindeststandards der Menschlichkeit verstoßen.

Saudi-Arabien hat wie beinahe alle Länder dieser Welt das Attentat in Paris »als feigen Terrorakt« verurteilt, »der gegen den wahren Islam verstößt«, und zwei Tage später den Blogger Raif Badawi in Jeddah öffentlich auspeitschen lassen. Wegen Beleidigung des Islams und Auflehnung gegen die Autoritäten ist er zu tausend Peitschenhieben verurteilt worden, die nach dem Urteil in den nächsten zwanzig Wochen alle acht Tage vollzogen werden sollen.

Die gut gemeinte Erklärung, man dürfe den Islam nicht mit dem Islamismus verwechseln, der religiös begründete Terrorismus habe mit dem Islam nichts zu tun, reicht nicht aus – und sie ist auch nicht wahr, ebenso wenig wie die beschwichtigende Behauptung, die Kreuzzüge hätten nichts mit dem Christentum zu tun, die Inquisition auch nicht und die Hexenverbrennung schon garnicht.

Die Zusammenhänge sind jeweils offenkundig. Die Frage, wie die gezielte Demütigung und Vernichtung von Menschen im Namen Gottes überhaupt möglich ist, und die noch wichtigere Frage, wie sichergestellt werden kann, dass so etwas nie wieder geschieht, sind durch Tabuisierung nicht zu beantworten.

Umso notwendiger und wichtiger ist die eindeutige Stellungnahme von führenden Repräsentanten islamischer Vereine und Verbände, wie wir sie bei der gemeinsamen Kundgebung am Brandenburger Tor eindrucksvoll erlebt haben.

Religiöse Orientierungen haben für gesellschaftliches wie für politisches Handeln weltweit keineswegs an Bedeutung verloren, sondern offensichtlich zugenommen. Religion und persönliche Glaubensüberzeugungen gehören auch zur Lebenswirklichkeit in Deutschland als einem säkularen Staat. Das friedliche Zusammenleben von Menschen, Völkern, Nationen und Kulturen ist aber nur möglich auf der Basis von Verständigung, Verständnis und Toleranz. Deshalb ist die Ermutigung zum Dialog richtig.

Ein solcher Dialog von Menschen unterschiedlicher Überzeugungen und mit unterschiedlicher kultureller Herkunft hat aber nur dann Aussicht auf Erfolg, wenn die Bereitschaft besteht zuzuhören, dazuzulernen und unterschiedliche Überzeugungen wechselseitig zu respektieren. Auch und gerade in liberalen Gesellschaften gilt, dass die wechselseitige Rücksichtnahme im privaten wie im öffentlichen Leben das Zusammenleben erleichtert. Es ist auch Politikern zumutbar, Journalisten und Künstlern nicht weniger, mit den Freiheitsrechten unserer Verfassung verantwortlich umzugehen und Rücksicht zu nehmen auf das, was anderen buchstäblich heilig ist.

Die ganz große Mehrheit in unserem Land bekennt sich zur religiösen Vielfalt, zur weltoffenen Gesellschaft. Deutschland steht zu seiner humanitären Verpflichtung, Menschen, die traumatisiert dem Krieg und immer häufiger dem islamistischen Terror entkommen sind, Schutz zu bieten, und es nimmt im internationalen Bündnis seine Aufgabe wahr, Staaten und Völkern, die unter dem Terror leiden, beizustehen. Über unsere Betroffenheit angesichts des Anschlags in Frankreich vergessen wir nicht, dass zeitgleich unschuldige Menschen, darunter vor allem Muslime, zu Tausenden Opfer des Terrorismus werden, unvorstellbare Verbrechen mit unglaublichen Begründungen, in Nigeria, in Pakistan, in Syrien oder dem Irak – jeden Tag.

Wir alle müssen die Werte der westlichen Demokratie, die längst universelle Werte der Menschheit geworden sind, gemeinsam verteidigen, und wir werden ihre Gegner entschlossen bekämpfen. Die Idee der unantastbaren Würde des Menschen wird am Ende stärker sein als ideologisch verblendeter Hass.

»Nationalsozialistischer Untergrund«

Im November 2011 wurde zur Gewissheit, was in Deutschland bislang unvorstellbar erschien: Jahrelang hatte die Terrorgruppe »Nationalsozialistischer Untergrund« (NSU) unbehelligt durch unser Land ziehen und dabei eine erschreckende Serie von Morden und Anschlägen verüben können. Bis heute ist es kaum nachzuvollziehen, wie drei untergetauchte Neonazis über ein Jahrzehnt lang unerkannt in Chemnitz leben, mit Nachbarn freundschaftliche Kontakte pflegen und gleichzeitig zehn Morde, zwei Bombenanschläge und fünfzehn Banküberfälle begehen konnten, ohne entdeckt zu werden. Diese Spur rechten Terrors hinterließ zahlreiche Opfer, Traumatisierte, Schwerverletzte, zehn Tote – Schmerz, Trauer, auch Wut begleiten die Angehörigen seit vielen Jahren. Obwohl die meisten Opfer Migranten waren, wurden Hinweise auf ausländerfeindliche Hintergründe ignoriert. Waren die Ermittlungsbehörden auf dem »rechten Auge blind«, wie die Tochter des ersten Mordopfers es ausdrückt und manche Beobachter vermuten? Das Ausmaß der Verbrechen hat im ganzen Land – und weit darüber hinaus – tiefe Trauer und Betroffenheit ausgelöst. Dass die deutschen Sicherheitsbehörden die über Jahre geplanten und ausgeführten Verbrechen weder rechtzeitig aufdecken noch verhindern konnten, bedrückt und beschwert uns. Dass sich Opfer wie Angehörige im Zuge der Ermittlungen teilweise haltlosen Verdächtigungen und wissentlich falschen Anschuldigungen ausgesetzt sahen, erfüllt uns noch heute mit Scham und Fassungslosigkeit. Der Schutz von Leib und Leben und die von unserer Verfassung garantierten Grundrechte haben in diesem Land Geltung für jeden, der hier lebt, egal welcher Herkunft, welchen Glaubens und welcher Orientierung.

Die Demokratie in Deutschland erscheint uns heute zumeist als schiere Selbstverständlichkeit. Sie ist es nicht – ebenso wenig wie Zivilcourage. Und auch Toleranz lässt sich leichter einfordern als leben. Was die Substanz eines lebendigen demokratischen Gemeinwesens aber auszeichnet, ist die Unantastbarkeit der Überzeugung, dass Minderheiten eigene Rechtsansprüche haben, über die andere, selbst Mehrheiten, nicht verfügen können. Der deutsche Staat hält unverrückbar und unwiderruflich an diesen Prinzipien fest, die nicht immer selbstverständlich, in der Demokratie aber unverzichtbar sind.

Am 26. Januar 2012 hat der Deutsche Bundestag, getragen von einer gemeinsamen Entscheidung aller Fraktionen, einen Untersuchungsausschuss zur Aufklärung der von der Terrorgruppe »Nationalsozialistischer Untergrund« verübten Morde eingesetzt. In sechzehn Monaten leisteten seine Mitglieder, unterstützt durch die Mitarbeiterinnen und Mitarbeiter im Ausschusssekretariat und in den Abgeordnetenbüros, einen wichtigen Beitrag zur Aufklärung und Aufarbeitung der schrecklichen Ereignisse. Der Ausschuss hat darüber hinaus Empfehlungen für die künftige Struktur, Zusammenarbeit, Befugnisse und Qualifizierung der Sicherheits- und Ermittlungsbehörden sowie für eine effektive Bekämpfung des Rechtsextremismus formuliert. Die gewonnenen Erkenntnisse und die daraus entwickelten Reform- und Verbesserungsvorschläge sind nun Gegenstand der öffentlichen Auseinandersetzung mit dem Ziel, jede Form von Extremismus oder Ausländerfeindlichkeit in unserem Land entschlossen zu bekämpfen. Wir sind uns bewusst, dass die Arbeit damit keineswegs erledigt ist, sondern auf einer neuen gemeinsamen Grundlage fortgesetzt und verstärkt werden muss.

Die gründliche, sachorientierte, und überparteiliche Arbeit des Untersuchungsausschusses ist in den Medien zu Recht als ein Beispiel hoher politischer Kultur und parlamentarischer Kompetenz gewürdigt worden. Dass der Untersuchungsausschuss, der sich als »gemeinsames Aufklärungsinstrument« begriff, um »verloren gegangenes Vertrauen in den Rechtsstaat wiederzugewinnen«, in so ungewöhnlichem Maße konsensorientiert gearbeitet hat, ist das Verdienst aller seiner Mitglieder. Seit dem 6. Mai 2013 findet in München vor dem 6. Strafsenat des Oberlandesgerichts der sogenannte NSU-Prozess statt; Je länger der Prozess dauert, umso beklemmender sind die Einblicke in die kriminelle Energie skrupelloser Neonazis wie das unfassbare Versagen deutscher Sicherheitsdienste und Behörden. Es geht nicht nur um die Aufklärung und Bestrafung von Verbrechen, sondern auch um das Versagen der Ermittler, um mögliche Helfershelfer der braunen Szene, um die Frage, wie möglich war, was lange für unmöglich gehalten wurde: mörderischer Rechtsterrorismus, mitten in Deutschland, über Jahre unerkannt. Auf dem Prüfstand steht der Rechtsstaat, sein Selbstverständnis und seine Funktionsbedingungen.

Rote Armee Fraktion

»Der Preis der Freiheit und der Sicherheit« war 2007 eine Veröffentlichung der monatlichen Umfragedaten des Instituts für Demoskopie Allensbach überschrieben. Danach verspürte die Bevölkerung in Deutschland damals keine akute Gefährdung durch den Terrorismus. Doch habe erkennbar die Sorge zugenommen, dass der Kampf gegen Kriminalität und Terrorismus einen hohen Preis haben könnte. Das Misstrauen wachse, dass der Staat von der gezielten Überwachung Verdächtiger zu einer weiter ausgreifenden Kontrolle aller Bürger übergehen könnte. Die Sorge, der Kampf gegen den Terror werde die Gesellschaft weniger frei machen, hat zugenommen, sie wird von fast genauso vielen Befragten geteilt wie für unbegründet gehalten.

Wie stark ist die Freiheit?

Die Organisation, die sich in den 1970er- und 80er-Jahren als Rote Armee Fraktion (RAF) bezeichnet hat, war weder eine Armee noch eine Fraktion. Rot war die Blutspur brutaler rücksichtsloser Gewalt, die sie hinterlassen hat: 36 Menschen, die in dem Zeitraum vom 22. Oktober 1971 bis 27. Juni 1993 durch die RAF umgebracht worden sind.

Die Opfer der RAF hatten manches gemeinsam, waren aber sehr unterschiedliche Menschen. Sie hatten sehr unterschiedliche Aufgaben und Funktionen – einige standen wegen ihrer

Berufe besonders im Licht der Öffentlichkeit –, sie waren unterschiedlich alt, hatten unterschiedliche Biografien und unterschiedliche Interessen. Allen gemeinsam war aber, dass sie als Menschen mitten im Leben standen – nicht nur als Polizisten, Richter, Piloten, Diplomaten, Bankiers oder Manager, sondern auch als Söhne, Brüder, Ehegatten, Väter, Mütter und Onkel. Und dass sie von Terroristen gewaltsam und grausam aus ihren Leben, aus ihren Familien und aus unserer Mitte gerissen wurden.

Das Gedenken der Opfer muss uns Anlass sein, der Frage nach den Ursachen wie den Folgen der Gewalt nachzugehen. Sie darf nicht jenen überlassen werden, die immer noch verbreiten, es habe sich bei den terroristischen Aktivitäten im Grunde um Politik gehandelt, eine besonders verwegene zwar, aber eben um »Widerstand«, dessen Motive durchaus legitim gewesen seien.

Die Antwort auf die Frage nach den Ursachen müssen wir selber geben. Wir müssen fragen, wie es dazu kommen konnte, dass Ende der 60er- und Anfang der 70er-Jahre nicht nur die Terroristen selbst, sondern auch viele andere junge Menschen die Bundesrepublik Deutschland als einen Staat empfunden haben, den es zu bekämpfen galt, und mit einer terroristischen Vereinigung sympathisiert haben, wie dies vor allem, aber keineswegs nur in der studentischen Szene geschah.

Die Bundesrepublik Deutschland war zu Beginn der 70er-Jahre ein längst gefestigter, international anerkannter Rechtsstaat, der Demokratie und der Freiheit verpflichtet, mehr als anderswo auch dem sozialen Ausgleich als staatlicher Aufgabe verbunden. Deutschland war eine Volkswirtschaft, in der Vollbeschäftigung herrschte, die immer mehr Menschen die Möglichkeit eröffnete, am wirtschaftlichen Wachstum teilzuhaben. Ein Staat, der neue Wege suchte, den Kalten Krieg zu überwinden, mit einem Bildungssystem, das Studierenden auch im Vergleich zu heute hervorragende Studienbedingungen und glänzende Berufsaussichten bot. Eine Gesellschaft, die sich mehr und mehr öffnete, die sich immer intensiver mit ihrer schwierigen Vergangenheit auseinandersetzte, die sich politisch ausdifferenzierte und modernisierte.

1977, im Zeitraum jener blutigen Monate, die viele ebenso unhistorisch wie beschönigend als »deutschen Herbst« bezeichnen, war die Bundesrepublik ganz gewiss kein Unrechtsstaat – ebenso wenig wie in den Jahren davor und danach. Diesen Staat zu hassen, gab es keinen Anlass, und es gab kein Recht, ihn gewaltsam zu bekämpfen. Das hat auch der überwiegende Teil der Menschen in Deutschland immer so empfunden. Auch die meisten Anhänger der Protestbewegung der sogenannten 68er haben sich von der Gewalt distanziert – je länger die Ereignisse zurückliegen, desto lauter. Nicht wenige, man muss auch sagen: viel zu viele, haben dies damals aber nicht getan, sondern zum Teil mit »klammheimlicher Freude« mit einem Terror sympathisiert, den sie als »bewaffneten Widerstand« bezeichnet haben. 17,5 Prozent der Interviewten sollen nach einer INFAS-Umfrage 1971 erklärt haben, gegebenenfalls Mitglieder der RAF zu unterstützen, und nicht wenige haben es getan – auch im Bewusstsein der Strafbarkeit solcher Hilfe. Damals galt es weithin als politisch korrekt, von der Baader-Meinhof-Gruppe zu sprechen. Sie als kriminelle Bande zu bezeichnen, wurde in fragwürdiger Selbstverstümmelung des eigenen Urteilsvermögens in der Regel sorgfältig vermieden. »Je größer die Distanz wurde, desto klarer wurde die Sicht: Die RAF war eine sinnlose Killertruppe, mehr nicht«, so schreibt der Stern-Redakteur Martin Knobbe, der die Ereignisse nur aus Filmen kennt und der »die Geschichte einer Entfremdung« seiner Generation unter anderem mit dem klugen

Hinweis erläutert, »es mag der 11. September 2001 gewesen sein, der auch dem vergangenen Terror jeden Rest an Verklärung genommen hat«.

Es ist erstaunlich, wie wenig wir lange Zeit aus der Wissenschaft und Publizistik über die Vorstufen des Terrorismus erfahren haben, die letztlich zur RAF führten. Nur einige Wissenschaftler der neueren zeitgeschichtlichen Forschung gehen gründlich der Entstehungsgeschichte des Terrorismus nach. Wichtig ist festzuhalten: Der bundesdeutsche Terrorismus entstand nicht durch Aktivitäten von Randfiguren der einstigen Außerparlamentarischen Opposition (APO), war also kein spätes Zerfallsprodukt aus den Ausläufern der APO, sondern der sogenannte »bewaffnete Aufstand« und das »Stadtguerilla-Konzept« waren schon sehr früh, Mitte der 60er-Jahre, im Zentrum der APO diskutiert worden.

In der jüngeren sozialwissenschaftlichen Literatur wird immer häufiger eine recht eindeutige Antwort auf die Frage gegeben, über die lange erbittert gestritten worden ist: den Zusammenhang zwischen der akademischen Protestbewegung und der Gewalt der RAF. Der Terror der RAF ist sicher nicht die Folge einer fehlenden Aufarbeitung der nationalsozialistischen Vergangenheit, eher schon die Folge einer verhängnisvollen Romantisierung von Revolution und Gewalt, die damals längst und weit über die RAF hinaus verbreitet war. In diesem Zusammenhang hatte Jürgen Habermas das später viel zitierte Wort vom »linken Faschismus« gefunden und die absehbaren Folgen einer hemmungslosen »Gewaltrhetorik« beschworen.

Die immer wieder aufgestellte Behauptung, erst und nur die Protestbewegung habe Deutschland zu einem liberalen, lebenswerten Land gemacht, ist anmaßend und muss vielen bitter aufstoßen – nicht nur Angehörigen der Opfer.

Zu den nachhaltigen Erfahrungen der damaligen Herausforderung gehört, dass auch und gerade der demokratische Staat auf geeignete Mittel der Bekämpfung von Gewalt und Terror zum Schutz des Rechtsstaates weder verzichten kann noch verzichten darf, aber auch, dass er nicht jede denkbare Herausforderung vorab erkennen und mit dafür vorher bestimmten Maßnahmen überzeugend absichern kann. Die Bereitschaft, in außergewöhnlichen Situationen verantwortungsvoll zu handeln, bleibt eine unverzichtbare Anforderung an die Wahrnehmung insbesondere staatlicher Ämter.

Nach der Definition Hannah Arendts ist Totalitarismus die Verbindung von Ideologie und Terror. Die RAF war in diesem Sinne exemplarisch totalitär. Niemand darf Illusionen haben, wie dieser Staat und diese Gesellschaft heute aussähen, wenn sie mit ihren monströsen Absichten erfolgreich gewesen wäre. Und dabei ist beinahe unerheblich, ob dieser gewaltsame, ideologische Fundamentalismus mit einer politischen oder religiösen Motivation oder Fassade auftritt. So, wie heute jene Dschihadisten, die Gewalt im Kampf gegen sogenannte Ungläubige religiös legitimieren wollen. Wir haben erschrocken feststellen müssen, dass diese auch mitten unter uns leben – es sind, wie die Terroristen der RAF, junge Menschen aus bürgerlichen Elternhäusern, die, wie die Terroristen der RAF, vor allem die USA und den Staat Israel als Feinde ansehen, und die, wie die Terroristen der RAF, in ausländischen Terrorcamps ihr mörderisches Handwerk lernen und von autoritären oder totalitären Staaten unterstützt werden, wie seinerzeit von der DDR, deren unrühmliche, heimliche wie unheimliche Kooperation mit RAF-Terroristen nicht das letzte Beispiel dafür ist, sondern sich heute leider immer noch überall auf der Welt in ähnlichen Mustern fortsetzt.

Der Terror der RAF hat den Rechtsstaat Bundesrepublik Deutschland bis an seine Grenzen belastet, aber nicht aus seinen Angeln gehoben. Er hat die führenden Politiker der Regierung wie der Opposition vor unausweichliche Entscheidungen gestellt, die sie nicht treffen konnten, ohne Schuld auf sich zu laden, wie der damalige Bundeskanzler Helmut Schmidt in einem Interview gewiss nicht nur für sich erläuterte. Aber für die gegenteiligen Entscheidungen, soweit sie überhaupt möglich gewesen wären, gilt dies nicht weniger. Schließlich haben Staat und Gesellschaft diese Belastungsprobe bestanden, ohne dabei selbst die Freiheit zu gefährden, gegen die der Terror gerichtet ist.

Die Freiheit ist stärker geblieben. Dass es so gewesen ist, verdanken wir denen, die damals ebenso bedacht wie entschlossen gehandelt haben. Dass es so bleibt, sind wir den Opfern und ihren Angehörigen schuldig.

23. Freundschaften sind ein Geschenk, auf das es keinen Anspruch gibt

Frankreich, Polen und Israel

Die Geschichte Deutschlands und des europäischen Kontinents ist über Jahrhunderte hinweg keine Geschichte des Friedens, der Freundschaft und der Zusammenarbeit gewesen. Das Europa des 19. und der ersten Hälfte des 20. Jahrhunderts mit jungen, ehrgeizigen Nationalstaaten, die ihre jeweiligen Interessen nicht miteinander, sondern gegeneinander entwickelt haben, ist ein dramatisches Beispiel für die Ausweglosigkeit, in die nationale Rivalitäten und schließlich ein hemmungsloser Nationalismus führen. Europa ist aber auch ein Beispiel dafür, dass Grenzen, Feindbilder und Vorbehalte überwunden werden können, dass aus Feinden Freunde und Partner werden können. Besonders deutlich wird das am Verhältnis Deutschlands zu seinen beiden großen Nachbarstaaten im Westen und im Osten, Frankreich und Polen, und im Verhältnis zu Israel, einem Staat, den ich als virtuellen Nachbarn Deutschlands empfinde.

Frankreich

2013 haben wir fünfzig Jahre Élysée-Vertrag, fünfzig Jahre deutsch-französische Freundschaft gefeiert: Wer ein Gespür für die Bedeutung von fünfzig Jahren in der jüngeren europäischen Geschichte hat, kann das nicht nur für eine runde Zahl, ein beliebiges Ereignis halten. Das vergangene halbe Jahrhundert markiert vielmehr eine grundlegende historische Wende in den Beziehungen beider Länder zueinander.

Schon 2003 sind unsere beiden Parlamente auf Einladung unserer französischen Freunde in Versailles zusammengetroffen – eine große Geste der Überwindung der wechselseitigen historischen Kränkungen von 1871 und 1919, die jeweils mit dem Namen Versailles verbunden sind.

Zehn Jahre später haben wir in Berlin getagt, der Hauptstadt des wiedervereinigten Deutschland, dessen staatliche Einheit es ohne die Aussöhnung zwischen unseren beiden Ländern nicht geben würde, und haben uns längst an einen Zustand des dauerhaften Friedens, der Freundschaft und Zusammenarbeit in einer Europäischen Union demokratischer Staaten gewöhnt, weil die meisten Menschen in unseren Ländern in ihrer persönlichen Biografie nie andere Verhältnisse als diese kennengelernt haben.

1963 war die erste Nachkriegsgeneration noch nicht einmal volljährig. Konrad Adenauer und Charles de Gaulle schlossen den Vertrag »in der Überzeugung, dass die Versöhnung zwischen dem deutschen und dem französischen Volk, die eine jahrhundertealte Rivalität beendet, ein geschichtliches Ereignis darstellt, dass das Verhältnis der beiden Völker zueinander von Grund auf neu gestaltet«, wie es in ihrer »Gemeinsamen Erklärung« heißt. Adenauer wurde wenige Jahre nach dem deutsch-französischen Krieg von 1870/71 geboren. Wie er erlebten mehrere Generationen von Deutschen und Franzosen in der gleichen Zeitspanne von fünfzig Jahren zwei Weltkriege mit verheerenden Folgen für beide Länder. Heute ist das Verhältnis der beiden Völker zueinander von Grund auf neu gestaltet. So wie Europa sich in der Vergangenheit auf die alte, immer wieder aufbrechende Rivalität zwischen Deutschland und Frankreich einstellen musste, so kann und muss es sich für die Zukunft auf die Partnerschaft und Zusammenarbeit dieser beiden großen Nachbarländer verlassen.

Wer die Bedeutung von fünfzig Jahren Freundschaft zwischen zwei Ländern ermessen will, die in Europa über Jahrhunderte hinweg als Dauerrivalen oder gar als Erbfeinde galten, der sollte sich an die geradezu beschwörenden Worte von Winston Churchill unmittelbar nach dem Zweiten Weltkrieg erinnern: »Der erste Schritt zu einer Neuschöpfung der europäischen Völkerfamilie muss eine Partnerschaft zwischen Frankreich und Deutschland werden«, sagte Churchill 1946 in Zürich in seiner berühmten Rede an die akademische Jugend Europas. Frankreich und Deutschland sind dieser damals ebenso kühnen wie weitsichtigen Aufforderung des britischen Premierministers gefolgt.

Als der Élysée-Vertrag 1963 geschlossen wurde, wussten wir, dass eine neue Etappe in der Geschichte der deutsch-französischen Beziehungen beginnen würde. Heute wissen wir noch besser als damals, welche Bedeutung die deutsch-französische Aussöhnung und Freundschaft nicht nur für das Verhältnis beider Länder, sondern für Europa im Ganzen bekommen sollte. An den jungen Franzosen und Deutschen, die heute zur Schule oder zur Universität gehen, die in Betrieben und Unternehmen eine möglichst gute Berufsausbildung erhalten, liegt es, was aus diesem großen Vermächtnis in der Zukunft wird. Dafür steht auch die beispiellose Erfolgsgeschichte des deutsch-französischen Jugendwerks, das erfreulicherweise immer häufiger und immer stärker auch junge Leute aus den mittel- und osteuropäischen Ländern sowie den Mittelmeerstaaten in die gemeinsamen Programme und Aktivitäten einbezieht. Für die heutige Generation sind die engen freundschaftlichen Bande und die Freizügigkeit in ganz Europa völlig normal, selbstverständlich sind sie nicht. Sie sind es nicht vor der wechselhaften Geschichte beider Völker – und sie sind es in den internationalen Beziehungen auch heute nicht.

Für die Zukunft Europas bleibt die deutsch-französische Verständigung unverzichtbar, gerade weil diese beiden Länder nicht gleiche, sondern durchaus unterschiedliche Interessen, Traditionen und Vorstellungen haben. In jeder langjährigen stabilen Beziehung gibt es Phasen der Leidenschaft und solche der Vernunft. Im Augenblick befinden sich beide Länder eher in einer Phase der leidenschaftlichen Vernunft als der romantischen Verliebtheit. Das muss kein Nachteil sein. Unsere Nachbarn in Europa und unsere Partner in der Welt können mit der Normalisierung der Beziehungen zwischen uns und ihnen sehr gut leben – besser als jemals zuvor in den Ausnahmezuständen der europäischen Geschichte.

Polen

Der bemerkenswerte Aussöhnungsprozess, den es zwischen den historischen »Erbfeinden« Frankreich und Deutschland gegeben hat, ist auch zwischen Polen und Deutschland nötig gewesen und möglich geworden. Das ist in dem einen wie dem anderen Fall nicht allein durch symbolische Gesten zu erreichen, sondern erfordert in den Beziehungen zum östlichen wie zum westlichen Nachbarn kontinuierliche Anstrengungen und einen vertrauensvollen Dialog. Wesentliche Voraussetzung ist die Bereitschaft zur Offenheit gegenüber der Geschichte und den konkreten Erfahrungen der Menschen, die Raum lässt für individuelles Erleben und persönliche Erinnerung. So wie die Identität einer Person ganz wesentlich von Herkunft und Erfahrungen bestimmt ist, so gilt auch für Länder, Völker und Nationen, dass die Gegenwart nicht ohne die Vergangenheit zu erklären und die Zukunft ohne das Bewusstsein damit verbundener Erfahrungen nicht zu bewältigen ist.

Die beiden Parlamente haben dafür eine besondere Verantwortung und nehmen sie längst wahr. Die Beziehungen zwischen Sejm und Deutschem Bundestag sind bereits seit Jahren ebenso so gut, intensiv und lebendig wie die Beziehungen zwischen den Regierungen. Und sie werden kontinuierlich ausgebaut. Die Präsidien tagen regelmäßig gemeinsam. Trilaterale Sitzungen der Parlamentspräsidien aus Frankreich, Polen und Deutschland markieren den Beginn einer parlamentarischen Zusammenarbeit, die die Regierungen der beteiligten Staaten im Rahmen des »Weimarer Dreiecks« schon seit fast zwei Jahrzehnten praktizieren. Daneben pflegen wir eine Vielzahl von Kontakten zwischen einzelnen Abgeordneten, Ausschüssen und Parlamentariergruppen. Die beiden Parlamente ermöglichen auch längst einen regen Austausch auf Ebene der Mitarbeiter und jährlich Studenten durch ein Stipendium einen authentischen Einblick in die Arbeitsweise der beiden Parlamente und ihrer Mitglieder.

Deutsche und Polen gehören einer europäischen Gemeinschaft an, die nicht zuletzt auf christlich geprägten Werten und Überzeugungen gründet. Nehmen wir den damit verbundenen Anspruch ernst und begreifen wir das gemeinsame kulturelle Erbe nicht nur als eine historische oder soziale Reminiszenz, kann dies eine sehr tragfähige Basis für eine erfolgreiche Fortsetzung des gemeinsamen Weges von Polen und Deutschen sein. Denn Wahrheit, Versöhnung und Verständigung sind unverzichtbare Bestandteile eines toleranten Umgangs von Menschen und Völkern miteinander, der für die Sichtweise des jeweils anderen offen ist, in dem auch unbequeme Meinungen angehört und respektiert werden, der nicht aufrechnet und sich ehrlich um Verständigung bemüht.

Wer als Mitglied der Nachkriegsgeneration allerdings auch nur einen Hauch von Vorstellungskraft über Ereignisse besitzt, die er selber nicht erleben musste, darf sich keine Illusion über das Ausmaß der Anstrengung machen, die dabei zu leisten ist. Eine besondere Schwierigkeit besteht in der Diskrepanz zwischen den großen historischen Ereignissen und den scheinbar kleinen persönlichen Schicksalen, deren Summe aber überhaupt erst die großen Veränderungen ausmachen. Die Geschichte der Vertreibung in Europa ist dafür ein besonders gutes und zugleich sensibles Beispiel. Die historische Kausalität, der Zusammenhang zwischen Ursache und Wirkung liegt bei den großen Vertreibungen, die es in der europäischen Geschichte vor allem des 20. Jahrhunderts gegeben hat, regelmäßig klar zu Tage. Eine hinreichende Erklärung für das persönliche Vertreibungsschicksal ergibt sich daraus fast nie. Das macht den Umgang mit dem Thema persönlich wie politisch so schwierig, das Risiko von Missverständnissen und Verletzungen so hoch, und darf dennoch nicht zu dem scheinbar leichten Ausweg verleiten, Einzelschicksale verdrängen zu wollen, um für die großen Zusammenhänge und für das veränderte Verhältnis von Nachbarländern zueinander Irritationen zu vermeiden. Der Preis der Verdrängung ist Distanz – nicht die kühle Distanz des Historikers, der emotionslos Fakten und Ereignisse sortiert, sondern die emotionale Distanz von Betroffenen zu den Institutionen und Repräsentanten des eigenen wie des dauerhaft fremden Landes, das auf diese Weise nie zum gefühlten guten Nachbarn werden kann.

Deshalb ist Erinnerungskultur ebenso wichtig wie schwierig. Und deshalb ist sie auch eine staatliche Aufgabe. Menschen, die persönlich schuldlos Opfer politischer Entwicklungen, staatlich veranlasster Verirrungen oder Verbrechen geworden sind, haben einen Anspruch darauf, in ihrem Schmerz, mit ihrem Schicksal nicht allein gelassen zu werden. Darüber zu sprechen, sachlich und ohne sich gleich mit dem Vorwurf der Geschichtsumschreibung konfrontiert zu werden, fällt nach wie vor schwer, in Deutschland, aber auch bei unseren östlichen Nachbarn. Der ungarische Historiker Krisztián Ungváry hat dazu festgehalten: »Es fehlt bisher in Deutschland wie in Osteuropa eine Kultur, die es uns ermöglicht, über Opfer und Täter ohne Verdächtigungen zu sprechen. Die deutschen Debatten der letzten Jahre zeigen jedoch, dass es für die deutsche Gesellschaft ein zentrales Problem darstellt, eine Sprache zu finden, die Trauer über die eigenen Opfer ermöglicht. Diese Trauer kann nicht allein den Betroffenen überlassen werden, sie muss Teil der nationalen Erinnerungskultur werden. Wäre das in Deutschland möglich, könnte dies auch für andere Länder als Anregung dienen, die eigene Erinnerungskultur zu gestalten.« Krisztián Ungváry prognostiziert: »Solange in Deutschland kein Konsens über die eigene nationale Erinnerungskultur entsteht, wird das Land seine innere Sicherheit nicht zurückgewinnen.«

Polen hat unter Rassenwahn und Zweitem Weltkrieg besonders zu leiden gehabt. Es ist richtig und wichtig, dass Polen sich der Opfer und ihres Leids erinnert. Leidvolle Erfahrungen habe aber auch Deutsche gemacht. Der Krieg, der von Deutschland angezettelt wurde, fiel auf die Deutschen zurück, darunter viele, die seine Folgen tragen mussten, ohne an seinen Ursachen beteiligt gewesen zu sein. Sie wurden aus ihrer Heimat vertrieben, ohne dass sie selbst persönliche Verantwortung für den mörderischen Krieg trugen. Mit zunehmendem zeitlichem Abstand ist in Deutschland das Bedürfnis gewachsen, an diese Zusammenhänge zu erinnern. Im Koalitionsvertrag haben sich die beiden großen Volksparteien 2005 deshalb ausdrücklich »zur gesellschaftlichen wie historischen Aufarbeitung von Zwangsmigration, Flucht und Vertreibung« bekannt: »Wir wollen im Geiste der Versöhnung auch in Berlin ein sichtbares Zeichen setzen, um – in Verbindung mit dem Europäischen Netzwerk Erinnerung und Solidarität über die bisher beteiligten Länder Polen, Ungarn und Slowakei hinaus – an das Unrecht von Vertreibungen zu erinnern und Vertreibung für immer zu achten.« Dies ist zweifellos eine öffentliche Aufgabe, die durch gesellschaftliche Initiativen zu ergänzen, nicht aber zu ersetzen ist.

Es wäre unsinnig, eine solche Kultur der Erinnerung ohne die Betroffenen entwickeln und pflegen zu wollen, aber es wäre auch unklug, sie allein den Vertriebenen als besonders Betroffenen zu überlassen. Einen Anspruch auf Deutungshoheit hat ohnehin niemand – weder Historiker noch Politiker, noch Verbandsfunktionäre und auch nicht Journalisten und Publizisten, deren Bemühungen um eine differenzierende, kritische Begleitung dieser Erinnerungs- und Aufklärungsarbeit ich ausdrücklich würdige. Wer für sich ein Interpretationsmonopol reklamiert, sollte sich am öffentlichen Diskurs besser gar nicht beteiligen, wenn dieser denn auch ein Beitrag zur Verständigung und Versöhnung werden soll.

In Polen gab es lange Zeit verständliches Misstrauen gegenüber allen Versuchen, an die Vertreibung von Deutschen zu erinnern, auch gegenüber dem »Sichtbaren Zeichen« – nicht selten mit der ausdrücklichen Besorgnis, dass damit Geschichte uminterpretiert und Täter zu Opfern gemacht werden könnten. Inzwischen ist aber auch in Polen die Einsicht gewachsen, dass es hier nicht darum geht, sich aus der Verantwortung zu stehlen, sondern um die berechtigte Hinwendung zu dem menschlichen Leid, das vielen Vertriebenen widerfahren ist. Immer häufiger sind deshalb erfreulicherweise auch in Polen Stimmen zu hören, die ausdrücklich um Verständnis für die Vertreibungsdebatte in Deutschland werben.

Dennoch bleibt das Thema emotional stark besetzt, wie die Schroffheit von Urteilen selbst eines so klugen und verdienstvollen Staatsmannes wie Wladyslaw Bartoszewski gezeigt hat. Ich habe großen Respekt vor der Biografie und der Lebensleistung des bedeutenden Publizisten, Historikers und Diplomaten Bartoszewski: Er war Häftling in Auschwitz, Mitgründer einer geheimen Hilfsorganisation für Juden, Teilnehmer des polnischen Widerstands und des Warschauer Aufstands; nach dem Krieg wurde er von den polnischen Kommunisten sechseinhalb Jahre inhaftiert, nach 1990 war er Botschafter in Wien und Außenminister der Republik Polen und bis zu seinem Tod im Alter von 93 Jahren am 24. April 2015 Deutschlandbeauftragter der polnischen Regierung.

Umso wichtiger ist es, dass wir zu der Perspektive zurückfinden, die Bartoszewski immer wieder in Reden und Aufsätzen vorgegeben hat: »Trotz der tragischen Vergangenheit haben es die Deutschen und die Polen verstanden, eine enorme psychologische und moralische Wende zu vollziehen. Sie beginnen, im Sinne von Verständigung und Versöhnung zu leben. Diese Erfahrungen und diese Werte sind besonders wertvoll, leider auch deshalb, da Völker, die auf unserem Kontinent nicht weit von uns leben, hier und heute noch mit ähnlichen Herausforderungen konfrontiert werden.«

Ich stimme dieser Beurteilung Satz für Satz zu, und ich bewundere den Geist, der sich darin dokumentiert. Dies gilt auch für die Schlussfolgerungen, die Wladyslaw Bartoszewski daraus zieht: »Diese Erfahrungen sollten wir nicht nur für uns bewahren. Polen und Deutsche können und sollten Exporteure der Versöhnung und der Verständigung werden. Wir müssen uns aber dessen bewusst sein, dass Freiheit und Demokratie die *conditio sine qua non* für Versöhnung und Verständigung darstellen. In diesem Sinne ist die Herausforderung der Vollendung Europas untrennbar mit der Herausforderung der Versöhnung verbunden.« Und Versöhnung braucht Erinnerung.

Israel

»Wir denken an die Vergangenheit nicht, um darüber zu brüten, sondern um sicherzugehen, daß sie sich nicht wiederholt.« Als der israelische Ministerpräsident David Ben Gurion diesen denkwürdigen Satz im März 1960 auf einer Pressekonferenz nach seinem historischen Treffen mit dem deutschen Kanzler Konrad Adenauer im Hotel Waldorf Astoria in New York sagte, gab es noch keine diplomatischen Beziehungen zwischen Deutschland und Israel. In den Jahren nach der bedingungslosen Kapitulation des nationalsozialistischen Regimes, das Millionen europäische Juden vernichtet hatte, war es für Juden in Israel und anderswo nicht vorstellbar, dass jemals Vertrauen zwischen Deutschen und Israelis entstehen könnte. Ohne die Autorität von Adenauer und Ben Gurion wäre so früh eine Annäherung auch nicht möglich geworden, die eine immer engere Zusammenarbeit und schließlich Freundschaft zwischen unseren Ländern ermöglichte. Es war ein doppelter Glücksfall der Geschichte, dass diese beiden großen alten Männer unmittelbar nach den Staatsgründungen – Israel 1948 auf der Asche des Holocaust und die Bundesrepublik 1949 auf den Trümmern des Naziregimes – als die jeweiligen ersten Regierungschefs die Einsicht und die Entschlossenheit zu einem völligen Neuanfang hatten.

Nach dem Abschluss des für den Annäherungsprozess zwischen Deutschen und Juden wichtigen Wiedergutmachungsabkommens im Jahr 1952 im Rathaus der Stadt Luxemburg dauerte es noch mehrere Jahre, bis die beiden Staaten diplomatische Beziehungen aufnahmen. Als am 12. Mai 1965 die Bundesrepublik und Israel zum ersten Mal offiziell Botschafter austauschten, war dies alles andere als selbstverständlich: Es erscheint heute noch beinahe wie ein Wunder der Geschichte. Damals waren gerade einmal zwanzig Jahre seit dem Niedergang des nationalsozialistischen Terrorregimes vergangen, das die Vernichtung jüdischen Lebens in Deutschland und Europa zum politischen Programm erhoben hatte – ein Kapitel unserer Geschichte, das auch immer prägender Bestandteil unseres Verhältnisses zu Israel sein wird.

Die deutsch-israelischen Beziehungen müssen und sollten wir aber nicht ausschließlich auf unsere traumatische Vergangenheit begrenzen. Es gibt eine Reihe von guten Gründen, den Blick auf die Gegenwart und die Zukunft zu richten. Auf nahezu jedem Gebiet lässt sich seit der Aufnahme diplomatischer Beziehungen eine enge und intensive Zusammenarbeit zwischen den beiden Staaten beobachten. Es gibt einen lebhaften, wechselseitig befruchtenden Kulturaustausch, intensive, stets wachsende Handelsbeziehungen sowie zahlreiche Hochschul- und Wissenschaftskooperationen. Auf kommunaler Ebene haben sich inzwischen über einhundert Städtepartnerschaften etabliert. Seit 2008 unterhalten das deutsche und israelische Kabinett jährlich Regierungskonsultationen, die den Beziehungen zwischen unseren Ländern weitere wichtige Impulse geben. Dennoch ist deutlich, dass die deutsch-israelischen Beziehungen nicht »normal« sind und es auch nicht sein dürfen. Für Deutschland gibt es eine historisch begründete besondere Verantwortung für die Existenz und die Sicherheit Israels, die Bundeskanzlerin Angela Merkel in ihrer viel beachteten und viel zitierten Rede vor der israelischen Knesset im März 2008 eindrucksvoll unterstrichen hat. Es bleibt unsere Aufgabe und unsere Pflicht, denjenigen entschieden entgegenzutreten, die Israels Existenzrecht infrage stellen, und dafür zu sorgen, dass der israelische Staat mit demselben Recht wie seine Nachbarn in international anerkannten Grenzen leben kann – frei von Angst, Terror und Gewalt.

Natürlich ist in diesem Zusammenhang auch die Frage nach der israelischen Verantwortung für die aktuellen Verhältnisse in den palästinensischen Gebieten erlaubt. Kritik ist legitim, manchmal unverzichtbar, auch und gerade unter Freunden. Wenn aber heute Menschen in Deutschland bedrängt, bedroht und angegriffen werden, weil sie für den Staat Israel Partei ergreifen oder sich als Juden zu erkennen geben, dürfen wir dies nicht hinnehmen. Wir sind dankbar dafür, dass nach den traumatischen Erfahrungen der nationalsozialistischen Diktatur und des Holocaust wieder jüdisches Leben in Deutschland entstehen konnte. Das ist für uns, für die zweite deutsche Demokratie, nicht nur eines der schönsten Komplimente, sondern auch eine bewegende Vertrauenserklärung. Es ist beschämend, dass wir jüdische Einrichtungen in Deutschland weiterhin vor Übergriffen schützen müssen und es auch in unserem Land noch immer Antisemitismus gibt. Wir wissen, dass Antisemitismus kein exklusives deutsches Problem ist. Wir wissen aber auch, dass er nirgendwo in der Welt so verheerende Folgen wie in Deutschland gehabt hat und daraus eine besondere Verantwortung des Staates, der Behörden und der Bürger resultiert, dem alltäglichen Antisemitismus keinen Raum zu lassen.

Dem deutschen Parlament kommt hier eine zentrale Rolle zu. Neben zahlreichen intensiven Debatten im Bundestag, wie etwa 1999 über die Errichtung des Denkmals für die ermordeten Juden Europas, das 2005 der Öffentlichkeit übergeben wurde, findet seit 1996 im Plenum jährlich eine Veranstaltung zum Tag des Gedenkens an die Opfer des Nationalsozialismus statt. Dass zu diesem Anlass im Jahr 2010 mit Schimon Peres bereits zum dritten Mal ein israelischer Staatspräsident vor dem Deutschen Bundestag gesprochen hat, unterstreicht einmal mehr unser besonderes Verhältnis zu Israel. Auch dank der engagierten Arbeit der Deutsch-Israelischen Parlamentariergruppe, die bereits seit April 1971 freundschaftliche Beziehungen zu Israel pflegt, bestehen heute zwischen der israelischen Knesset und dem Deutschen Bundestag enge und vertrauensvolle Beziehungen. Diese drücken sich unter anderem in regelmäßigen gegenseitigen Besuchen, der Teilnahme am Internationalen Parlaments-Stipendium und im regelmäßigen Austausch von Mitarbeitern aus.

In einem Beitrag anlässlich des 60. Geburtstags des Israelischen Staates für die Wochenzeitung des Bundestags *Das Parlament* hat die damalige Präsidentin des israelischen Parlaments, der Knesset, Dalia Itzik, unter der mehrdeutigen Überschrift »Am Anfang war Wüste« einen Satz geschrieben, der unauffällig daherkommt, aber spektakulär ist: »Deutschland ist heute der größte Freund Israels in Europa. Es ist neben den USA das einzige Land der Welt, das Israel auf sicherheitspolitischer, militärischer und wirtschaftlicher Ebene hilft.« Und derselbe damalige Staatspräsident Schimon Peres, der zum Zeitpunkt der Gründung seines Staates den Bruch mit Deutschland für endgültig und ewig hielt, erklärte 2010 auf der Gedenkfeier für die Opfer des Nationalsozialismus im Deutschen Bundestag: »Zwischen Deutschland und Israel hat sich seither eine einzigartige Freundschaft entwickelt.« Freundschaften kann man sich nicht verdienen. Freundschaften sind ein Geschenk, auf das es keinen Anspruch gibt. Zwischen Deutschland und Israel schon gar nicht.

24. Der Patriotismus einer Zivilgesellschaft

Über Nation und Heimat, Sprache und Identität

Patriotismus lässt sich mit Fußball leichter verbinden als mit Politik, jedenfalls in Deutschland. Dabei sind sowohl Verwandtschaften wie Unterschiede zu erkennen, außer offenkundigen Unterschieden zwischen dem Sport und der Politik gibt es auch manche Gemeinsamkeiten. Die bemerkenswerte Erkenntnis des französischen Philosophen Jean-Paul Sartre: »Beim Fußball verkompliziert sich alles durch die Anwesenheit des Gegners«, lässt sich nahezu ohne Abstriche auch auf die Politik übertragen. Manches wäre einfacher, wenn es die Konkurrenz nicht gäbe, aber dann fände diese Veranstaltung auch gar nicht statt. In der Politik haben wir in der deutschen Geschichte auch Phasen erlebt, in denen es ohne Konkurrenz zugegangen ist. Als Dauerzustand empfehlen sich diese Erfahrungen nicht. Wir sollten bei allen Belästigungen und Frustrationen des Alltags vielmehr dankbar sein, dass es diese Konkurrenz gibt.

Die Frage nach dem Patriotismus einer Zivilgesellschaft ist nicht ganz so simpel, wie sie vielleicht auf den ersten Blick erscheint. Dass Nationalbewusstsein generell schädlich sei und dem Ressentiment gegenüber anderen Nationen Vorschub leiste, war auch in Deutschland im Übrigen schon immer die Position einer Minderheit. Sie war allerdings in intellektuellen Kreisen geradezu notorisch stabil, mit einer nicht nur in diesem Zusammenhang zu beobachtenden bemerkenswerten Abschirmung gegenüber den gesellschaftlichen Wirklichkeiten. Mitte der 90er-Jahre vertraten noch zwölf Prozent diese Überzeugung, also eine überschaubare Minderheit, heute sind es noch ganze fünf Prozent. Vier von fünf Deutschen sehen in der Identifikation mit dem eigenen Land grundsätzlich etwas Positives, das die Haltung zu anderen Nationen in überhaupt keiner Weise negativ prägt. Und befragt nach dem Zusammenhang zwischen nationaler Identität und europäischer Integration, erklären nur knapp zehn Prozent der Bevölkerung, sie hielten die Identifikation mit dem eigenen Land angesichts der europäischen Integration für überholt, während drei Viertel aller Befragten davon überzeugt sind, dass die Nation auch im vereinten Europa die entscheidende Identifikationsebene bleiben wird.

Anlass zum Nationalstolz ist für drei Viertel der Befragten der Freiheitsspielraum, den Deutschland bietet, für fast ebenso viele die große internationale Anerkennung, die dieses Land als stabile Demokratie in der Welt genießt, für zwei Drittel die Wiedervereinigung und die erfolgreiche Aussöhnung mit den ehemaligen Kriegsgegnern.

Ich kann da keinen dröhnenden Nationalstolz erkennen, sondern ein bemerkenswertes Maß an souveräner Sortierung wichtiger gegenüber weniger wichtigen Sachverhalten. Mit einer allerdings zunehmend messbaren Neigung, diese Sachverhalte nicht nur zu registrieren und eher erfreulich als unerfreulich zu finden, sondern als subjektiv begründeten Anlass für die ausdrückliche Identifikation mit dem eigenen Land zu betrachten.

Man muss nicht lange darüber spekulieren, dass die Zurückhaltung gegenüber einem demonstrativen Nationalstolz, einem offensiven Patriotismus in Deutschland vor allem historisch begründet ist und damit auf Gründen beruht, die von den Menschen heute und gar von der nachwachsenden Generation, jedenfalls als Ausschlussgrund, nicht mehr akzeptiert werden. Die Verkürzung der deutschen Geschichte auf eine bestimmte Phase der jüngeren Vergangenheit ist weder historisch korrekt noch politisch vernünftig. Und da überhaupt niemand mit dem Anspruch, ernst genommen zu werden, der deutschen Bevölkerung oder der deutschen Politik den Vorwurf machen kann, wir hätten uns um düstere Epochen der deutschen Geschichte herumgemogelt, muss man auch keine Legitimation dafür suchen, warum wir auch andere Phasen der deutschen Geschichte in die Erinnerungskultur dieses Landes einbeziehen. Dieses Land hat auch eine große Freiheitsgeschichte. Deutschland gilt im Ausland als eines der Modellbeispiele für den nicht nur ökonomischen, sondern auch politischen sowie moralischen Wiederaufbau eines Landes. Die Bemühungen von Ländern im Entwicklungsprozess auf der Suche nach neuen Strukturen ihrer politischen Ordnung orientieren sich mit einer geradezu rührenden Regelmäßigkeit ausgerechnet an deutschen Beispielen, die man vielleicht gerade wegen dieser komplizierten Geschichte als besonders interessante, oft voreilig für übertragbare Orientierungshilfen für eigene Neuordnungen betrachtet.

Fragt man, was Menschen bei dem Begriff »Heimat« empfinden, ist eine Antwort oft zu hören: Dieser Begriff sei sehr deutsch. Manche sagen sogar typisch deutsch. Auffällig ist jedenfalls, dass »Heimat« als deutscher Begriff eine bemerkenswerte internationale Verbreitung gefunden hat. Er wird in vielen anderen Sprachen verwendet, was auch daran liegen mag, dass es dafür ganz offenkundig keine adäquate Übersetzung in andere Sprachen gibt.

In seiner berühmten Rede zur Verleihung des Schiller-Preises hat sich der Schweizer Schriftsteller Max Frisch 1974 mit dem Begriff »Heimat« und der Problematik der Übersetzung dieses Begriffs in andere Sprachen auseinandergesetzt: »›My

Country‹ erweitert und limitiert Heimat von vornherein auf ein Staatsgebiet. ›Homeland‹ setzt Kolonien voraus. ›Motherland‹ tönt zärtlicher als ›Vaterland‹, das mit Vorliebe etwas fordert und weniger beschützt, als mit Leib und Leben beschützt werden will, und ›La Patrie‹, das hisst sofort eine Flagge.«Dieses Zitat ist vielleicht auch eine Erklärung dafür, warum wir Deutschen uns mit den Worten und den Begriffen, die diese gerade angedeuteten Zusammenhänge beschreiben, gelegentlich schwertun. Zu national, zu pathetisch, vielleicht sogar zu martialisch klingt es in manchen Ohren.

Fast immer enden die Versuche, Heimat zu definieren, so das Ergebnis einer volkskundlichen Studie aus dem Jahr 1959, mit dem Bekenntnis, dass es sich dabei »um etwas sehr Komplexes oder Unsagbares handle, das zu beschreiben eigentlich nur dem Dichter zukomme«. Deswegen ist es vermutlich auch mehr als ein Zufall, dass der Begriff »Heimat« tatsächlich eine literarische Schöpfung ist und im deutschen Sprachgebrauch erst vergleichsweise spät anzutreffen ist, nämlich erst gegen Mitte des 19. Jahrhunderts. Der Begriff »Heimweh« ist im deutschen Sprachgebrauch nachweislich wesentlich älter als der Begriff »Heimat« und findet schon früh Verwendung als medizinisches Fachwort für eine problematische Stimmungslage. Einen emotionalen Kern haben offenkundig sowohl »Heimat« als auch »Heimweh«, wobei der Begriff »Heimat« sicher vielschichtiger, umfassender und diffuser ist.

»Heimat«, sagt der Liedermacher Herbert Grönemeyer, ein polyglotter Nordrhein-Westfale, der in Niedersachsen geboren ist, »Heimat ist kein Ort, Heimat ist ein Gefühl.« Tatsächlich verbindet die große Mehrheit der Deutschen nach einer Umfrage aus dem Sommer 2011 mit dem Begriff »Heimat« vor allem ein tiefes Gefühl der Verbundenheit. Für 95 Prozent aller

Befragten ist das Wort gleichbedeutend mit dem Ort, an dem sie sich geborgen fühlen.

Solche Ergebnisse deuten darauf hin, dass »Heimat« der Begriff für ein Bedürfnis zu sein scheint, mit dem sich Individuen und ganze Gesellschaften nach Antworten auf Herausforderungen und manchmal auf Zumutungen der Moderne begeben. Antworten auf Fragen also, die sich aus Veränderungen der Umwelt, der Arbeitswelt und dem sozialen Wandel ergeben.

Deshalb ist es vermutlich wiederum kein Zufall, dass der Begriff »Heimat« zeitgleich mit den Industrialisierungsschüben im 19. Jahrhundert populär wurde. Heute gehört es zum allgemeinen Erfahrungsschatz, dass die Globalisierung lokale, regionale und nationale Grenzen längst überwunden hat. Und auch wenn wir uns angesichts dieser Entwicklung, die in der Grundrichtung unvermeidlich und irreversibel ist, zunehmend mit der Frage nach der Reichweite, der Wirkungsmächtigkeit regionaler, auch nationaler Politik auseinandersetzen müssen, bleibt »Heimat« offenkundig ein vitales Bedürfnis, mehr als ein romantisches Relikt längst vergangener Zeiten, auch wenn dieser Begriff entstehungsgeschichtlich in der Romantik zu verorten ist.

Gerade weil mit diesem Begriff ein vitales Bedürfnis zum Ausdruck kommt, war und ist die Versuchung offenkundig, den Begriff politisch aufzuladen und zu instrumentalisieren, was schon im 20. Jahrhundert mit einer bemerkenswerten Bandbreite und in unterschiedlichen Variationen zu beobachten war. Der jeweilige Gebrauch des Wortes »Heimat« war von sehr verschiedenen politischen Vorzeichen geprägt – sowohl in der ersten als auch in der zweiten Hälfte des vergangenen Jahrhunderts. Der Verlust von Heimat, Flucht und Vertreibung, die Einsamkeit, Verzweiflung, gelegentlich Wut von Heimatvertriebenen wie von Migranten, die sich oftmals alleingelassen, manchmal beschimpft, gelegentlich gedemütigt fühlten, gehören zu dem politischen Kontext, in dem sich der Heimatbegriff in jüngerer Vergangenheit entwickelt hat.

Mein Eindruck ist, dass das Bedürfnis nach Verwurzelung, nach einem festen Platz in Zeiten der Globalisierung, die viele Menschen als eine unaufhaltsame Entwicklung wahrnehmen, auf die sie keinen Einfluss haben, nicht zurückgegangen, sondern gewachsen ist. Je mehr den Leuten bewusst wird, dass wir in einer globalen Welt leben, die immer größer und zugleich immer kleiner geworden ist, die durch völlig ungewohnte, bis vor Kurzem auch unvorstellbare Möglichkeiten und Notwendigkeiten der Mobilität gekennzeichnet ist, in der alles immer schneller stattfindet und scheinbar überhaupt nichts mehr sicher ist, desto stärker wird das Bedürfnis nach Verwurzelung, nach einem irgendwo festen Platz auf diesem Globus, von dem aus man diese Entwicklungen mindestens halbwegs gesichert verfolgen, wenn schon nicht mit Sicherheit beeinflussen kann.

»Heimat« wird deshalb nicht in erster Linie als geografischer, sondern als ein geradezu imaginärer Ort empfunden, an dem sich Nostalgie und Utopie begegnen. Eine Art Wunschtraum, der Traum von einem Ort ohne Vergänglichkeit, ohne die Gemeinheiten des Alltags, ohne Bosheit und Niedertracht. Und deswegen hat Heimat auch etwas zu tun mit dem individuellen wie gesellschaftlichen Bedürfnis nach Orientierung und nach Verbindlichkeiten. Verbindlichkeiten in einer Welt, in der scheinbar nichts mehr sicher und scheinbar überhaupt nichts mehr verbindlich ist.

Früher, als für viele Menschen der eigene Gesichtskreis und der Ort, an dem man wohnte, zumeist geboren und aufgewachsen war, mehr oder weniger übereinstimmte, bedeutete »Heimat« gleichzeitig die Welt. Heute erwarten manche umgekehrt, dass die Welt die Heimat sein solle und wir alle zu Weltbürgern werden. Ich bezweifle, dass ein größerer Gesichtskreis und weltweite Mobilität die Heimat größer oder gar die Welt zur Heimat machen. Auch Europa wird selbstverständlich nicht als Heimat wahrgenommen, so sehr wir alle die Europäische Gemeinschaft als einen Bestandteil unserer Lebenswelt längst wahrnehmen. Als Heimat ist Europa zu groß und stiftet deshalb nur begrenzt Identität. Das wird kleinen Orten, Regionen und Staaten immer besser gelingen als solch großen Zusammenschlüssen. Ich bin auch nicht überzeugt, dass die selbst zugeschriebene Weltläufigkeit bei modernen Jetsettern wirklich ausgeprägter ist als bei einer so solitären Gestalt wie dem Philosophen Immanuel Kant zum Beispiel, der nie aus seiner Heimatstadt Königsberg herausgekommen ist. Erasmus von Rotterdam, Stefan Zweig zufolge der erste bewusste Europäer, hat einmal gesagt, dass seine Heimat dort sei, »wo ich meine Bibliothek habe«. Auch danach ist »Heimat« weniger ein geografischer Fixpunkt als vielmehr eine anthropologische Kategorie, eine Grundbefindlichkeit des Menschen, der sich durch Kultur die Welt, in der er lebt, selbst schafft.

Auch wenn Kultur selbstverständlich nicht gleichbedeutend mit Heimat und Heimat nicht gleichbedeutend mit Kultur ist, wird hier ein Zusammenhang erkennbar, der darauf hindeutet, dass die Begriffe nicht voneinander zu trennen sind. Wiederum untrennbar verknüpft mit ihnen ist die Frage nach dem Zusammenhalt unserer Gesellschaft. Jede freiheitliche Gesellschaft benötigt ein Minimum an Gemeinsamkeiten, an Erfahrungen und Traditionen, an Rechten und Pflichten, an Orientierungen und Überzeugungen, ohne die sie ihren inneren Zusammenhalt nicht wahren kann und ohne die sie nicht in der Lage wäre, mit den Konflikten umzugehen, die sich unvermeidlich ergeben. Eine freie Gesellschaft kann keine konfliktfreie Gesellschaft sein. Das Nichtvorhandensein von Konflikten wäre geradezu der Nachweis des Fehlens tatsächlicher Freiheitsspielräume. Erlauben kann sich eine Gesellschaft diese Konflikte aber nur, wenn klar ist, nach welchen Mustern solche Konflikte auszutragen sind. Die Mindestvoraussetzung für die Konfliktfähigkeit einer Gesellschaft ist ein Konsens über das Verhältnis von Freiheit und Verantwortung, von individuellen Entfaltungsmöglichkeiten und wechselseitigen Verpflichtungen. Es handelt sich dabei nicht um ein ein für alle Mal festgeschriebenes System von Gemeinsamkeiten, sondern um eines, das sich ständig fortschreibt, im Wechsel der Generationen und im Wechsel der Menschen, die auf einem gleichen Territorium tatsächlich miteinander leben. Und das ist genau das Mindestmaß an Gemeinsamkeiten, das eine Gesellschaft braucht und ohne das sie im Ergebnis nicht nur ihren inneren Zusammenhalt und damit ihre Konfliktfähigkeit, sondern auch ihre Freiheitlichkeit riskiert. Nur autoritäre Gesellschaften brauchen keinen Konsens. Sie ersetzen durch Kommandos, was an Gemeinsamkeit, an gefühlten und akzeptierten Verbindlichkeiten in einer Gesellschaft entweder nicht vorhanden ist oder nicht geduldet werden soll.

Ein besonders sensibles, aber zentrales Thema in diesem Zusammenhang ist die Bedeutung von Sprache für Zusammenhalt, für Identität und Identifikation und für Heimat. Sprache ist unzweifelhaft ein Bestandteil von Geborgenheit, von Zuhausesein, das wesentlich für Heimatgefühl ist. Für den großen preußischen Gelehrten und Staatsmann Wilhelm von Humboldt ist die wahre Heimat eigentlich die Sprache.

Dass Heimat und Kultur, Sprache und Identität eng miteinander verbunden sind, wird man kaum bestreiten können. Die Enquete-Kommission »Kultur in Deutschland« des Deutschen Bundestags kam in ihrem Schlussbericht zu diesem

Sachverhalt zu der bündigen Schlussfolgerung: »Die Sprache ist das prägende Element der deutschen Identität.« Das ist eine Aussage, über die sich durchaus diskutieren ließe. Unübersehbar ist jedenfalls, dass Sprache nicht nur im Allgemeinen eine überragende Bedeutung hat, sondern dass ihre Bedeutung regelmäßig für diejenigen wächst, die ihre Heimat verloren haben. Für sie ist nämlich häufig einzig die Sprache noch als Heimat übrig.

Umgekehrt ist die Beherrschung der Sprache eine der wesentlichen Voraussetzungen dafür, um fern der eigenen Heimat heimisch zu werden. Das steht sich scheinbar wechselseitig im Weg und darf in der wiederum subjektiv unterschiedlich wahrgenommenen Konfliktsituation nicht für banal gehalten werden. Wir wissen aus zahlreichen Umfragen der letzten Jahre, dass mehr als die Hälfte der nach Deutschland Zugewanderten dieses Land auch als ihr Land, als mit und ohne Anführungszeichen »neue Heimat« versteht, während nur etwas mehr als ein Fünftel plant, irgendwann in die eigentliche Heimat, ins Herkunftsland, zurückzukehren. Das sind ebenso interessante wie ermutigende Zahlen, denn wir brauchen aus vielen Gründen Zuwanderung – wir Deutschen übrigens mehr als die meisten anderen Länder in Europa –, und wenn wir sie brauchen, müssen wir gleichzeitig dafür sorgen, dass die Menschen, die zu uns kommen, hier auch heimisch werden. Und auch wenn darüber noch immer keine allgemeine gesellschaftliche Übereinstimmung herrscht: Das Problem in Deutschland ist nicht zu viel Einwanderung, sondern zu wenig Einbürgerung.

Die Deutschen – so scheint es – sind auf dem Weg zu einem neuen und anderen Wir-Gefühl: nicht vergangenheitsfixiert, sondern zukunftsorientiert, nicht nationalistisch verengt, sondern weltoffen tolerant. Der fröhliche, aufgeklärte

Patriotismus wird insbesondere von den jungen Menschen getragen. Das macht ihn besonders interessant, zugleich auch unverdächtig. Etwa 70 Prozent der jungen Menschen bis zu dreißig Jahren erklären es ausdrücklich für falsch, aus den düsteren Kapiteln der deutschen Vergangenheit die Forderung nach einer dauerhaften Unterdrückung patriotischer Gefühle herzuleiten.

Schließlich gibt es einen interessanten und wichtigen Zusammenhang zwischen den Themen Deutschland, nationale Identität, Patriotismus auf der einen Seite und Europa und seiner weiteren Entwicklung andererseits. Trotz der beachtlichen 50-jährigen Erfolgsgeschichte der Europäischen Gemeinschaft gibt es einen nennenswerten, identifizierbaren europäischen Patriotismus bislang nicht. Soweit eine Identifikation mit Europa erfolgt, findet sie über die Nationalstaaten statt. Das ist im Übrigen in Frankreich und in Spanien, in England und in Italien, in Polen und Ungarn immer schon so gewesen. Und jetzt wird das in Deutschland in ähnlicher Weise sichtbar. Ich finde das normal. Die Erfolgsgeschichte dieser europäischen Gemeinschaft, von der übrigens nach meiner festen Überzeugung einmal Historiker in fünfzig oder hundert Jahren festhalten werden, dass sie eine der ganz großen erfolgreichen, nachhaltigen Errungenschaften der Menschheitsgeschichte war, zeigt, dass eine Verbindung von nationaler Identität und europäischer Integration keineswegs ausgeschlossen, sondern möglicherweise das eine sogar die Voraussetzung für das andere ist.

Die junge deutsche Schriftstellerin Juli Zeh hat diesen wichtigen Zusammenhang in einer Weise formuliert, die ich für eine besonders authentische Verdeutlichung des Blicks der jüngeren Generation auf die Wahrnehmung aktueller Ereignisse halte. Ihr Aufsatz »Anleitung zum Selbstverständnis« beginnt mit dem Satz: »Wenn ich etwas über das Wesen des deutschen Patriotismus lernen will, fahre ich weg. Und zwar ins Ausland.« Und sie erläutert dann, dass sie regelmäßig bei der Kommentierung ihrer Beschwerden über das eigene Land durch ihre ausländischen Kolleginnen und Kollegen ein neues Verhältnis zum eigenen Land gewinne. Juli Zeh führt in diesem Aufsatz aus, unsere herausragend deutsche Fähigkeit bestehe darin, »alles einigermaßen richtig zu machen und dabei alles richtig grauenvoll zu finden«. Das ist nicht schlecht beobachtet – übrigens einschließlich des Hinweises, die deutsche Neigung zu übersteigerter Selbstkritik sei niemals Ausdruck einer angeborenen Bescheidenheit gewesen, sondern eine subtile Variante der Überheblichkeit. Und sie schlägt als ihr Resümee aus den Erfahrungen der letzten Jahre vor, was ich mir gerne zu eigen mache: »Wie wäre es also, wenn wir das Wesen eines positiven deutschen Patriotismus in zwei Schritten definieren. Erstens hören wir einfach auf, uns selbst und unser Land permanent unerträglich zu finden, denn das kam gemessen an den Realitäten schon immer einer Undankbarkeit von unappetitlichen Ausmaßen gleich. Und dabei verzichten wir zweitens auf die Idee, dass wir – wenn schon nicht schlechter – dann aber wohl besser als alle anderen sind.«

Das ist ein intelligent formulierter Vorschlag zur Herstellung von Gleichgewichtszuständen. Inneres Gleichgewicht, souveräne Gelassenheit gegenüber aktuellen Herausforderungen und Anforderungen ist für das persönliche Wohlbefinden eher vorteilhaft und nach aller historischen Erfahrung für Gemeinwesen auch: eine geeignete Grundlage für den aufgeklärten Patriotismus einer modernen Zivilgesellschaft.

25. »Nichts, was zum Träumen anregt?«

Zur inneren und äußeren Verfassung Europas

Über Europa ist eigentlich alles gesagt. Alle Freundlichkeiten sind ausgetauscht, alle Unfreundlichkeiten auch. Die Erfolge sind abgefeiert. Die Niederlagen sind beinahe bewältigt. Die Errungenschaften sind konsumiert, auch archiviert. Die wechselseitigen Enttäuschungen werden im jeweiligen nationalen Gedächtnis sorgfältig bewahrt, als seien sie der wichtigste Teil des gemeinsamen geschichtlichen Erbes.

Die Reden über Europa schwanken zwischen aufgesetzter Euphorie und ritualisierter Larmoyanz. »Es gibt nichts Traurigeres als eine deutsche Rede über Europa«, hat Brigitte Sauzay, die langjährige Chefdolmetscherin der französischen Staatspräsidenten Georges Pompidou, Valéry Giscard d'Estaing und François Mitterrand, einmal gesagt. Sie hat offenkundig viele deutsche Reden über Europa gehört und dann auch noch übersetzen müssen. Vollständig lautet das Zitat: »Jedes Mal, wenn ich die Deutschen über Europa reden höre, habe ich Lust zu weinen. Was gibt es Traurigeres als eine deutsche Rede über Europa. Es gibt darin nichts, was zum Träumen anregt.«

Es gibt mindestens drei herausragende europäische Ereignisse im 20. Jahrhundert: Ausbruch des Ersten und Zweiten Weltkriegs sowie Fall der Berliner Mauer. Eric Hobsbawm, der große britische Historiker, hat das 20. Jahrhundert als »Zeitalter der Extreme« beschrieben, was sofort einleuchtet, und gleichzeitig als das »kurze Jahrhundert« charakterisiert, das 1914 begonnen habe und 1989 zu Ende war. Das ist, so scheint es, einmal mehr der originelle und mutwillige Versuch von Historikern, zwischen auseinanderliegenden Ereignissen Sinnzusammenhänge herzustellen, selbst wenn die Ereignisse selbst keinen Sinn hatten. Das fällt nicht immer inspirierend aus – in diesem konkreten Fall allerdings sehr wohl. Denn diese Beschreibung bringt in einer sehr plausiblen Weise zum Ausdruck, dass das 19. Jahrhundert, das Jahrhundert der Nationalstaaten, ihrer Gründung und ihrer immer ausgeprägteren, am Ende gnadenlosen Rivalität, beinahe folgerichtig im Ersten Weltkrieg kulminierte und mit diesem Ersten Weltkrieg endgültig zu Ende war. Die Überwindung der Nachkriegsordnung des Zweiten Weltkriegs, der ohne den ersten vermutlich nicht entstanden wäre, markiert das Ende des 20. Jahrhunderts.

Der Erste Weltkrieg war so etwas wie eine Wasserscheide der historischen Entwicklung und rechtfertigt deswegen auch diese prominente Markierung als das eigentliche Ende eines längst vergangenen Jahrhunderts. Mit diesem Ersten Weltkrieg, der in vielerlei Hinsicht die vertraute Welt verändert hat, hat sich in einer für die bisherige europäische Geschichte ganz neuen Art und Weise eine neue Vermessung auch von Einflusssphären und territorialen Zuschnitten ergeben. Europa als Weltmacht oder europäische Großmächte als Weltmächte hatten diesen Teil ihrer Geschichte nach dem Ersten Weltkrieg allesamt hinter sich. Das Auftreten Amerikas als neue Weltmacht lässt sich schwerlich plausibler als mit dem Ersten Weltkrieg in einen nachhaltigen politischen Zusammenhang bringen. Der Erste Weltkrieg hatte den Zusammenbruch der großen europäischen Monarchien zur Folge und des Osmanischen Reichs. Mit dem Fall der Monarchie war aber keineswegs der ungefährdete Weg zu einer demokratischen Veränderung Europas verbunden. Vielmehr war mit den Ergebnissen des Ersten Weltkriegs das Entstehen antiliberaler, autoritärer, am Ende totalitärer Kräfte verbunden: der Faschismus in Italien und Deutschland, der Kommunismus in Russland.

Dass sich Europa hundert Jahre nach dem Ersten Weltkrieg in einer anderen Verfassung befindet als damals, ist offenkundig. Ob es sich in einer besseren Verfassung befindet, daran gibt es durchaus immer mal wieder Zweifel, die der Schweizer-Europäer Adolf Muschg so formuliert: »Der Zweifel an Europa ist berechtigt, denn er ist – seit Sokrates – der ständige Begleiter Europas, verlässlicher als Demokratie und Vernunft. Der reif gewordene Zweifel sagt: Dass Europa nicht hält, was wir uns von ihm versprochen haben, ist selbstverständlich.« Es ist nicht selbstverständlich, auch deshalb nicht, weil Europa manches gehalten hat, was wir uns vernünftigerweise gar nicht von ihm versprechen konnten.

Dem angemeldeten Zweifel sei der Befund eines anderen Schriftstellers gegenübergestellt. Navid Kermani sagt über Europa: »Die Europäische Union ist mitsamt ihren Vorläufern die größte politische Errungenschaft auf diesem Kontinent im vergangenen Jahrhundert, wenn nicht in der europäischen Geschichte. Sie hat nicht nur Völker befriedet, die sich in Hass und Kriegswut gegenüberstanden. Sie hat dem Kontinent auch Demokratie, Rechtstaatlichkeit und ökonomischen Wohlstand beschert. Europa ist eben nicht nur ein Friedensprojekt, es ist auch ein Projekt der Freiheit. Es war die Verankerung in Europa, die die Demokratie in Deutschland erstmals gelingen ließ. Es war der Druck aus Europa, der entscheidend zum Sturz der Diktaturen im Süden des Kontinents beigetragen hat. Wir vergessen das heute zu leicht, in Spanien, in Portugal, in Griechenland. Es war die Aussicht zu Europa zu gehören, die später die osteuropäischen Staaten und in jüngster Zeit die

Länder des Balkans und die Türkei angestiftet hat, demokratische Reformen einzuleiten.«

Das heutige Europa ist in einer deutlich anderen Verfassung als das Europa des Jahres 1914. Und auch wenn am Rande der europäischen Gemeinschaft, in der Ukraine, scheinbare Selbstverständlichkeiten wie die territoriale Integrität von Staaten in Europa herausgefordert werden, gehört es zweifellos zur inneren wie äußeren Verfassung des neuen Europa, das zwischen den europäischen Staaten und den deutlich unterschiedlichen Interessen, die es zwischen ihnen immer wieder gibt, Formen der Bewältigung von Konflikten gefunden worden sind, die den Einsatz militärischer Mittel nicht nur rechtlich, sondern auch faktisch ausschließen. An diesen Zustand haben wir uns inzwischen gewöhnt und halten ihn deswegen für selbstverständlich. Mit Blick auf eine europäische Geschichte, die älter ist als der Zeitraum, den wir im Augenblick betrachten, ist er eine erstaunliche Errungenschaft. Solche Verhältnisse hatten wir nämlich in Europa früher nie. Und dass sich Europa am Anfang des 21. Jahrhunderts in Gestalt der Europäischen Union zwar erkennbar nicht in einer perfekten Verfassung befindet, aber sicher nicht nur in einer anderen, sondern vor allem einer besseren Verfassung als vor hundert und sicher auch vor fünfzig Jahren, wird allein an dem Umstand deutlich, dass sie aus inzwischen 28 westeuropäischen, mitteleuropäischen und osteuropäischen Staaten besteht, die ausnahmslos über demokratische gewählte Regierungen verfügen.

Die Frage, ob das für Brigitte Sauzay gereicht hätte, um ins Schwärmen zu geraten, möchte ich jetzt auf sich beruhen lassen. Die zitierten Sätze von Navid Kermani sind im Übrigen die eines deutschen Staatsbürgers iranischer Herkunft und erklären vielleicht deswegen den emotionalen Unterton, den unsere französischen Nachbarn gelegentlich an deutschen Beiträgen vermissen.

Es gibt einen weiteren kategorischen Unterschied der Verhältnisse von damals und heute. Der Erste Weltkrieg ist unter den Bedingungen monarchisch geführter und verfasster europäischer Staaten und sich selbst ebenfalls so verstehender Großmächte entstanden, die trotz enger verwandtschaftlicher Beziehungen zur Vermeidung des auf dem Balkan ausgebrochenen Konflikts weder bereit noch in der Lage waren. Offensichtlich ist das Vorhandensein supranationaler Institutionen noch wichtiger als das persönliche Verhältnis von amtierenden Staatsoberhäuptern und Regierungschefs zueinander. Sie bieten für das Erledigen von ordentlichen und schon gar von unordentlichen Geschäften kalkulierbare Strukturen, Rahmenbedingungen, Verfahrensmuster an. Und dass wir darüber heute in Europa verfügen, gehört tatsächlich zu den Errungenschaften der inneren und äußeren Verfassung Europas, auch wenn es die meisten Europäer bestenfalls langweilt, nie begeistert.

Allein der Umstand, dass wir heute Demokratie für ein völlig unverzichtbares Kriterium der Beurteilung der inneren und äußeren Verfassung von Staaten halten, markiert den Unterschied zu damals. Wenn wir uns heute mit Europa beschäftigen, reden wir über eine nach wie vor wachsende Zahl von Staaten, die, wenn sie über die Gestaltung ihrer Zusammenarbeit miteinander reden, nicht nur im Blick haben, ob diese Zusammenarbeit effizient und transparent ist, sondern ob sie Akzeptanz findet. Sie setzen sich mit einer bemerkenswerten Hartnäckigkeit auch mit der Frage auseinander, ob sie eigentlich demokratisch legitimiert ist. Eine außerordentliche luxuriöse Fragestellung, auf die wir uns durchaus etwas einbilden können, denn diese Fragestellung findet überhaupt nur in Europa statt. Ich finde keine andere Region auf diesem Globus, wo für die Zusammenarbeit von Staaten untereinander, neben den handfesten Fragen der Effizienz, der Zweckmäßigkeit, des Ertrags dieser Zusammenarbeit, auch nur die Frage gestellt wird, ob die Muster der Kooperation demokratischen Legitimationsanforderungen genügen. Wir stellen uns diese Frage. Wir halten sie auch für unaufgebbar, und damit setzen wir uns – vor dem Hintergrund historischer Erfahrungen – eine zusätzliche Hürde, die wir nicht nur technisch nehmen, sondern auch in den Erwartungen der jeweils nationalen bzw. der eher virtuellen europäischen Öffentlichkeit bedienen müssen, um für das, was an Politik stattfindet, Akzeptanz zu finden.

Zu den Realitäten Europas gehört freilich, dass der Gedanke, schon gar die Verwirklichung demokratischer Strukturen erst zu einem vergleichsweise späten Zeitpunkt der europäischen Geschichte überhaupt erst begonnen hat. Die europäische Geschichte ist mindestens 2500 Jahre alt. Die europäische Demokratiegeschichte ist – großzügig betrachtet – vielleicht 250 Jahre alt. Zwischen der Magna Charta 1250 und der Glorreichen Revolution 1688 in England und der Französischen Revolution mit der Verkündigung von allgemeinen Bürgerrechten und Menschenrechten und der tatsächlichen Durchsetzung eines allgemeinen, freien, gleichen Wahlrechts, einschließlich des Frauenwahlrechts, hat Europa auch nach der Aufklärung noch zweieinhalb Jahrhunderte gebraucht – was wir gelegentlich zu verdrängen uns angewöhnt haben, wenn wir an Demokratisierungsprozesse außereuropäischer Länder höchst ehrgeizige Zeitmaßstäbe anlegen.

Kein Land in Europa hat so viele Nachbarn wie Deutschland. Jede Veränderung in Nachbarländern hatte mal mehr und mal weniger heftige Folgen für die deutsche Entwicklung, und – mindestens so heftig umgekehrt – jede deutsche Entwicklung hatte Einfluss auf die Lebensverhältnisse, die politischen und die wirtschaftlichen Verhältnisse in unseren Nachbarländern.

Wenn wir über die innere und äußere Verfassung Europas reden, lässt sich jedenfalls schwer übersehen, dass Deutschland in diesem Zusammenhang eine Rolle spielt und auch spielen muss, selbst dann, wenn es sie lieber nicht spielen möchte. Das gehört zu den nicht unbedingt erwartbaren Folgen der hundert Jahre, die seit dem Ersten Weltkrieg verstrichen sind. Für den heutigen Zustand Europas ist jedenfalls von nachhaltiger Bedeutung, dass die Überwindung der deutschen Teilung, die die unmittelbare Folge eines von Deutschland selbst angezettelten Weltkriegs war, der europäische Einigungsprozess die unverzichtbare Voraussetzung war. Mit anderen Worten: Ohne den europäischen Einigungsprozess hätte die deutsche Einigung ganz sicher nicht stattgefunden – schon gar nicht so, wie sie stattgefunden hat: im Einvernehmen aller Staaten miteinander. Allerdings war auch umgekehrt die Überwindung der deutschen Teilung Voraussetzung für die Überwindung der europäischen Teilung, denn ohne die Wiederherstellung der Einheit Deutschlands wäre die Teilung Europas nicht zu korrigieren gewesen. Das bringt wiederum Deutschland nicht nur in den historischen Abläufen in eine prominentere Situation, als das für nahezu alle anderen Mitgliedsländer der europäischen Gemeinschaft der Fall ist, sondern es bringt Deutschland – in Kombination mit der geografischen Lage, mit der schieren Größe, gemessen an Einwohnerzahl und dem wirtschaftlichen Gewicht – in eine prominente Position, von der – etwas zugespitzt formuliert – der Rest Europas fest entschlossen war, sie nie wieder zuzulassen. Und die meisten Deutschen sind bis heute interessanterweise davon überzeugt, dass wir diese Rolle ganz gewiss nicht wahrnehmen sollten. In dieser Beziehung sind die Europäer in der Frustration geeint: Die Deutschen, weil sie sich in eine Rolle gedrängt fühlen, die sie nicht spielen wollen, und der Rest Europas, weil sie die Deutschen in einer Rolle sehen, in der sie sie eigentlich nie wieder sehen wollten.

Die europäische Wirklichkeit erscheint deutlich nüchterner als der historische Fortschritt. Die meisten Europäer nehmen die Gemeinschaft vor allem als große und ferne Bürokratie wahr. Doch so richtig es ist, dass hinter den europäischen Milchpreisverordnungen und mittelfristigen Finanzplanungsverhandlungen die große Vision einer europäischen Einheit ins Hintertreffen geraten ist, so wenig berechtigt ist die Behauptung oder die Wahrnehmung Europas als bürokratischer Moloch. Die vielbeschimpfte europäische Bürokratie ist – an Personen gemessen – ungefähr so groß wie die Wiener oder die Münchner Stadtverwaltung. Sie ist immerhin für eine Gemeinschaft von jetzt rund 500 Millionen Einwohnern zuständig, die aus unterschiedlichen Gründen zu verschiedenen Zeitpunkten immer mehr Aufgaben, die sie eigentlich selber erledigen könnten und sollten, auf diese Gemeinschaft übertragen hat, um sich anschließend über die Entmündigung durch eine ausufernde Brüsseler Bürokratie zu beklagen. Eine der kaum noch hinterfragten Redewendungen ist, dass Brüssel oder die europäischen Institutionen sich wieder diese oder jene Zuständigkeiten gegriffen hätten. Tatsächlich gibt es keinen einzigen relevanten Vorgang, bei dem sich je eine europäische Institution – Ministerräte, Kommission oder Parlament – eine Zuständigkeit gegriffen hätte. Sie nehmen die Zuständigkeiten wahr, die ihnen die Mitgliedstaaten durch Verträge übertragen haben. Aber überall in Europa sind Verdrängungskünstler unterwegs, deren Erinnerungsvermögen offenkundig leidet. Jedenfalls steht der Entschlossenheit, bestimmte Aufgaben auf die Gemeinschaft zu übertragen, nur eine sehr begrenzte Bereitschaft gegenüber, die Wahrnehmung dieser Aufgaben durch die Gemeinschaft der erstaunten Öffentlichkeit auch als gemeinsame Absicht zu vermitteln.

Nach meiner festen Überzeugung ist der europäische Integrationsprozess seit den 1950er-Jahren eine beispiellose Erfolgsgeschichte. Dennoch lassen sich Probleme und Schieflagen erkennen, die es seit den Römischen Verträgen gibt. Der europäische Integrationsprozess ist in diesen fast sechs Jahrzehnten durch drei Asymmetrien geprägt: die Asymmetrie zwischen Ökonomie und Politik, die Asymmetrie zwischen Erweiterung und Vertiefung der Zusammenarbeit und – eng damit verbunden – die Asymmetrie zwischen Exekutive und Legislative.

Der erste Anlauf zu einer europäischen Einigung war der ehrgeizige Versuch der Vergemeinschaftung der Sicherheitspolitik – vor dem Hintergrund der handfesten historischen Erfahrung, dass das industrielle Potenzial, insbesondere in Deutschland und Frankreich, eine der wesentlichen Quellen für das Machtstreben und am Ende auch das militärische Durchsetzungsbedürfnis der rivalisierenden Nachbarstaaten war. Daraus entwickelte sich mit einer gewissen Folgerichtigkeit die Überlegung, dieses Potenzial zu vergemeinschaften. Der Vertrag für eine europäische Verteidigungsgemeinschaft, der nicht mehr und nicht weniger zum Gegenstand hatte als die Vergemeinschaftung des klassischen staatlichen Souveränitätsrechts – Landesverteidigung – ist wie alle folgenden europäischen Verträge im Deutschen Bundestag ratifiziert worden und in der französischen Nationalversammlung gescheitert. Beides ist hochplausibel. Die Deutschen gaben damals mit diesem Vertrag eine Souveränität auf, die sie gar nicht hatten. Und die Franzosen dachten nicht daran, eine

Souveränität aufzugeben, von der sie glaubten, dass sie sie noch besäßen.

Der neue Anlauf ist dann nicht in diesem Kernbereich staatlicher Souveränität erfolgt, sondern mit der Bildung der Europäischen Wirtschaftsgemeinschaft. Sechs Gründungsstaaten haben sich auf den Weg einer zunehmenden Vervollständigung und zugleich Vergrößerung eines gemeinsamen Marktes gemacht, der erkennbar im Interesse aller Beteiligten lag. Und damit hat, ohne dass das zu irgendeinem Zeitpunkt ausdrücklich so beschlossen worden wäre, die Ökonomie und ihre Logik Vorrang vor der Politik gewonnen – mit der wiederum folgerichtigen Einführung einer gemeinsamen Währung, die natürlich für das Funktionieren eines gemeinsamen Marktes ein außerordentlich förderlicher Beitrag zur effizienten Durchführung von Geschäften in alle Richtungen darstellt, ohne dass es damals allerdings eine gemeinsame Steuerpolitik, Haushaltspolitik, schon gar Sozialpolitik gegeben hätte. Ein Dutzend Staaten hat sich entschlossen, die eigene Währung aufzugeben, wiederum ein klassisches staatliches Souveränitätsrecht, zugunsten einer Gemeinschaftswährung, ohne dass – was wiederum historisch völlig beispiellos ist – dieser gemeinsamen Währung gemeinsames politisches Handeln gegenübergestellt worden wäre. Vereinbart wurde lediglich die Hilfskonstruktion eines Vertrags, mit dem sich alle Beteiligten auf Kriterien der Einhaltung von Haushaltsdisziplin verpflichten mussten, ohne dass es beim Verstoß gegen diese vereinbarten Regeln wirksame Sanktionen gegeben hätte. Was daraus geworden ist, illustriert hinreichend meine These von der Asymmetrie zwischen ökonomischen und politischen Integrationsmechanismen und der aktuellen europapolitischen, hochkomplexen Debatte darüber, wie man politische Integration auf das Niveau der bereits erfolgten ökonomischen Integration bringen kann. Denn dieser asymmetrische Zustand ist ganz offenkundig nicht stabil und stabilisiert sich auch nicht von selbst. Daraus ergibt sich die offensichtlich unangenehme Konsequenz, dass wir entweder die ökonomische Integration auf das Maß zurücknehmen müssen, das wir uns politisch zumuten wollen, oder die politische Integration auf das Niveau bringen müssen, das wir ökonomisch schon realisiert haben. Das eine ist so unpopulär wie das andere.

Dass die europäische Integration seit den Römischen Verträgen durch den faktischen Vorrang der Erweiterung vor der Vertiefung der europäischen Institutionen gekennzeichnet war, ist schon allein durch die Zahl hinreichend belegt: Aus sechs Gründungsstaaten sind inzwischen 28 Mitgliedsländer der Europäischen Union geworden, wobei die Zahl der Beitrittskandidaten mit jeder neuen Beitrittsrunde nicht kleiner, sondern größer geworden ist. Das historische Fenster war nach dem Fall der Mauer und der ihm vorausgegangenen und nachfolgenden Ereignisse in Europa geöffnet und durfte und musste genutzt werden. Helmut Kohl hat bei der damaligen Diskussion immer wieder darauf hingewiesen, dass spätestens diese Erweiterung die Vertiefung erzwingen würde, die ohne Erweiterung freilich gar nicht zustande käme. Das hat sich bislang nicht als zutreffend herausgestellt, weil alle Beteiligten mit diesem ambivalenten Zustand zwischen staatlicher Souveränität und Vergemeinschaftung von Politik glaubten leben zu können. Deswegen ist die berühmt-berüchtigte Frage bis heute unbeantwortet, was denn eigentlich die Finalität dieses Integrationsprozesses sei. Ich glaube, dass es am klügsten ist, die abschließende Antwort auf diese Frage zu vertagen, weil jeder Versuch, die Frage endgültig zu beantworten, die Probleme nicht reduziert, sondern vergrößern wird. Vieles spricht also dafür, sich eher, auch nach den Erfahrungen eines erstaunlichen Jahrhunderts, auf die historische Logik zu verlassen als auf das Überzeugungspotenzial handelnder Regierungen und Parlamente. Diese können bei den offenkundig unterschiedlichen Interessenlagen der Beteiligten schwerlich eine konsensstiftende Lösung mit Aussicht auf Erfolg präsentieren.

Der bisherige Integrationsprozess war mit einer deutlichen Dominanz der Exekutive gegenüber der Legislative verbunden. Das ist nicht wirklich erstaunlich, aber auch nicht zu bestreiten. Dass Winston Churchill damals in Zürich eine berühmte Rede gehalten hat und nicht ein Parlamentspräsident, der, wenn er die gleiche Rede gehalten hätte, auch nicht zur Kenntnis genommen worden wäre, illustriert auch in längeren historischen Zusammenhängen diese gefühlte natürliche Dominanz von Regierungen gegenüber Parlamenten. Und so lässt sich mühelos quer durch die Geschichte der europäischen Verträge bis zum Lissabon-Vertrag eine gewachsene, scheinbar natürliche, manche meinten auch unveränderliche Dominanz der Exekutive gegenüber der Legislative beobachten. Das ist inzwischen anders, wobei das Maß der Veränderung in der Realität längst größer ist als im öffentlichen Bewusstsein. Vermutlich werden Historiker später einmal den Lissabon-Vertrag als eine Art Wasserscheide im europäischen Integrationsprozess beschreiben. Er ist von allen Verträgen, die es bisher gibt, der Parlamentsvertrag, der für die Zukunft das Herbeiführen verbindlicher Entscheidungen in Europa an prinzipiell die gleichen Legitimationsvoraussetzungen bindet wie jeder nationale Entscheidungsprozess auch.

Mit der zunehmenden Übertragung von Zuständigkeiten, die eigentlich – staatsrechtlich, völkerrechtlich betrachtet – in den Staaten liegen und von diesen Staaten aus mal mehr oder weniger zwingenden Gründen freiwillig durch Verträge auf eine Gemeinschaft übertragen werden, ist die Gesetzgebungskompetenz in einem erheblichen Umfang aus den nationalen Parlamenten in europäische Gremien abgewandert – mit der allerdings nicht nur unangenehmen, sondern demokratietheoretisch auch intolerablen Konsequenz, dass eine Zuständigkeit, die zuvor bei den nationalen Parlamenten lag, in Europa nicht im Europaparlament wahrgenommen wurde, sondern von den europäischen Ministerräten, also von der Versammlung der Exekutive auf europäischer Ebene. Das wird durch den Lissabon-Vertrag korrigiert. Er beteiligt nicht nur das europäische Parlament – abgesehen von nur noch ganz wenigen Ausnahmetatbeständen – an europäischen Regulierungsprozessen in gleicher Weise wie die Kommission, die europäischen Ministerräte oder den europäischen Rat, sondern er bezieht gleichzeitig auch die nationalen Parlamente in diesen Gesetzgebungsprozess ein.

Wir haben das in Deutschland auch durch die tatkräftige Assistenz des Bundesverfassungsgerichts in einem eigenen Parlamentsbeteiligungsgesetz kodifiziert. Danach ist in Deutschland die Regierung gesetzlich verpflichtet, dem Bundestag jede Regulierungsabsicht auf europäischer Ebene so schnell und so vollständig wie möglich anzuzeigen, um dem Parlament Gelegenheit zu geben, Stellung zu beziehen. Wenn der Bundestag von diesem Recht auf Stellungnahme Gebrauch macht, muss diese Position von der Regierung als ihre Verhandlungsposition bezogen werden. Damit vollziehen wir die Transformation der Europapolitik aus einem jahrzehntelangen Feld der Außenpolitik in den Bereich der Innenpolitik, der grundsätzlich den gleichen Verfahrensprinzipien unterliegt wie die nationale Gesetzgebung. Und für jede einzelne Maßnahme, die mit Hilfszusagen an diejenigen Länder zusammenhängt, die ihre Haushaltsprobleme nicht aus eigener Kraft lösen können, ist die Zustimmung des Bundestags ohne jede Ausnahme erforderlich.

Dass sich Europa heute in einer gründlich anderen Verfassung befindet als vor hundert Jahren, ist also nicht zu bestreiten. Ob man das in allen Fällen für eine Errungenschaft oder an manchen Stellen vielleicht auch für ein Problem hält, darüber wird es sicher noch weiter manchen intensiven, durchaus berechtigten Streit geben. Folgt man Eric Hobsbawms origineller These, dass das 21. Jahrhundert 1989 begonnen hat, so leben wir seitdem auch im öffentlichen Bewusstsein in Zeiten der Globalisierung. Globalisierung heißt zugespitzt: Es gibt keine Souveränität von Nationalstaaten über ihre eigenen Angelegenheiten mehr. Die verschiedenen Staaten auf diesem Globus unterscheiden sich weniger dadurch voneinander, ob sie noch souverän sind oder nicht, sondern ob sie begriffen haben, dass sie nicht mehr souverän sind. Die Europäische Union ist nach meinem Verständnis der bislang mit Abstand intelligenteste Versuch einer Antwort auf diese epochale Veränderung unserer Geschichte, weil sie den bewussten, überfälligen und auch erfolgversprechenden Versuch unternimmt, Reste einer dem Nationalstaat verloren gehenden Souveränität durch Vergemeinschaftung der Souveränität zu behalten. Mit anderen Worten: Die europäischen Nationalstaaten haben früher als andere begriffen, dass sie in Zeiten der Globalisierung als Nationalstaaten keine selbstständige Rolle mehr spielen, sondern dass sie entweder gemeinsam einen Einfluss auf Entwicklungen auf diesem Globus ausüben oder diesen Einfluss nicht mehr haben werden. Sie haben begriffen, dass deswegen die Vergemeinschaftung von Interessen auch dann im allgemeinen Interesse liegt, wenn es die Relativierung des eigenen Interesses zur unvermeidlichen Folge hat.

Das kann kein reibungsloser Vorgang sein. Aber es ist ein epochaler Vorgang. Und damit korrespondiert für mich die wöchentliche Erfahrung, die ich in Berlin bei Besuchen von Staatspräsidenten, Ministerpräsidenten, Parlamentspräsidenten, aber auch Wissenschaftlern, Künstlern, Intellektuellen aus allen Teilen der Welt habe, bei denen es immer auch um die Frage geht, wie afrikanische, südamerikanische, asiatische Länder in Zeiten der Globalisierung einen Rest an Selbstbestimmung erhalten können: Das einzige Modell, das sie interessiert, ist Europa. Keiner dieser Staaten beabsichtigt, sich zu den Vereinigten Staaten von Asien, den Vereinigten Staaten von Afrika oder den Vereinigten Staaten von Südamerika zusammenzuschließen. Sie haben alle das Bedürfnis, nationale Identität in Zeiten der Globalisierung zu wahren, und suchen nach einer Möglichkeit, dies zu tun. Und sie finden kein interessanteres Anschauungsbeispiel als das, was wir frustrierten Europäer dazu auf dem Weg gebracht haben.

Gewiss muss man einräumen, dass, gemessen an dem, was in den europäischen Nationalstaaten inzwischen an demokratischen Verfahren üblich geworden ist, manches, was auf europäischer Ebene stattfindet, nicht im vollen Umfang demokratisch legitimiert ist. Aber übersehen wird dabei regelmäßig, dass Europa kein Staat ist, sondern nur eine Staatengemeinschaft, die nach dem erklärten Willen aller Beteiligten auch kein Staat werden soll. Mir fällt aber weltweit keine zweite Institution ein, die es an demokratischer Legitimation mit der Europäischen Union aufnehmen kann, schon gar nicht die Vereinten Nationen, an denen gemessen die Europäische Gemeinschaft ein Bündel an Dynamik und Fortschrittlichkeit darstellt.

»Europa ist ein Thema, an dem die List der Vernunft gezeigt hat, was sie kann. Keine andere Macht der Welt hätte es fertig gebracht, diese EU zu gründen und über die Runden zu bringen. Deutschland zu vereinigen, den Sowjetblock fast geräuschlos implodieren zu lassen. Einfacher gesagt: Wir haben Glück gehabt. Verdienen kann man dieses Glück nicht, aber man kann sich seiner nicht ganz unwürdig zeigen.« Auch diese Einsicht des neutralen Schweizers und überzeugten Europäers Adolf Muschg ist kaum zu bestreiten. Kein Grund zum Träumen? Wir haben nicht nur Glück gehabt. Es haben auch manche klugen Frauen und Männer ebenso kluge und mutige Entscheidungen durchgesetzt. Wenn man diese Einsicht teilt, ist die Verantwortung offenkundig, die sich daraus ergibt.

ISBN 978-3-451-34968-3